法治建设与法学理论研究部级科研项目成果

近代
中国土地征收的
立法与实践

LEGISLATION AND PRACTICE OF
LAND EXPROPRIATION IN MODERN CHINA

童旭 著

上海人民出版社

司法部中青年课题
"近代中国土地征收的立法与实践"
（19SFB3008）成果

# 前　言

　　如要从财产制度上辨别古代与现代，那必定是"所有权"。尽管人类很早就认识到财产的重要性，可基本是在财产的"利用"上，而少考虑"占有"状态，也不强调人（主体）对物（客体）的控制关系。好比加藤雅信在《"所有权"的诞生》中提到，蒙古人对草原的流动放牧、喜马拉雅山的尼泊尔人在海拔较高地区对土地的公共利用，他们并没有固定地占有一片区域，而是重在土地的"利用"效率。

　　这并非说，固定农耕的社会就容易产生"所有权"。我们知道，在中国古代，土地上的"一田两主"制普遍存在。这种土地分层权利形态产生缘由有很多，大致方式可以归为两类，以徽州为例：一类方式是，田主拥有一块荒地，外来的无地移民承租，使用承佃约约定主客三七（四六）分成。佃户努力耕种十年或更长，不断在土地上采用施肥、除草、深耕的方式，将土地逐渐改造成为熟地，使得土地产值增加，土地的价值随之增加。改造后的土地上形成一种权利，徽州有些地方叫"粪草田皮"或者"力坌"，形象地说明，是通过劳动投入取得土地上的一种权利。并且，这种田皮的价值比田骨高。另一种方式是，田主因为家庭生活困难或者资金周转，将土地上的使用功能或者收益性权利"抵押"，一般使用名为"典、当、抵、押"的单契，当然，存在交产和不交产的情况。如果是交产，获得典权的人即获得田地的耕种权利；如果不交产，原来的田主继续耕种，但要向获得典权的人交租息以折抵借钱的利息。这种方式，土地上的权利也开始分层，形成田皮和田骨分离的形态。

　　"一田两主"的形成还有一个不可缺少的条件，即对田地"占有"状态的长期性。两个业主，对同一块土地长期分成占有，互不干涉，渐渐田皮、田骨两种权利可以分开交易和处分。这种主体对物的关系，与"所有权"完全不同，可以说是违反所有权"一物一权"原则的。但是，在古代土地的利用上，"一田两主"构建的财产制发挥着重要的作用。

那么，为什么说"所有权"是现代财产制的核心呢。如果就制度发源的欧洲来说，所有权最基础的规则是对抗公权力，所谓"风可进，雨可进，国王不可进"。这条规则，宣示性地承认了两个标准：一是财产神圣不可侵犯；二是人作为主体对财产具有绝对的控制。换句话说，所有权制度并非强调人对财产的利用，而是强调人对财产的控制可以排除一切干扰，甚至是国家权力。这也是现代社会人格独立的进一步延伸。如果用法律来明确这种权利，即在宪法中宣示财产神圣不可侵犯，在民法中构建以所有权为中心的物权制度。前者保障财产权不被侵犯，后者让财产权能够进入经济生活，以满足个人对物获得最大的利益。

只不过，当"所有权绝对"发展到一定高度，公共领域的财产利用将会受到限制。人不可能不面对社会，也不可能不进入公共领域，但个人所有权不可侵犯，导致个人对他人财产的利用或处置变得困难，特别是在一些危困环境下，甚至会导致多数人利益受损。如何解决个人利益与公共利益的平衡，公用征收制度应运而生。也就是，当面对公共利益，需要损害个人利益，让多数人的福祉得到提高，将采取公用征收剥夺特定个人的财产所有权。

正因为公用征收是限制或消灭所有权的制度，对于所有权而言是一种侵害。所以较早创设公用征收制度的法国、德国，都对其进行明确限制，在公共利益的类型上采列举和认定的模式，并成立专门的评审机制，还强调补偿优先，等等。目的其实只有一个，尽可能地保障所有权，限制公用征收。

本书的研究背景是近代法律改革时期，在移植西方土地征收制度的同时，近代中国是如何认识和接受这一外来制度的。

与其他制度一样，移植制度并非要完全理解制度的创设法理，目的只是适合当时的中国社会，希望能够起到"救亡图存"的作用。在土地征收制度的移植上也是如此，目的是利用新的征收制度，方便修建铁路等现代公用设施，获得快速发展。在1915年《土地收用法》颁布后并未施行，各地仍旧延续清末的"购地"章程，进行完善并实施。对于政府而言，只要"给价"就可以取得民地，对于业主而言，好像是土地卖给了官方。所以，双方的关注点都是"地价"，至于买卖意愿并未作太多考虑。

在1928年《土地征收法》、1930年《土地法》颁布后，"土地征收"像是被唤醒了一般，剥夺土地所有权的强制性陡然增加。这与当时的"平均地权"的思想分不开。在平均地权的计划里，需要解决土地集中的问题，用什么方式解决？有人将其联系到"土地征收"制度上，所以，我们能够在土地征收的公共利益列举中看到"实施经济政策""调剂耕地"等项。这种对土地征收制度的改造，严格说来，是不符合其创设法理的。但在当时的环境里，解决问题、救亡图存，为了公共利益也显得更加符合法律社会化的风气。

现在回过头来看近代中国土地征收的立法与实践，会发现，一项关于财产制度的公法问题的研究，不只是关注制度的移植、改造、接受，还应该是公法与私法的关系问题，或者说，要意识到只有私权利充分发展，公权力才会受到限制和约束。在当时，所有权制度并未充分发展，便进入法律社会化的阶段，这对于权利的保障而言是会受到影响的。

# 导　论

土地是人们赖以生存的资源，古今中西，概莫能外。人们围绕土地利用，创造出了多种制度。

传说黄帝"经土设井，以塞争端"，至夏商而周，创井田制，"普天之下莫非王土"，在公有制时期，人们只是使用土地，与土地之间未建立主客体关系。春秋时，礼崩乐坏，王制瓦解。各诸侯国开始将王土私有化，鲁国施行的"初税亩"，后魏国、秦国施行的"为田"，与井田最大的差异，是将固定田地的租转为实物税，定额的按比例抽取。如此，王权或者说诸侯的公权力对田的控制力转移，不再维系在固定的土地上，而是看重税赋收益。秦孝公用商鞅改革土地制度，承认土地私有，令民"自实田"。进一步降低了权力在土地上的附着，而是放在民口的管控上。以致后世"编户齐民"逐渐变得重要。自此，土地与民众之间的联系紧密，私有制开始深化发展。

秦以降，私有制贯穿几乎整个中国历史，但各朝土地制度不一。西汉沿袭秦制，大力推行土地私有，均田与限田的呼声都很高。"名田宅制"①得以实行，目的是在肯定土地私有的基础上分配土地。但这个限田政策并未成功。从内容上看，有"分封制"的意味，按照爵位官职进行授田。后继的王莽，推行新政，改制重点是恢复土地国有制，平均分配土地给农民耕种。②结果却是"农商失业，食货俱废，民人至涕泣于市道"③。

---

① 《张家山汉墓竹简·二年律令·户律》，简 310—313："关内侯九十五顷，大庶长九十顷，驷车庶长八十八顷，大上造八十六顷，少上造八十四顷，右更八十二顷，中更八十顷，左更七十八顷，右庶长七十六顷，左庶长七十四顷，五大夫廿五顷，公乘廿顷，公大夫九顷，官大夫七顷，大夫五顷，不更四顷，簪袅三顷，上造二顷，公士一顷半顷，公卒、士伍、庶人各一顷，司寇、隐官各五十亩。不幸死者，令其后先择田，乃行其余。它子男欲为户，以为其□田予之。其已前为户而毋田宅，田宅不盈，得以盈。宅不比，不得。"参见张家山二四七号汉墓竹简整理小组编著：《张家山汉墓竹简〔二四七号墓〕》（释文修订本），文物出版社 2006 年版，第 52 页。

② 《汉书》卷九九《王莽传》："更名天下田曰王田……不得卖买。其男□不盈八，而田过一井者，分余田予九族邻里乡党。故无田，今当受田者，如制度。"

③ 《汉书》卷九九《王莽传》，（汉）班固：《汉书》，中华书局 1962 年版，第 4112 页。

西晋司马炎平吴以后，订立"占田"法，但时间不长①。到北魏，生产资源配置极端不合理，人力与地力两者均不能充分利用。②孝文帝太和九年，又畅行"均田法"③，这也是晋以后重要的土地制度变革。均田制的基础是土地国有，基本精神是以适当的土地面积去配置劳动力，按照生产能力分配，也规定牛与奴婢依口授田。这之后，北齐、北周、隋及唐初，各朝政府都沿袭均田法，只是在具体规定上有若干变动。

均田制下，人口此消彼长与土地的配置逐渐失衡，私下进行土地交易的现象大量存在。直到唐德宗建中元年（780年），依杨炎的建议创设了"两税法"④，均田制宣告结束，又承认了土地私有制，并按人民贫富及拥有田亩数分等级课税，每年依夏、秋两季用钱纳税。此后，土地私有制的主导地位便确立无疑。偶尔有限田与均田立法，或是未贯彻实行，或是局部实行而历时不久。

如果就土地权利的归属性质而言，中国古代的土地私有，并非土地所有权归个人所有，也就是无有"所有权神圣不可侵犯"的现代物权特征。从性质上讲，是双层的土地所有制，人民和土地都属于专制的君主。⑤现代依据所有权制度建立的物权，是以人格独立为前提。

西方启蒙运动以后，人开始独立于神权和君权，人成为目的本身，视作完全的主体，对客体物享有完全控制的权利。在"风可进、雨可进，国王不可进"的观念下，"所有权绝对"成为原则，并在现代民法中逐渐确立。但是"所有权绝对"思想的发展，如何面对个人之外的社会，特别是个人利益与社会相关的公共利益之间的选择，成为不可忽略的问题。

---

① 《晋书·食货志》："男子一人占田七十亩，女子三十亩。其外，丁男课田五十亩，丁女二十亩，次丁男半之，女则不课。"

② 《通典》卷三《食货志》"乡党"条："一宗近将万室，烟火连接，比屋而居。"

③ 《魏书·食货志》："诸男夫十五以上，受露田四十亩，妇人二十亩，奴婢依良。丁牛一头，受田三十亩，限四牛。"

④ 《旧唐书·杨炎传》："凡百役之费，一钱之敛，先度其数而赋于人，量出以制入。户无主客，以见居为薄；人无丁中，以贫富为差。不居处而行商者，在所郡县税三十之一，度所与居者均，使无侥利。居人之税，秋夏两征之，俗有不便者正之。其租庸杂徭悉省，而丁额不废，申报出入如旧式。其田亩之税，率以大历十四年（公元779年）垦田之数为准，而均征之。夏税无过六月，秋税无过十一月。逾岁之后，有户增而税减轻，及人散而失均者，进退长吏，而以尚书度支总统焉。"

⑤ 俞江：《中国地权源流》，载《中国改革》2010年第3期。

人们逐渐意识到，如果在"所有权绝对"的规则之下，公共利益难以实现，进而会影响到个人福祉，甚至个人利益最终受限。为了追求社会福祉，法律社会化的思潮随之而来。因此，为了公共利益，限制或收用个人利益的公用征收制度，在欧陆各国开始出现。

近代中国，为救亡图存，法律制度开始转型。在法律制度上，学习日欧，传统法向现代法转变，公用征收制度在这个背景下引入。而完整的土地征收立法是在民国初年，即1915年9月参政院代立法院开会，议决《土地收用法》，并于10月公布。该法在体例和内容上，仿用日本明治三十三年（1900年）的《土地收用法》。可以说，土地征收制度在近代中国的国家制度层面得以宣布。但此时期并未完全适用该法，中央政府因铁路、公路、机场等交通设施的兴建，颁布单行条例。各省市地方也因地制宜，颁布各自的土地收用法律法规。

土地征收制度的发展完备，是在1928年颁布《土地征收法》后，以及1930年颁布《土地法》将土地征收制度概括在内。到了1946年，《土地法》又进行了精简、修改，继续对"土地征收"编进行完善。这几次的修改完善，转变了之前因修建公共设施需要购买私人土地的思想，开始强调公共利益的优先性。

再就是，土地征收与平均地权的"取""予"关系得到放大。对于平均地权而言，是将多余的土地从"地主手中拿出"，分给少地的农民。如何从"地主手中拿出"，则涉及土地流转和土地征收的问题。根据孙中山的平均地权理论，《土地法》一方面承认土地私有制的存在，凡私人所有土地，在不妨碍公共利益时，仍许其私有；另一方面，由国家限制私有土地面积的额度，并且为了公共使用，可以征用私有土地。因此，对于私人的土地所有权，在国家因维持公共利益或基于经济政策调整情形下，可以依法征收私人土地。在这种理论背景下，能够理解的是，公益优先于私益，并且公益可以按政策扩大。

本书对近代中国土地征收的立法与实践进行研究，要关注的问题：一是近代中国土地征收制度是如何移植和确立的；二是从历史的视角出发，考察公权力行使与私权保护的关系，并认识土地征收制度的理论基础。

### 一、中国古代兴建公共工程中的官府使用民地

在土地征收制度引进前，中国古代兴修公共工程也涉及取用民地。那么，中国古代兴建公共工程时，官府如何取得民地？思考并回答此问题，需以古代土地所有制为前提。

"溥天之下，莫非王土"，这是周天子奄有四海的写照。而分封制下，诸侯及诸侯的卿大夫，通过逐级分封，对土地享有一定的控制权。这种控制权，在征战、赋税、司法等方面得以体现。但，土地在分封制下，授予关系也就决定了下级受封者对土地并不享有绝对的权利。

战国时，周天子式微，王制受到挑战，诸侯将分封国内的土地视为己有。崛起的秦国，在商鞅变法后，以国君为代表的国家权力得到强化，国内的土地和民户都集中到了国家手中。这以后，土地私有倾向开始合法化，土地可以公开买卖，从此"私有土地是中国历史上最主要的土地所有权制度"。[①] 而出土简牍反映，实际上此时期秦国是土地国有制，并延续到秦朝后期。[②] 秦的土地国有制度反映在多方面，比如，适用于普通民众的"名田宅"制；还有适用于军人的"军功赐田"，它们都是以土地国有为基础的国家授田制度，只是表现形式有所不同。[③] 只不过，田亩不可买卖，宅基地是可以的。并且，在国家土地所有制下，孕育着土地私有，秦始皇三十一年的"使黔首自实田"，正式宣告了土地国有制下的国家授田制破产。[④] 无论是秦国早期的土地国有制度，还是秦朝后期的"自实田"，我们都可以看到，土地在向私有制深化。

本书若考察土地国有制及授田制下，官府兴修公共工程时取得民地的方式，很难说明在土地私有意识下，公权与私权的交易（购地）问题。因为土地国有制下，土地本是以国君为代表的国家的，若有他用，收回便是，再给原田地的使用人分授他处田地。因此，我们需将眼光放在汉代土地私有制发展后的时期。

---

① 赵冈、陈钟毅：《中国土地制度史》，新星出版社 2006 年版，第 15 页。
② 张金光：《秦制研究》，上海古籍出版社 2004 年版，第 47 页。
③ 张金光：《秦制研究》，上海古籍出版社 2004 年版，第 14 页。
④ 张金光：《秦制研究》，上海古籍出版社 2004 年版，第 111—113 页。

　　汉代，土地公开买卖已是合法。《史记》《汉书》《后汉书》等传世史料里，多有对土地买卖的记载。① 出土文献居延汉简中有田宅价格的资料，如"田五十亩直五千"，"宅一区直三千"。② 这都说明，土地在汉代，至少在平等主体间是可以交易的。

　　那么，官方若大兴土木需用民地如何处理？来看西汉建元三年，汉武帝为了扩建上林苑的做法，"举籍阿城以南，盩厔以东，宜春以西，提封顷亩及其贾值"，把长安县以南、秦岭山脉以北、盩厔县以东、蓝田县以西，之内的田、宅、坟墓等，都划进了范围，并打算用荒田补偿民人。东方朔谏言，此域土地富饶，作为园林以后，损耗国家收入，毁坏民人坟墓以及房屋，"令幼弱怀土而思，耆老泣涕而悲"，并举楚章华台、秦阿房宫之史为鉴。武帝并未采信，还是修了上林苑。③ 暂不论上林苑的性质，只知道其发挥着祭祀及行政场所的功能。④ 汉武帝在作决定时，并未考虑民户是否愿意，更不可能与民户议价，只是"提封顷亩及其贾值"，然后用"草田"补偿。

　　三国两晋南北朝，政权更替频繁，土地制度多样。曹魏有屯田，西晋有占田，北魏倡行均田，并且，这种均田制延续至隋唐。由于时期混乱，制度混杂，以及均田等土地国有制，暂不作讨论。

　　均田制破坏后，至宋代，土地私有制居于优势地位。⑤ 相比前朝，对于官府兴修工程取用民地也有差异。北宋元丰三年，神宗修建景宁宫，侵占民居若干，以"诏市易务于封桩免夫钱内借支十二万缗，偿景灵宫东所占民屋居价钱，以修神御殿颇侵民居故也"，官方是借钱补偿侵占民居的价

---

　　① 参见《史记》卷五三《萧相国世家》："相国贱强买民田宅"；卷一一七《司马相如传》："买田宅，为富人"。《汉书》卷六八《霍光传》："去病大为中孺买田宅奴婢而去"；卷七二《贡禹传》："臣卖田百亩，以供车马"。《后汉书》卷二四《马防传》："皆买京师膏腴美田"；卷一八《吴汉传》："妻子在后买田业"。

　　② 谢桂华、李均明、朱国炤：《居延汉简释文合校》，文物出版社 1987 年版，第 34 页。

　　③ （汉）班固：《汉书》，中华书局 1962 年版，第 2847—2852 页。

　　④ 周亚：《秦汉上林苑的功能及其与都城发展之关系》，载《中国古都研究》（第 21 辑），三秦出版社 2007 年版，第 241—259 页。

　　⑤ 漆侠：《宋代经济史》，中华书局 2009 年版，第 232—251 页。

钱。① 南宋绍兴二十七年，户部侍郎王俣以鼓院、检院过于简陋，上奏皇帝，提议重修，"其左右民舍有碍，以其他隙地给还"，对于占用的民舍，用其他地方的土地进行补偿。②

两宋的官府使用民地兴修工程时，"补偿"民人较前朝重视。这与宋代的土地私有意识不无关系，此时期相对重视私有产权。甚至官司占田不还，田主可执契越诉。在淳祐二年九月，皇帝就有下令："自今凡民有契券，界至分明，所在州县屯官随即归还，其有违戾，许民越诉，重罪之。"③ 但是我们也看到，在取得民地的过程中，官府不会与民协商及议价。

到明代，土地制度与赋役制度联系密切，土地的产权性质更加复杂化。编系人口的黄册和呈现土地样态的鱼鳞册，将民口、土地和赋役联系起来。而优免的政策，又使特权阶层免于赋役。这种看似规范化的体系，把官田、庄田、民田等不同权属的土地，置于不平等的制度下，产生了大量的投献现象，造成土地集中。

而在兴修公共工程需用民地的制度上，并无大的改变，对于地内的坟墓保护开始注意。如洪武二十五年又修上林苑，"其占及民田者，给官田偿之，官田或不敷，令民徙居江北，倍数给田偿之，永为世业。民庶坟茔有在苑内者，令勿徙，听其以时祭扫"。④ 所占民田给予补偿，上林苑内的坟墓准予祭扫。又万历四十六年修浦城城墙工事，"拆军民房一百一十三家，与迁移银四百七两九钱"。拆迁民房，给迁移费进行补偿。⑤ 可见，因兴修公共工程，官方取得民地、房屋，都有补偿，并且保留土地内的坟茔，允许民众祭扫。

清初修筑工程使用民地，沿袭了前代另给他地补偿的方式。如康熙元年（1662 年），修筑近京八旗护庄堤岸，"其取土刨挖地亩，户部另拨补给地主"。⑥ 摊丁入亩后，土地私有化的程度进一步发展。这也促使官府使用

---

① （宋）李焘：《续资治通鉴长编》（第二十一册），中华书局 1990 年版，第 7404 页。
② （清）徐松：《宋会要辑稿》（第三册），中华书局 1957 年版，第 2432 页。
③ （元）脱脱：《宋史》，中华书局 1977 年版，第 4179 页。
④ 《江苏省通志稿·大事志》，江苏古籍出版社 1991 年版，第 352 页。
⑤ 《江苏省通志稿·大事志》，江苏古籍出版社 1991 年版，第 605 页。
⑥ 《清实录》（第四册），中华书局 1985 年版，第 103 页。

民地兴修工程，更加注重保障与体恤，具体归纳为：

一是，拨地补偿，并减免赋税。如雍正二年（1724年），"宁夏新筑满城，系宁左右三卫民间田地。其原额正赋，应请豁免，以河滨淤地拨补。令陆续报垦，照例六年后起科"。① 对于取得的民地，先是豁免该田的正赋，又使用河滨的荒地拨补，让失地民众陆续开垦，还免去六年的赋税，待民众垦熟。

二是，补偿土地上的附着物。如乾隆八年（1743年），淮、扬等七府兴修水利，民间房舍有拆毁，"工员就近确勘，准给修费，豁除粮额"；对于"未种菜麦之地，借过籽种者，只须豁粮，不给工本。已种者按亩免偿。如系业户自办籽种，查明照例给领工本银两，每亩酌给八分"②。这里兴修水利工程，对于房屋给修建费用，并豁免粮税，而田禾则按照种子的价值进行补偿。

对于坟墓保护也更为重视。诸如"河防如遇民间坟墓，不得挖废"。③ 另有嘉庆十年（1805年），在酌定"陵寝禁限条例"时，"朕再四思维，莫若将现在设立之红桩改为白桩，其现有之白桩即行裁彻，改设之白桩以外，听居民等修理房茔，概不禁止。再于白桩以内，酌量地方若干丈，另立红桩，照旧定章程，示以禁条"。④ 嘉庆帝为了给皇陵禁地内的原有居民便利生活，重新调整了禁限范围。

三是，对官府使用民田有限制。如嘉庆二十三年（1818年），嘉庆帝出巡前往兴隆寺，其经过道路，多由民田开筑，便下旨："此时将届西成，芟刈禾稼，不免有伤农业。且新土浮松，亦于行走不便。嗣后凡跸路经临处所，务循照旧途，修垫坚实。不得取道农田，另开新路，用副朕勤恤民隐至意。"⑤ 嘉庆帝旨意修路尽量避开农田。

中国古代兴建公共工程或公用事业使用民地，历经换地、换地并减免税，保障坟墓、房屋、田禾等附着物，以及逐渐到限制使用民田的发展过

---

① 《清实录》（第七册），中华书局1985年版，第410—411页。
② 《清实录》（第十一册），中华书局1985年版，第422页。
③ 《清实录》（第十一册），中华书局1985年版，第422页。
④ 《清实录》（第二九册），中华书局1986年版，第1117—1118页。
⑤ 《清实录》（第三二册），中华书局1986年版，第559—560页。

程。这种发展趋势，与土地私有制的深化有关系。但是直至清代，皇帝或者官方要使用民地，单方面决定的性质没有改变，至于补偿或者限制使用，都是"勤恤民隐至意"。有学者指出："中国古代的私人土地权利，必定不是所有权"，此"所有权"呈现双层结构的特点，并且这种双层所有权又是矛盾的。① 在皇权专制的制度下，人民的权利不可以抗衡来自官方的权力。

### 二、晚清大兴公共工程与"购地章程"

洋务运动后，古代中国向近现代迈进的步伐加快。特别是晚清，在西方技术与资本的作用下，大兴公共工程，对于土地的需求不断增加。在这些公共工程中，规模大、范围广的，要属铁路的兴修。甲午战败后，清廷振兴国力的想法愈来愈浓，修建铁路被放在"力行实政"的首位，推崇建设芦汉铁路的张之洞说："臣等以为铁路为自强第一要端。铁路不成，他端更无论矣。芦汉不成，他路亦可知矣。"② 如此，绵延几千公里的芦汉、津浦、粤汉等铁路，被提上兴建的日程。

修筑铁路要占用大量的土地。如督办铁路事务的顺天府府尹胡燏棻奏说："铁路工程，以买地、填道、购料、建桥四大宗为最要。"③ 反复大规模的用地，使取得民地的方式逐渐规范化，出现了"购地章程"。其中，《芦汉铁路购地章程》④有八则，在施行过程中，针对各地情况还有细则，如"汉口至滠口应用地段"的购地情况。⑤

至《江西铁路购地章程》⑥《津浦铁路购地章程》⑦时，购地章程更加规范化，已形成总则与分则的划分，并有购地总类、田地类、房屋类、迁坟类、洋商教堂地类、青苗等类、不给价类、存案类、防弊类，等等区分。

---

① 俞江：《中国民法典诞生百年祭——以财产制为中心考察民法移植的两条主线》，载《政法论坛》2011 年第 4 期。

② 张之洞：《张之洞全集》（第三册），武汉出版社 2008 年版，第 425 页。

③ 《清实录》（第五七册），中华书局 1987 年版，第 75 页。

④ 《芦汉铁路购地章程》，载《湘报》1898 年第 55 期。

⑤ 《委员购地》，载《湘报》1898 年第 168 期。

⑥ 《江西铁路购地章程》，载《秦报》1907 年第 26 期。

⑦ 《津浦铁路购地章程》，载《陕西官报》1908 年第 13 期。

归纳这些购地章程，能发现以下特点：

**（一）购地主体**

从购地时契据粮串的过割来看，购地的买方是"某某铁路"，卖方是各类业主，"分别立契过割，书明亩数、价值，归津浦铁路名下执业"。①

执业者是铁路，是一个虚拟的购买主体，铁路背后的建设者与受益者都是清政府。其他官署机构在购地时也采用此种方式。例如，宣统元年（1909年）的一个收税机构要建局房，相中"余姓住宅两院，唐姓菜园一所"，几经磋商，"凭中眼同立约兑银接收，仍遵章在成华分局投税，并完学警各费，新旧契据并黏档卷，永为本局公业"。② 看得出，虚拟购买主体，通过完税过割等形式，将产业归在公主体之下。整个过程与民间交易习惯相同，表明是购买。

**（二）购地程序**

购地程序散布在购地章程的各分则中，主要有：

一是发布告示。购地委员到县域境内，先是发告示，再会同地方官，出示讲明购地事由的晓谕。这一步骤主要是起到通知作用。

二是确定需用土地的亩数，并酌定土地类型的等差。具体程序是，购地委员与地方官，带领户工、两房书办、县差及保正，然后传集业户，按照工程司勘定的路线图，眼同丈量，确定亩数与等差，并由司事登记。已购之地，由段员与县官出榜告示，说明坐落、花户及零毫亩数、各则价值，黏列清单，晓谕周知。并且，关于坟墓、房屋、洋商教堂、青苗等，另分类说明。

三是验契。业户需带老契，或新契，或加找杜绝契，呈缴候验。地保加具切结声明。对于地亩较多，契据不能全收回的，由业户填写路局购买若干，附入领状保结，并在原契上注明，加盖戳记。由于缺乏物权登记制度，验契成为确定产权归属的必要方式。此外，为防止产生土地产权争议，只能用"领状保结"和"原契注明"证明支付了对价。

---

① 《津浦铁路购地章程》，载《陕西官报》1908年第13期。
② 《呈详议建局房购地估工绘图请示文》，载《经征成案汇编》1909年第1期。

四是给价。发给民户地价，需要用总局掌管的三联凭票，骑缝盖总局关防。票上将购定地亩的坐落、科则、亩数、业户姓名、价值数目等，在三单上面一律填明，并加盖本段图记。这三联票一张给业户暂行收执，以便凭票领价；一张报总局备查；一张交发款银号，对号发银。

### （三）官价确定方式

各铁路购地的官价确定，基本由购地官员会同地方官商定，然后，报铁路总局核准。当然，官员在商定之前，需要调查本县田价，或者以邻县田价作参考。并且，还要参酌其他铁路的购地价格。如津浦铁路购地时，章程后附有京张铁路购地的各类地亩价格，以作参照。值得注意的是，这种酌定官价，全由政府敲定，民众并没有协议的能力，导致购买的强制性增加。

### （四）给价类型

给价类型依据财产类型，主要有田地、坟墓、洋商教堂、房屋、青苗等五类。其中田地、坟墓、房屋，由于产值与建造价值不同，又有差等分别。田地，分上、中、下三等；坟墓，分砖冢、泥冢，以及棺椁数量与材质等；房屋，分新旧砖瓦房、灰草，或土草房、土棚等。另外，青苗类，有青苗、树木、园菜、湖菱、池藕等。

### （五）购地的防弊与惩戒

各铁路购地章程在防弊方面，都详细写明或者专则列明预防纠纷和舞弊的条款。主要有："一田两主"领价时，需声明价款自清；迁坟起棺时，要求坟主、地保同在场，并记录棺数在簿；客民、游宦等业户在外，要求首事、族长等有身份的人作为保证。同时还有禁止交易措施，为防止民人借铁路购地抬价，在铁路购地未完之前，禁止土地买卖。此外，对于有委屈不上请，而聚集多人，及妇女干扰购地等行为，送县严惩。

总体来说，晚清出现的购地章程，相较之前官府兴修工程取用民地而言，趋于规范化。但这种规范化，并非站在保护民户的利益上，而是利于清政府快速便捷地取得土地，铺设铁路等工程。整个章程以官方旨意为主，名义是购买，实质从铁路经过路线，到购地价格，民户都无权参与。不仅如此，对于不按官府要求、违抗官府购地或者阻扰者，将会受到惩戒。这种单方面的决定，是皇权专制社会的必然结果，私人的权利难以抗衡公权。

### 三、土地征收概念的近代移植与确立

"土地征收"是外来概念，经历了从"土地收用"到"土地征收"的过程，土地征收立法上的改变发展，也让"土地征收"概念发生着变化。

**（一）"土地收用"考**

清末，由于清政府的聘请，大批日本学者参入修律，此对中国法律近代化产生了深远影响。有学者撰文批判，中国法律词汇"无不带着日本味"。[①]"土地征收"也不例外。

光绪三十二年（1906 年），商部尚书载振以"铁路用地为支款之一大宗，且值风气锢蔽，地主未免居奇，甚或预先购占，希图垄断"为由，将各路购地章程呈报商部，以期厘定通行。后由通艺司折中各路办法，拟订全国铁路购地章程 18 条。但是，地价难以统一，其法未有施行。宣统三年（1911 年）七月，商部又订立《铁路征地通行条例》58 条，咨请内阁审查，由于清亡而未公布。[②]

尽管清末因修铁路购地颇多，而在各地修筑铁路购地章程中，并未见"土地收用"或"收用"的字样。比如光绪三十四年（1908 年）《津浦铁路购地章程》购地总类条文所说：

津浦路线，南北起讫约长二千一百余里，应用地亩甚多，宜先酌定官价，方可从事购买。但地不一律，名目尤繁。既就北段在直隶境内者言之，内有各项圈地、旗地、寄庄租地、官河淤地、官道，以及学田、庙产、官荒、民荒等地，难以逐一备载。总之，既归民种，即与民产相埒，应按向例分别上、中、下等，则照此次禀定官价办理。[③]

该章程先是对需要用地的类型进行划分，这种划分是按照原有的土地

---

①　俞江：《"法律"：语词一元化与概念无意义？——以〈法律探源〉中的"法"、"律"分立结构为立场》，载《政法论坛》2009 年第 5 期。

②　曾鲲化：《中国铁路史》，燕京印书局 1924 年版，第 243 页。

③　《清末官报汇编·陕西官报》（第 45 册），全国图书馆文献缩微复制中心 2006 年版，第22282 页。

归属主体、产权类型进行区分，也提到因"民种"土地所产生的"民产"。对于土地的取用，采取的是购买方式，称作"购用地亩"。

此种购买多是强制。所谓"应用地亩甚多，宜先酌定官价，方可从事购买"，酌定官价是购买的前提，而官价由政府敲定。这种单方面议价，说明购买的强制性。"官价购买"的用词表达，与土地收买、土地收用的意义相差甚远。

光绪三十三年（1907年），日本几乎所有的法律都被汉译出版。在《新译日本法规大全》第六卷中，就有土地相关立法，明治三十三年（1900年）《土地收用法》囊括在内。[①] 对照民国北京政府时期的《土地收用法》（1915年）[②]，可以发现颇多相似。

从体例上看，1915年《土地收用法》大体与日本1900年《土地收用法》相同，无论章节名称，还是排列顺序，皆有仿行嫌疑。比如，日本1900年《土地收用法》第二章"事业之准备"，1915年《土地收用法》则为"土地收用之准备"；日本《土地收用法》第九章"监督强制及罚则"、第十章"诉愿及诉讼"，1915年《土地收用法》则合并之，定为"监督及诉讼"。

内容上，以统领整部法律的第一、二条为例。日本明治三十三年（1900年）《土地收用法》为：

第一条　因公共利益之事业，有必须收用或使用土地者，得依本法之规定而使用、收用之。本法所称使用者，包含制限权利之事。

第二条　得收用、使用土地之事业，须合下之各号之一：

一　关于国防及他军事上之事业；

二　关于建设官厅公署之事业；

三　关于教育、学艺、慈善之事业；

四　关于铁道、轨道、道路、桥梁、河川、堤防、砂防、运河、用恶水路、溜场、船渠、港湾、埠头、水道、下水、电气机、瓦斯灯、火葬场之事业；

五　卫生、测候、航路标识、防风、防火、水害预防及国、府县、郡

---

① 《新译日本法规大全》（第六卷），高珣点校，商务印书馆2008年版，第86页。
② 商务印书馆编译所：《法令大全补编》（第2版）第五类"内务"，商务印书馆1917年版，第28页。

市、町村并公共团体以公用之目的所施设之事业。①

民国北京政府时期的《土地收用法》（1915 年）的表述如下：

第一条　国家因谋公共利益而设之事业，合于左列各款之一，认为有收买或租用土地之必要者，得依本法行之：

一　关于国防或其他军备之事业；

二　关于建设铁路、公路、街市、电信、公园、桥梁、河渠、堤防、船坞、商港、码头、水道、沟渠、义冢及其他附设之事业；

三　关于教育、学术、慈善所应设之事业；

四　关于水利、卫生、测候、探海、水标、防风、防火所应设之事业；

五　关于建筑官署之事业；

六　关于前五款以外之事业。

国家认许地方自治团体或人民建设前项第二、三、四、六各款之事业时，亦得依本法行之。②

比较内容而言，日本 1900 年《土地收用法》第二条所列五项事业，与民国北京政府 1915 年《土地收用法》六项相差不多。只是精简了尚未开张的事业，比如"电气机、瓦斯灯"，还有对行政官署的建设采取了概括式的表达。

诚然我们不可由上述比较断定，"土地收用"一词直接来自日本。但在1915 年《土地收用法》颁布前，民国 2 年（1913 年）七月九日，时任交通部交通总长的朱启钤，就签署颁布了《铁路收用土地暂行章程》，内有修建铁路"收用土地"的规定。该章程的开头，有如下解释：

铁路收用土地，历来订有专章，施行手续久成习惯。现在铁路繁兴，工程进行迟速与购用土地有密切关系。团体变更，人民趋向观念各别所有。从前各路购地章程有不适用者，亟应分别修正，以应时势之需要。兹特援

---

① 《新译日本法规大全》（第六卷），高询点校，商务印书馆 2008 年版，第 87 页。

② 商务印书馆编译所：《法令大全补编》（第 2 版）第五类"内务"，商务印书馆 1917 年版，第28—29 页。

据旧章修订《铁路收用土地暂行章程》五十五条，刊印颁行。以示准则，而昭平允。此令。①

从时间上看来，此章程是在清亡不久订立，其中所指"历来订有专章"，以及"从前各路购地章程有不适用者"，说的是清末各地修建铁路的"购地章程"。后又说"兹特援据旧章"，此处的"旧章"，该是宣统三年（1911年）七月商部制订的《铁路征地通行条例》58条。

由此知，"土地收用"一词的应用，是在翻译日本《土地收用法》之后。从翻译时间、立法内容等方面，推定日本《土地收用法》对当时的立法有深刻影响。而普遍运用，大约是从民国北京政府颁布《土地收用法》开始。

就"土地收用"的词义而言，比较两法第一条，日本法的"土地收用"，指"因公共利益之事业，有必要收用或使用土地者，得依本法之规定而使用、收用之"，即"土地收用"指的是"收用或使用"，表达对土地所有权有取得或限制之意，含有政府强制性。而民国北京政府的"土地收用"，指"国家因谋公共利益而设之事业合于下列各款之一，认为有收买或租用土地之必要者"，"土地收用"强调的是"收买或租用"，即对土地所有权有购买、交换或租赁之意，未有体现政府因为公共利益需要，公权力可强制要求土地所有权人负相当义务。

也就是说，日本法的"土地收用"概念含有土地征收之意，而民国北京政府的"土地收用"只是习其名，而未解其质，还是在传统"购用地亩"的习惯模式中。哪怕是在之前购地章程中，提到的官方定价，带有一定的强制性，也带着购买的交易属性。

**（二）从"土地收用"到"土地征收"**

在民国时期，"土地收用"与"土地征收"的使用，因时段不同而有所不同。这种差异，也是两词含义的区别逐渐明确化的过程。

1. 立法方面

在民国北京政府时期，立法中多用的是"土地收用"。比如，民国2年（1913年）7月9日颁布的《铁路收用土地暂行章程》；民国4年（1915

---

① 《铁路收用土地暂行章程》，载《政府公报》1913年第431期。

年）公布的《土地收用法》；民国 9 年（1920 年）10 月 6 日颁布的《修治道路收用土地暂行章程》① 等，皆使用"土地收用"一词。

民国南京政府时期，用得多的是"土地征收"。比如，民国 17 年（1928年）7 月 28 日公布的《土地征收法》②；民国 19 年（1930 年）6 月 14 日公布的《土地法》③，第五编为"土地征收"；民国 35 年（1946 年）4 月 29 日公布的《土地法》④ 等，使用"土地征收"一词。这些是立法层面法律名称的差异。

在民国南京政府未颁布《土地征收法》以前，"土地收用"基本一以贯之。进入民国南京政府时期，"土地收用"也未因政府转换而消失。在有关土地征收制度的实践中，无论土地征收的法律法规表达，还是行政院颁布的政府令，抑或是学者对于土地征收的学理解释，"土地征收"与"土地收用"两词交替使用，未有明显区别。比如：

使用"土地收用"的有，湖北省政府在民国 17 年（1928 年）8 月公布的《湖北省道收用土地条例》，其中第 1 条：

省道所经路线应占土地及关于本路建筑上应用之地段，无论官有、公有、民有，均依本条例之规定收用之。

本条所定收用之土地，不分宅地、田地、菜土、杂粮土、山地、池塘、沟渠、道路、河川等均属之。⑤

再如，1931 年《贵州建设厅建筑公路收用土地暂行条例》：

第一条　本厅为建筑公路、收用土地，特定本条例公布之。

第二条　凡公路路线经过之田土山场、及其附属物，一律照本条例规定收用。

第三条　收用土地事宜，由公路处、或公路分处，指定专员办理，并令路线经过区内正绅人士一人或二人为襄理，以示郑重。

---

① 《修治道路收用土地暂行章程》，载《政府公报》1920 年第 1669 期。
② 《土地征收法》，载《市政公报》1928 年第 17 期。
③ 《土地法》，载《三民半月刊》1930 年第 5 卷第 1—2 期。
④ 《土地法》，郭卫点校，上海法学编译社 1947 年版，第 241 页。
⑤ 《湖北省政府关于检发本省征用土地单行条例的指令呈文》，湖北省档案馆，档案号：LS1-7-61。

第四条　收用土地时，先由测量人员依照实测图表，将应收用之范围，督工挖沟分界、栽立标记，俾业主一目了然。[①]

而使用"土地征收"的，如 1929 年 11 月 21 日公布的《上海市征收土地取缔规则》：

第一条　凡在上海特别市区域内，兴办公共事业征收土地者，除政府机关外，均应遵照土地征收法，呈由土地局会同主管局，转呈市政府核准。[②]

此条明确提及"均应遵照土地征收法"，说明是遵从上位法的立法，在词语的使用上，与上位法保持一致。

2. 学理解释

关于土地征收的学理解释，常维亮认为：

土地征收，即因公共事业之需要，对于土地所有权之收用是也。所谓公共事业之范围如何，实有研究之必要，土地法亦有明文规定于次：（一）实施国家经济政策；（二）调剂耕地；（三）国防军备；（四）交通事业；（五）公共卫生；（六）改良市乡；（七）公用事业；（八）公安专业；（九）国营事业；（十）政府机关地方自治机关及其他公共建筑；（十一）教育学术及慈善事业；（十二）其他以公共利益为目的之事业。由上述可知，我国土地法关于土地征收之范围，乃系从广泛之规定，故应加以政府核定之限制也。[③]

常维亮的论述是在土地法公布以后，关于"土地征收"概念的解释，以"公用事业"需要限制"土地所有权"为要，对政府行政行为的表达，使用的词语是"收用"。

黄振钺关于"土地征收"的解释更加详细，如下：

在土地私有制度下，私有土地的所有权，本来依法应受法律的保障，但为社会公共事业的需要，有时不能不收用私有土地，因此土地征收的意

---

① 《贵州建设厅建筑公路收用土地暂行条例》，载《贵州省政府公报》1931 年第 50 期。
② 《上海市征收土地取缔规则》，载《工商半月刊》1929 年第 1 卷第 23 期。
③ 常维亮：《土地法》，北平法律函授学校讲义 1935 年版，第 54 页。

义，就是国家为举办公共事业的需要，以有偿的方式，收用私有土地，同时对于需用土地人设定新权利之一种公法行为。征收土地既为了举办公共事业的需要，而强制地收用私人土地的所有权，所以对于可得为征收私有土地原因的公共事业，不能不有一限制。本条规定为下列九项：一、国防设备。二、交通事业。三、公用事业。四、水利事业。五、公共卫生。六、政府机关，地方自治机关，及其他公共建筑。七、教育学术及慈善事业。八、国营事业。九、其他由政府兴办以公共利益为目的之事业。①

其认为，土地征收是因为国家举办公共事业，以有偿的方式收用私有土地。土地征收是一种公法行为，具有强制性。并且，强调对公权力进行限制，所以采取列举公用事业的方式进行限定。

但是，在公用事业和私人权利的权衡上，其采取了公益优先的法律社会化解释路径，并且与当时"平均地权"的土地政策相联系。

由以上可得为征收私有土地原因的公共事业看来，国家可得征收土地的范围很广。其所以如此规定，实因在现代社会经济状况下，土地虽为私有，但须尽量以公用为前提，俾使与平均地权之旨意相合。②

可以看出，此时期，"土地征收""土地收用"的使用并未明显区别，学界甚至用"收用土地"解释"土地征收"。两词的交替运用，原因是民国初年先有"土地收用"的立法，人们已接受这一概念，而在新土地征收法颁布后，未作概念区分和辨析，等同使用而已。

3."土地征收"概念的本土化

如果说"土地收用"是日本词汇，"征收"则是地道的中国词汇。考"征收"与"收用"本义。《说文》中："延，正行也。从辵，正声。诸盈切。征延或从彳。"③另"徵，召也"。④《尔雅》："徵，召也。"⑤都表达"召集"之

① 黄振钺：《土地政策与土地法》，中国土地经济学社1949年版，第224—225页。
② 黄振钺：《土地政策与土地法》，中国土地经济学社1949年版，第225页。
③ （汉）许慎：《说文解字》，中华书局1963年版，第39页。
④ （汉）许慎：《说文解字》，中华书局1963年版，第169页。
⑤ （清）阮元校刻：《十三经注疏·尔雅注疏》，中华书局2009年版，第5617页。

意。《孟子·尽心下》："有布缕之征，粟米之征"，[1] 有收"赋税"之意。《史记·货殖列传》："物贱之征贵"，[2] 有"求取，索取"之意。而"征收"联用，在古代最多的时候是与赋税联系，所谓收取赋税。比如《北齐书·李元忠传》中："时州境灾俭，人皆菜色，元忠表求赈贷，俟秋征收"，[3] 说的是因为遇灾，将征收赋税的时间推移。《啸亭杂录·关税》中："当管库者，应详细筹画，使轻其征收之苛"，[4] 希望管库人员精细计算，从而减轻征收之税额。

而"收用"，常与收复人身相关。比如在《墨子·非攻中》："彼不能收用彼众，是故亡。"[5] 元代刘祁《归潜志》卷四："正大初，收用旧人，召为右司谏"。[6] 收用都意为"容纳使用"，并无索取、取得之意。

可以说，"征收"如果同政府行为相联，多与赋税有关。"收用"则多与人身有关，且使用更俗语化。为何民国 17 年（1928 年）南京政府颁布新法律《土地征收法》，使用"土地征收"，而不继续使用"土地收用"？可能是有意突显公权力的强制性。

查看 1928 年《土地征收法》，体例、内容与日本《土地收用法》更为相近，对于土地征收的规定更加完备。逐渐符合土地征收制度，对于征收缘由、征收程序、征收补偿，以及诉愿与罚则，都有详细规定。就制度设计而言，已在区别 1915 年《土地收用法》中的"土地收买或租用"，强调政府因公共利益对于土地所有权的限制，并且表明权力的强制性。

20 世纪 30 年代的学界，对"土地收用"与"土地征收"也有辨析，比如陶惟能认为：

> 土地征收，系征收私有土地之所有权。征收一语，本含有剥夺所有权之意，惟征收之标的，其非以不动产为限者，乃广义之公用征收（如征发军米是）。至于土地征收，则限于以土地为其征收标的，纵于征收土地之际，一并收其定着物（第三四四条前半），亦属于不动产范围以内，故土地

① （清）阮元校刻：《十三经注疏·孟子注疏》，中华书局 2009 年版，第 6045 页。
② （汉）司马迁：《史记》，中华书局 1982 年版，第 3254 页。
③ （唐）李百药：《北齐书》，中华书局 1972 年版，第 314 页。
④ （清）昭梿：《啸亭杂录》，中华书局 1980 年版，第 107 页。
⑤ 《墨子》，方勇译注，中华书局 2015 年版，第 162 页。
⑥ （金）刘祁：《归潜志》，中华书局 1983 年版，第 36 页。

征收，显与公用征收不同。次之，若仅系单独限制土地使用权，而于征收时期内，由需用土地人使用其土地者，则属于"土地收用"，盖既云"土地收用"，则系兼指征收其所有权与强制租用而言（土地收用法第一条、土地征收法第四条一项比照）。本法上之土地征收，则系专为征收私有土地之所有权而设，故征收以后，即生所有权之消灭问题。①

这一段的论述，表达了三层意思：一是土地征收是剥夺土地所有权，征收后土地所有权消灭；二是土地征收与公用征收不同，公用征收的对象是动产；三是土地收用只是暂时限制土地使用权，是强制租用。

土地征收，系国家对于私有土地所为之处分。土地收用，固能引起所有权上效能变更来。此之所谓土地征收，更系引起所有权之消灭效果，故本法之土地征收，恒发生土地征收权问题，此种土地征收权问题，即土地征收权之主体谁属是也。盖因需用土地人，不必尽为国家，如本法第一七五条所规定，其需用土地人，即系私人是。似此则谓土地征收权之主体，系属于需用土地人，亦无不可。然依一般通说，则系谓土地征收权之主体，应专属于国家。申言之：征收之结果，其被征收之土地所有权，不问其归属于国家，或地方各级政府，或其所属机关，或地方自治机关，或属于私人，而其归属作用，仍系国家对于私有土地所为之处分，盖就土地征收权之本质言，不应于国家以外，尚能容许其存在也。②

紧接着，陶惟能讨论了土地征收权。他认为，土地征收权应专属国家，需用地的可以是各级政府、机关，或者地方自治机关，甚至是个人。但是，对于土地征收的权力，不能有其他主体。

可以肯定的是，"土地收用"与"土地征收"在当时已有词义区别。这种区别，反映在法律制度上即需重新定名，以示重要。1928年，国民党中央执行委员会第151次常会讨论时，朱霁青委员认为，"土地收用法"与"平均地权"本旨不符合，需要正名为《土地征收法》，并认为《土地收用

① 陶惟能：《土地法》，北平朝阳学院 1936 年版，第 290 页。
② 陶惟能：《土地法》，北平朝阳学院 1936 年版，第 290—291 页。

法》应为其一部分。当经决议交政治会议复议，中央政治会议复议通过。遂将该法改称《土地征收法》，发交法制局详细审查修正。[①] 在随后的 1930 年《土地法》第五编中，已经难觅"收用"的字样。

综上所述，从"土地收用"到"土地征收"，经历了从外来词到逐渐本土化的过程。"土地收用"在日本法中，指政府因公共利益，可要求土地所有权人提供土地，暗含土地所有权人对于自己的财产负有义务，与现代土地征收的含义趋同。

清末修筑铁路的购地章程，其中"购地"，有收买土地的含义。1913 年《铁路收用土地暂行章程》中，也直接说是"收买或租用"。1915 年《土地收用法》，再次强调"收买或租用"。所以，"土地收用"对于民国北京政府来说，即为"土地收买"或"土地租用"。这种概念含义，到南京政府时期发生了转变，其受到法律社会化、平均地权等思潮的影响，强调公权力对于土地所有权的强制剥夺，在词语上使用"征收"，以示区别。

但，1928 年《土地征收法》第 4 条对土地征收有定义，"本法称征收者，谓收买或租用"，这实际是延续之前土地收用法的理解。不过，在整个土地征收制度上，逐渐符合国家因为公共利益而行使征收土地所有权的含义。

**（三）"土地征收"与"土地征用"**

"土地征用"的出现，主要是在民国南京政府时期以后，实际运用与"土地征收"夹杂，含义与"土地征收"区别不大，能通用。一般认为，可能是"土地收用"与"土地征收"的使用过程中，取"收用"与"征收"各一字，体现为"征用"。我们先来看些实例。

1930 年行政院训令第 4240 号：

令铁道部。

为令知事案，查前据该部呈报，京沪铁路因巩固路基，采取石子，征用杭县上圩五图山地八亩八分，余请予转呈备案等情到院。经核与土地征收法，尚无不符，当即转呈在案。兹奉国民政府指令，内开呈件均悉据称核与土地征用法，既属相符，应准备案，附件存此令等因。奉此合行，令

---

① 谢振民：《中华民国立法史》（下册），中国政法大学出版社 1999 年版，第 1152 页。

仰该部知照。此令。①

铁道部因修京沪铁路，需要取土采石巩固路基，因此准备征用杭县的山地，呈报行政院，希望行政院指令杭县的知事办理征用。我们知道，取土采石，是对土地的根本破坏，甚至灭失。并非今天征用的概念，在使用后，可以复还。所以，在使用词语上，此处的"征用"与"征收"意义相同。并且，此训令前后使用了"核与土地征收法"和"核与土地征用法"，此处的法律应指的是 1928 年《土地征收法》。

再来看，军政部在民国 25 年（1936 年）4 月 16 日，呈送拟定的《军事设施征用民地补偿办法》：

> 窃查本部因军事建设征用民地，向系按照南京市政府拟定呈奉钧院公布之土地征收法办理。关于地价一项，于召集协议时，向系参照民间买卖价格及申报低价斟酌情形从事协商。但每一地价之议定，莫不几经商榷，如克有成，迨至本年三月间，先后奉钧院转奉国民政府明令公布之土地法施行日期，及土地征收法废止后，办理征用民间土地，较前更行困难……②

这里的"征用"实际也是指征收，里面提及的是"地价""买卖价格"，以及与私人进行土地征收议价，说明是在遵循土地收用中"收买"的征收给价办法。

还有，民国 31 年（1942 年）《湖北省修筑道路征用土地暂行规则》第 2 条规定：

> 修筑道路征用土地于测量定线后，应由该路工程机关植立路线、界椿，一面由省地政机关（在省地政机关未成立前，由省政府民政厅办理）办理征用手续，一面依土地法第三六五条后段之规定，得即行进入界线内兴工（附录土地法第三六五条全文：需用土地人应系（俟）补偿地价及其他补偿费额发结（给）完竣，方得进入征收土地内实施工作，但因特殊情形，经

---

① 《行政院训令第 4240 号》，载《行政院公报》1930 年第 211 期。

② 《内政部、实业部、湖北省政府关于制发军事设施征用民地补偿办法及马籍暂行规则的训令》，湖北省档案馆，档案号：LS1-3-748。

国民政府行政院或省政府特许者，不在此限）。①

我们可以看到，在土地征收法颁布以后，"土地征用"与"土地征收"在立法和实践运用中，并未明显区别，含义上基本属同。是否人们在此时期对"土地征用"与"土地征收"的含义区别不理解？可能并不全是。

来看民国 20 年（1931 年）的《中华民国训政时期约法》第 18 条的规定："人民财产，因公共利益之必要，得依法律征用或征收之。"这是"征用"与"征收"首次出现在宪法性法律中。民国 25 年（1936 年）讨论的《中华民国宪法草案》，即"五五宪草"，第 17 条再次规定："人民之财产，非依法律，不得征用、征收、查封或没收"。"约法"与"宪草"对"征用"与"征收"的分别规定，说明二者应是有区别的。

吴经熊与金鸣盛在《中华民国训政时期约法释义》中，对第 18 条的"征收"与"征用"区别作了介绍："本条的征用和征收，则全为行政上的处分，故性质各有不同。政府强制使用私人的财产，叫作征用，政府强制取得私人的财产，叫作征收。"并举例说明，"政府因扑灭某种疫症，指定私人房屋充作临时医院或检疫机关，这就是'征用'。又如政府筑造铁道、公路，将沿线土地收归公有，这就是'征收'"。"征用每有时间性，等到使用目的完成以后，原产就可归还原主。征收则有永久性，经政府征收的财产，就永久不能返还。"② 可见，征用是强制取得所有权的使用权能，使用完毕后返还。征收是强制取得所有权的全部，即消灭原所有权人的权利。

金鸣盛在《立法院议订宪法草案释义》中再次指出：

财产之"征用"，指以国家公力强制使用私人之财产而言。财产之"征收"，指以国家公力强制取得私人之财产而言。二者均基于公共利益所必需，并由国家给予相当之补偿。前者为有时间性之限制，如使用之目的已达，或不需要使用时，仍可返还于原主。后者则为永久之剥夺，国家对于业经征收之财物，即有处分变卖之事实，或仍由原主以优先权而收回其财

---

① 《湖北省修筑道路征用土地暂行规则》，载《湖北省政府公报》，1942 年第 454 期。

② 吴经熊、金鸣盛：《中华民国训政时期约法释义》，会文堂新记书局 1937 年版，第 80 页。

产，亦系另一问题也。故"征用"与"征收"二者，实有不同。征用为暂时的征收，或有定期的征收，征收则为永久之征用。惟国家征用或征收私人之财产，其目的自均在特定之使用，不过时间上有暂期或长期之分别而已。①

"征收"与"征用"的区别在于，财产的"征用"，指以国家公权力强制使用私人财产。财产的"征收"，指以国家公权力强制取得私人财产。"征用为暂时的征收，或有定期的征收，征收则为永久之征用"。实际上，两词基本混同使用，究其原因，金鸣盛解释为："征用之财产，亦有因使用之事实一时不能完成而改为征收者。故学者往往视二者为一事，不予分别。"② 意思是，由于兴办公共事业使用人民财产时间具有不确定性，财产征用或征收都有可能，所以对于"征用"行为与"征收"行为来说，强制使用的共同性更能说明问题。

**（四）"土地征收"概念的定型**

"土地征收"的概念，发展到民国南京政府时期，已经有社会化的影子。1928年《土地征收法》规定：

第一条　国家依左列情形，有征收土地之必要时，依本法行之：

（一）兴办公共事业；

（二）调剂土地之分配，以发展农业，改良农民之生活状况；

省市县及其他地方政府兴办前项各款之事业，地方自治团体或人民兴办前项第一款之事业时，亦同。

第二条　前条第一项第一款之公共事业，以合于左列各款情形之一者为限：

（一）关于创兴或扩充公共建筑物之事业；

（二）关于开发交通之事业；

（三）关于开辟商港及商埠之事业；

---

① 金鸣盛：《立法院议订宪法草案释义》，陈海澄校，新生印刷所1935年版，第29—30页。

② 金鸣盛：《立法院议订宪法草案释义》，陈海澄校，新生印刷所1935年版，第30页。

（四）关于公共卫生设备之事业；

（五）关于改良市村之事业；

（六）关于发展水利之事业；

（七）关于教育学术及慈善之事业；

（八）关于创兴或扩充国营工商业之事业；

（九）关于布置国防及其他军备之事业；

（十）其他以公用为目的而设施之事业。①

从第 1 条可知，此时的"土地征收"概念的范围，较 1915 年《土地收用法》第 1 条有扩大趋势。1915 年《土地收用法》收用土地的事由，包括国防事业、公用事业、公安事业、公共建筑等公共事业。1928 年《土地征收法》征收土地的事由，则扩大为"调剂土地之分配，以发展农业，改良农民之生活状况"，"创兴或扩充国营工商之事业"。也就是说，可以将征收土地用于经营性的功能。并且，前法的"土地收用"，是持续性的使用被征土地（即自己保有），来满足公益。而后法的"土地征收"，却是将被征土地暂时征收，旋即出让予第三者。

1930 年《土地法》第五编，继续将扩大的土地征收概念完善，分别规定在第 335、336 条中。其中，第 336 条第 1 项为"实施国家经济政策"，第 2 项为"调剂耕地"。1931 年《中华民国训政时期约法》则以宪法性法律的形式，使用了两个条文确定了征收制度的合宪性。

第 17 条

人民财产所有权之行使，在不妨害公共利益之范围内，受法律之保障。

第 18 条

人民财产，因公共利益之必要，得依法律征用或征收之。②

宪法具有保障人民权利的功能，征收却是侵犯私有财产权利。这种侵犯财产权，是以剥夺或是限制财产权利之方式为之。而 1931 年《中华民

① 《土地征收法》，载《市政公报》1928 年第 17 期。
② 吴经熊、金鸣盛：《中华民国训政时期约法释义》，会文堂新记书局 1937 年版，第 77—79 页。

国训政时期约法》却将征收规定于内，说明公民财产为了公共利益，满足法律基础就可被合法征收，并强调私人财产权的行使，必须在"不妨碍公共利益的范围内"，也就是私人财产权处于第二位置，公益优先于私益。这也使得私人财产负有义务性。

从吴经熊与金鸣盛对《中华民国训政时期约法》第 17 条的释义可知，此时法律社会化已经风吹于中国。

本条规定财产所有权行使的范围，也是财产自由权的限制之一。财产是个人身外之物，与个人的身体、行动、意志等，不能脱离个人本体者不同。故财产自由的保障，远不如身体自由、居住、迁徙自由、结社、集会自由，以及意见自由等的重要。

这种极端的无限制的财产观念[①]，就是后来资本主义弊害发生的根源。

在三民主义的国家内，当然不容许这种财产权观念之存在；就是资本主义国家，也已经觉悟到财产权应受合理的限制。所以从前的"财产人权观"，现在已转为一种"社会职务观"。私有财产的保障，不过视为可以增进社会福利的一种方法罢了；财产自由权的运用，乃因所有人履行其社会职务所必需，并非保障该所有人的人权。这种观念的变迁，也就是通常所说的"所有权社会化"。[②]

追根溯源，民国时期所有权社会化观念的影响，以及对财产权的限制，来源于 1919 年的德国《魏玛宪法》，德国《魏玛宪法》第 153 条第 2 项："公用征收限于发达公共幸福。有法律根据时，方得行之。"又如，第 155 条第 2 项："为供住宅之需要，为移民之发展，为农业之发达，可将私人土地所有权征收之，家族内之土地财团废止之。"再如，第 156 条第 1、2 项："宗国予人以赔偿，并将公用征收章程为合理的应用时，得以适于社会所有之私人营业，收为公有财产。国家可令各州或地方团体参与此类营业之管理，或以其他方法保有一定之势力。"[③] 我们会发现，此数条已经深刻

---

① 指 1789 年法国的人权宣言，财产神圣不可侵犯之权利。
② 吴经熊、金鸣盛：《中华民国训政时期约法释义》，会文堂新记书局 1937 年版，第 77—78 页。
③ 《魏玛宪法》，张君劢译，商务印书馆 2020 年版，第 40—41 页。

地烙印在土地征收制度中。

在受所有权社会化影响的时代，土地征收概念在学界也有不同表达。自《土地法》出台后，有关《土地法》的著作，对土地征收也多有讨论。学界讨论可以反映此时期立法的不同倾向性。概括为以下几种：

1. 因公益，行使行政处分，收用土地所有权

该说认为，土地征收即是国家因公共事业需要，依法律规定，对于土地所有权进行收用。采此种观点的学者较多，是主流观点。

吴尚鹰认为："国家因公共事业之需要，得为依法征收私有土地。""于土地私有制度之下，所有权固为法律所保障，然为社会公益之要求，不能不收用私有土地时，国家得行使其特权，征收私有土地，以为公益之需。"① 吴氏强调，因为社会公益收用私有土地，是国家在行使特权。

孟普庆认为："土地征收者……即因公共事业性质上之必要，以行政处分剥夺特定物上私人之所有权，或其他物权，而为公共团体或办理公共事业之第三者设定物权是也。"② 其说明，土地征收是行政处分，剥夺私人所有权，并为办理公共事业的第三者设立新物权。

余群宗认为："此谓对于土地之公用征收。即谓为有关公共利益之事业，以行政处分，从权利人之一方，移转土地之所有权或用益权，于他之一方。土地征收，举为土地所有权之最大干涉，然在社会本位或公益胜过私益之法律思想上，亦属自然之归趋。"③ 余氏也认为，土地征收是公权力行政处分，将土地所有权由一方转移至另一方。并强调，这是社会本位或公益胜过私益的法律思想自然的发展。

此外，还有常维亮 ④、陈顾远 ⑤、朱章宝 ⑥，及土地法的宣传资料 ⑦，也持

---

① 吴尚鹰：《土地问题与土地法》，中国国民党广东省执行委员会党务工作人员训练所编译部 1931 年版，第 59 页。
② 孟普庆：《中国土地法论》，南京市救济院 1933 年版，第 459 页。
③ 余群宗：《中国土地法论》（上卷），国立四川大学出版社 1944 年版，第 165 页。
④ 常维亮：《土地法》，北平法律函授学校讲义 1935 年版，第 54 页。
⑤ 陈顾远：《土地法》，商务印书馆 1935 年版，第 299 页。
⑥ 朱章宝：《土地法理论与诠解》，商务印书馆 1936 年版，第 261 页。
⑦ 上海法学编译社：《土地法问答》，会文堂新记书局 1932 年版，第 161 页。

此种说法。总体来看，该说认为土地征收是国家行使的一种特权，强调征收的强制性，公益优先于私益，私人所有权负有义务。土地征收是社会本位的立法。

2. 因公益，以有偿方式收用私有土地，对于需用土地人设定新权利

该说认为，土地征收是国家因举办公共事业的需要，以有偿方式，收用私有土地，同时对于需用土地人设定新权利的一种公法行为。

朱采真认为："土地征收便是国家为了公共事业的需要，有偿的剥夺私有土地的所有权，同时对于需用土地人设定新权利的行政处分。"[1] 朱氏的观点，表达了土地征收的"有偿性"，同时对于需用地人设定新权利。

陶惟能认为："土地征收，系国家因为公共事业之需要，基于法定原因，由国家对于私有土地所为之处分。在私有权存在之法制下，土地所有权，固恒受宪法上及民法上之保障，然私有土地，仍不外国家领土之一部，国家因公共事业之要需，于补偿私有土地之既存利益范围内，自能处分其所有权。"[2] 陶氏的观点，虽强调了私人所有权受宪法、民法等保护，但是又指明私人土地在国家领土之下，明确了私益的位阶低于公共利益。只是，应该补偿私有土地的既有利益。

采此观点的还有祝平[3]、董中生[4]、黄振钺等。此观点最大的特点是，强调征收的补偿性。国家因公益征收私有土地，需补偿私有土地既有利益。换言之，国家的补偿义务成为公用征收的概念要素。同时，此种观点还表明，土地征收是对于需用土地人设定新权利的行政处分。简而言之，一面是国家公权力剥夺私人土地所有权，一面是国家公权力对需用土地人设定新的土地权利。

3. 依法律规定，因公益征收私有土地，是对土地所有权的限制或侵害

土地征收，是国家因公共事业需要，依据法律规定，征收私有土地。土地征收是对土地所有权的侵害。

---

[1] 朱采真：《土地法释义》，上海世界书局 1931 年版，第 43—44 页。
[2] 陶惟能：《土地法》，北平朝阳学院 1936 年版，第 289—290 页。
[3] 祝平：《中国土地行政与土地立法之进展》，版权不详，第 32 页。
[4] 董中生：《土地行政》，大东书局 1948 年版，第 108 页。

王效文认为："所谓土地征收者，即国家因公共事业之需要，得以本法之规定，征收私有土地之谓也……土地征收则绝不问权利人之意思如何，全凭法律之力量也。故土地征收，得谓为所有权之征收耳。且土地所有权之收用，乃为加以新侵害之行为。"[①] 王氏说明，土地征收的强制力来自法律规定，是对土地所有权的侵害。刘毓文也认为，"土地征收概念之解说，仍以土地征收为国家依权力因公益，而为土地所有权之侵害为妥当也"。[②]

此种观点，将土地征收认定为是对土地所有权的一种侵害，并且认为，所有权是以个人主义为基础的，而征收是依据法律的侵权行为，因此需要对个人权利被侵害者给予补偿。

4. 因实施国家经济政策，或举办公共事业，可收用私有土地

土地征收，是国家因维持公共利益，或基于经济政策的理由，依法行使征收土地的特权。此观点也说明，土地征收是国家为举办公共事业需要，以有偿的方式，收用私有土地，同时对于需要土地人，设定新权利的一种公法行为。

采此种观点的有王晋伯[③]、黄桂[④]等，他们都认为土地征收是政策性的，如实施国家经济政策，或举办公共事业，而进行征收土地。

综上而言，进入民国南京政府时期，土地征收概念已经有了社会化的影子，社会本位思想或者公益胜过私益的法律思想，已经自然地被立法者和学者们接受。诚然所有权社会化之风强劲，也有强调土地征收需以补偿为先的论断，国家因公益征收土地需补偿私有土地的既有利益。

梳理土地征收概念在近代的产生与发展过程，会发现该概念如同其他法律概念一样，经历着先吸收西方理论与经验，随后本土化的过程。从清末修建铁路等交通设施购用土地开始，到民国南京政府时期的《土地征收法》和《土地法》"土地征收编"，近代中国的土地征收概念经历了两个时期。

---

① 王效文：《土地法要义》，上海法学书局 1934 年版，第 75—76 页。
② 刘毓文：《土地法》，国立北平大学 1937 年版，第 238 页。
③ 王晋伯：《土地行政》，文信书局 1943 年版，第 39 页。
④ 黄桂：《土地行政》，江西省地政局 1947 年版，第 50 页。

一是近代中国土地征收概念的"古典时期"。该时期自清末修建铁路购用土地起，至1928年《土地征收法》颁布止。清末修建铁路，土地使用方式有土地收买，或土地租赁、入股等多种形式。同时，还通过发行土地债券等方式筹集建设资金。北京政府时期虽颁布《土地收用法》，但在概念上强调的是"收买或租用"，并且实践中，吸收了很多购地章程中的习惯规则，此时期土地征收的本质，具有强制收买的特性，强调国家的补偿义务。

二是近代中国土地征收概念的扩张时期。该时期自1928年《土地征收法》公布，至1949年止，贯穿整个民国南京政府时期，"土地收用"的表达转换为"土地征收"。此时期受法律社会化思潮的影响，立法者注重国家经济政策的调整，强调实现"平均地权"的民生政策，并将此种思想与土地征收制度联系。关于土地征收的概念，表述为国家因公用事业，依据法律，征收私有土地，强调土地征收是国家行使的一种特权。至于补偿私有土地的既有利益，也只是部分学者提及。并且关于补偿理论，主要用于区别土地收买。[1]可以说，土地征收的概念进入了扩张时期。

---

[1] "故土地征收与买卖及公用限制不同。盖土地征收系依一方之意思，收用他人之财产权，而买卖则依双方当事人之合意，发生权利之移转，非如土地征收完全依法律之力量，绝不问及权利人之意思为如何也。又公用限制只限制其权利，而土地征收，则更进一步而取得其权利。惟在公用限制中，公用使用权之设定，则颇与土地征收之性质相类而已"。参见王效文：《土地法论》(下册)，会文堂新记书局1937年版，第412页。

第一章　清末土地征收制度的
　　　　传播与移植

## 一、清末土地征收制度的传播

清末变法修律，对土地征收制度带来了影响，其学习的对象是日本。当然，日本的土地征收制度也是通过变法，移植欧陆法而来。我们首先来看清政府的学习对象，日本《土地收用法》是如何诞生的，以及大体内容。

### （一）日本近代的土地征收立法沿革

1873年，箕作麟祥翻译了法国六法全书，在日本率先系统地引入了西方法律制度。

明治政府建立后，开始着手编纂民法典。先是将《法国民法典》在不做任何改动的情况下，翻译过来。明治十三年，日本政府组织了民法编纂局，法国学者保阿索那特为首组织编纂，并以《法国民法典》为蓝本，历时十年完成。这部"民法典"中，夹杂有许多属于公法性质的行政法规，如公共征收征用、不动产的登记及国民分限等公法方面的规定，超出了私法实体法的范畴。①

日本明治时期，土地方面的立法很多。其中，关于土地名称、御料地、公园地、学校地、海堡地、官有地、北海道国有地、测量标、土地整理、土地区划等，都有规定。在土地征收上，1889年公布《土地收用法》，1900年又修订公布《土地收用法》。清水澄有简要介绍："土地收用之规定，详《土地收用法》，皆因公益事业收用土地之财产权，属于行政法上。"② 书中还提及，土地收用有政府委员裁决强制和土地所有者及关系人的协议两种类型。

---

① 有关编纂的具体情况，参阅［日］星野通：《明治民法编纂史研究》钻石社昭和十八年九月；［日］石井良助：《民法典的编纂》创文社昭和五十四年二月；［日］手冢丰：《明治民法史的研究（上）》庆应通信1990年。

② ［日］清水澄：《行政法泛论》与《行政法各论》，金泯澜译，中国政法大学出版社2007年版，第285页。

土地收用造成的损失，有赔偿和救济诉愿等等。①

同时，明治政府还颁布了系列配套土地收用法施行的政府令。如，明治三十三年（1900年）的《土地收用法施行令》，依据《土地收用法》第6条所发的命令文件（1900年），依据《土地收用法》第46条关于合同收用审查的文件（1900年），依据《土地收用法》第85条第3项所发的命令文件（1900年），关于《土地收用法》呈请处分及报告等的文件（1900年内务省训令）。②

**（二）日本1900年《土地收用法》的影响**

1910年，日本几乎所有的法律都已汉译出版，明治三十三年（1900年）《土地收用法》便囊括在内。③这部《土地收用法》共有十章和附则，基本内容如下：

1. 总则

总则部分，主要规定了土地收用的概念、公益事业类型、土地起业者与承继人的权利义务关系、明确土地所有人与土地关系人、土地收用的公告方式、土地附着权利的收用等。

其中，第1条规定了土地收用的概念："因公共利益之事业，有必须收用或使用土地者，得依本法之规定而使用、收用之。本法所称使用者，包含制限权利之事。"土地收用，指的是因兴办公共利益的事业，依据法律规定，可以使用或收用土地。"使用"，是对土地所有权的限制，并非取得土地所有权；"收用"，是指取得土地所有权。并将可收用或使用土地的公益事业，进行了列举式的规定，有国防、政府官署建设、教育、学艺、慈善、兴修交通公共工程、公共安全工程及其他公用目的设施兴建等。这种列举规定方式，目的是限制公共利益的范围，将公益用具体的事项表达。

第3、4条提及了起业者、土地所有者或关系人，第5条进行了解释，土地所有者是指对土地有所有或使用权利的，关系人指对土地有其他权利

---

① ［日］清水澄：《行政法泛论》与《行政法各论》，金泯澜译，中国政法大学出版社2007年版，第286—288页。

② 详见《新译日本法规大全》（第六卷），高珣点校，商务印书馆2008年版。

③ 《新译日本法规大全》（第六卷），高珣点校，商务印书馆2008年版，第86页。

的。但未对起业者进行定义。

土地收用以行政命令的形式由地方行政长官公告。通知或公告后，土地上形成的新权利者，不视为关系人，即土地收用后不可以再流转。此外，对于土地所有权之上的其他权利，水、砂石等也可以收用。

2. 事业准备

事业准备是收用前对土地区域的考察程序，即审查该土地是否符合兴办公用事业。第9条规定了起业者对收用土地的前期测量检查工作。但起业者需要得到地方长官的许可或通知，通知的内容包括事业种类、进入的土地考察区域。如果是宫内省与国家事业，由宫内大臣或主务大臣先通知地方长官，再由地方长官通知土地占有人。

第10条规定了起业者、土地所在市町村长、土地占有人之间的工作关系。起业者提前五日通知市町村长，市町村长进行公告，并通知土地占有人。夜间测量检查需要行政官厅许可。第11条还规定，如果测量时遇到障碍物，需要行政官厅许可，提前三天通知土地占有人，才可以去除。

从以上规定可知，事业准备阶段的审批权主要是地方长官。无论是国家事业、地方事业，起业者申请后，皆由地方长官通知，具体的执行，是各土地所在地的市町村长。

3. 事业认定

土地收用的前提是为兴办公益事业，那么，对于公益事业的认定是收用程序中的关键一环。

第12条规定："得以收用或使用土地之事业由内阁认定之。但关于军机事业，不在此例。"一般公益事业的认定机关是内阁，但是军事事业除外。第13条规定，认定材料由起业者提供，包括事业计划书和图纸。程序是，先交由地方长官申请，经内阁大臣审核后，由内阁决定。宫内事业或者国有事业，由宫内大臣或主务大臣与内务大臣协议，交内阁决定。

内阁认定后，需要公告事业的种类，并对土地进行起业。第15条还规定了临时征用，即如果是灾变或突发事件需要使用土地，郡、市长可以直接认定，但使用土地时间不超过六个月。军事事务由主务大臣决定，通知郡、市长。

其程序是，起业者就公益事业向郡、市长申请认定时，需要说明事业种类、应用土地区域与时间期限。郡、市长认定后，需将起业者、事业种类、应用土地区域及使用期间，通知土地所有者及占有者。

对公益事业的起业者有时间限制。第18条规定，如果起业者在事业认定后三年内不进行申请之事业，认定事业失效。

4. 收用手续

第四章规定的是"收用之手续"，也就是收用程序。包括起业者与土地所有人及关系人的协议收用、收用审查会裁决。

第19条规定，内阁认定后，地方长官根据起业者的申请，公告收用或使用土地的细目，并通知土地所有者及关系人。军事事业，由主务大臣通知地方长官，再由地方长官通知土地所有者及关系人。此条可看出内阁在收用中的决定性，地方长官的行政行为，是以内阁的认定为前提。其中，公告收用或使用土地的细目，应该是指土地的番号、地目、土地面积等。

对于收用土地内的具体情况，需要进行考查。第20条规定，公告或通知后，起业者可进入该地区考查土地物件。考查前，要提前三日通知土地占有者。如是夜间进入考查，不得进入占有者房屋，除非占有者同意。

考查的重点是土地物件，也就是土地上的附着物。第21条规定，关于土地物件，土地所有者或关系人认为有必要制作调书，应在公告或通知后。调书是记载被收用土地具体情况的记录，记载不得有异议。如果土地起业者认为有必要，土地所有者或者关系人拒绝，起业者可以请求市町村长见证。

第22条规定了协议收用和裁决收用两种："地方长官为公告或通知后，起业者因取得关于土地之权利，须与土地所有者及关系人协议。前项之协议若不成或不能时，起业者得求收用审查会之裁决。"第一种，起业者就土地之权利与土地所有人及关系人协议。此种收用，有"收买"的特点，强调土地所有者与起业者之间的协商，类似交易。第二种，双方收用协议不成，起业者可请求收用审查会裁决。无论收用是否成立，裁决由公共的收用审查会第三方完成，结果带有强制性。

提起裁决申请需要提供审查材料。第23条规定，起业者需呈送事业计划书及图纸，但军事事业除外。申请书的具体内容包括：收用或使用土地的番号、地目，收用或使用土地的面积，土地内物件的种类和数量、补偿损失金额及细目，收用的时间或使用的期间，土地所有者及关系人的姓名、住所等。并且，收用审查会裁决时，起业者需同时通知土地所有者及关系人。

　　申请书的内容要一并公示给公众，并让土地所有者及关系人反馈意见。第 24 条规定，地方长官就申请书的内容下达给市町村长，由市町村长公告一星期，使公众得以纵览。又第 25 条规定，如果土地所有者及关系人收到通知后，有异议，可以在两个星期内，呈送意见书给地方长官。

　　公示有期间，裁决有时间限定。第 26 条规定，地方长官经过期间后，召开收用审查会。第 27 条规定，收用审查会开会之日起，一星期内须作出裁决。若地方长官认为有必要延期，可展期至两星期内作出裁决。又第 28 条规定，如果在期间内，地方收用审查会不作为，地方长官就此呈请内务大臣指挥，内务大臣可命令收用审查会在一定期间内裁决，或命令地方长官代为裁决。

　　第 29、30 条表述了收用审查会与地方长官的关系。收用审查会不能成立，地方长官经内务大臣认可，可代为裁决。紧急事务时也可代为裁决。收用审查会裁决后，将裁决书副本报告于地方长官。也即，地方长官是收用裁决最终实施的行政主体。第 31 条规定，裁决后，地方长官将裁决副本送交起业者、土地所有者及关系人。

　　还有特殊程序，即军事事务或内阁认定的事务需收用或使用土地，经地方长官许可，按照程序办理。

　　对起业者提起裁决的时间也有限制。第 34 条规定，在事业认定公告或通知一年内，与土地所有者及关系人达成不了协议，又不请求收用审查会裁决，公告与通知失去效力。

　　5. 收用审查会

　　本部分主要规定收用审查会的组织、职责以及运作程序。

　　收用审查会受内务大臣监督。主要裁决内容有：（一）应收用或使用土地区域；（二）损失的补偿；（三）收用的时期或使用的时期、期间。起业者就违反《土地收用法》的事由、命令进行申请裁决时，收用审查会当驳回（第35条）。

第36—38条规定了收用审查会的人员组成。其中，会长一人与委员六人。会长由地方长官充任，统理会议及会务，是收用审查会的代表。委员由高等文官、府、县名誉参事会员各三人充任。高等文官人选由内务大臣任命，府县名誉参事会员由委员们选任。从组成上，能够看到行政人员居多，且地方长官具有领导性。

开会的议事规则是，收用审查会开会须过半数，所作决定以半数参会委员为准，同数由会长决定（第39条）。收用审查会的委员有回避制度，起业者、土地所有者或关系人不得为委员，且起业者、土地所有者或关系人的配偶、四等内亲族等，不得为委员。并且与土地所在地市町村长等有关系的人员也需要回避（第40条）。对于收用审查会的裁决也有限制。不得超过起业者、土地所有者及关系人所申请的范围（第41条）。

从构成人员与回避制度可以看出，需要是起业者与土地所有者及关系人无关系的第三方作为裁决人，去判定公用事业兴办是否符合公共利益，是否需要在此处收用土地。

审查往往涉及专业技术问题。遇专业问题，可选择鉴定人并听取意见（第42条）。鉴定人亦要求按照回避制度选取。收用审查会在必要时，可以召见起业者、土地所有者或关系人，听取意见。如若必要，因参考事实，可召应使用、收用土地以外的土地所有者，听其供述（第43条）。

最后的裁定书要附理由，由会长签字盖印。裁决书副本需要盖审查会印章，鉴定人及事实参考人的旅费及开支可请求报销。如果公益事业涉及两府以上时，需要合开收用审查会。

6. 损失补偿

收用土地，造成土地所有者及关系人损失，起业者应分别补偿（第47条）。这种损失，不仅包括土地价值本身，还包括土地物件（附着物）（第48条），因收用造成的其余土地价值减少或受损（第49条）。并且，因收用部分土地，导致其余土地使用功能受限，土地所有者可以请求收用全部（第50条）。

补偿还包括迁移费。因收用或使用土地内的对象，得转移地上物件、材料等，应补偿转移费用。又，因转移导致物件分割或非转移全部，土地所有者可以请求全部转移。因转移导致物件受损或功能下降，所有者可请求收用（第51条）。但是，转移价格超过物件本身价格，起业者可请求收用（第52条）。

因收用或使用造成的额外损失，也应补偿。其一，在收用或使用土地过程中，有新修、改筑、增筑或修缮道路等，须补偿费用（第53条）。其二，因收用或使用土地对土地所有者及关系人造成的通常损失，须补偿（第54条）。这种通常损失，包括利用土地带来的经济利益。如果使用土地三年以上，或变更土地形质，或在该土地内建筑物，土地所有者可请求收用该地（第55条）。本规定，即是针对征用土地造成的损失。

针对收用公告后，土地所有者及关系人改变土地形质或添附建筑物，以获得不当利益，也有所规定。第56条规定，在地方长官公告或通知收用后，在未得到行政厅许可的情形下，土地所有者变更土地形质或新筑、改筑、增筑及大修缮，或增值其他对象者，不得请求补偿损失。

此外，对于事业准备进入土地测量、检查或调查，造成他人损失者，起业者应补偿。并且，起业者废止或变更其事业，土地所有者或关系人受损失，应补偿。起业者、土地所有者及关系人就补偿事宜未达成协议，可请求地方长官决定，并召开收用审查会裁决。

7. 收用效果

收用效果，也就是土地收用后的权利归属。第63条规定："收用土地物件至收用之时期，则起业者取得其所有权，而他之权利，归于消灭；使用土地至于使用之时期，则起业者取得其权利，而他之权利在其使用期间，均归停止。惟其行使权利有与使用无害者，不在此限。"这条区分了土地收用和使用（征用）。对于收用，原土地所有者的权利消灭，起业者取得所有权；对于征用，即收用土地使用权，土地所有权人的权利停止，起业者取得土地使用权。

但在土地权利转移前，补偿金需要交付。交付不成，补偿金提存，具体情形是：一是应受补偿者拒不受领或不能受领；二是起业者无过失，又不能确定补偿金受领者；三是起业者对于收用审查会裁决不服，但应受补偿金者请求交付，起业者可以交付；四是起业者交付补偿金的抵押（第60条）。

土地所有者及关系人的义务是，在收用或使用期间，须交付土地物件或转移物件。特殊情况时，在起业者的请求下，市町村长可代土地所有者及关系人处理：一是土地所有者及关系人不能交付土地对象及转移对象；二是起业者无过失，不能确定土地所有者及关系人（第61条）。这是对土地附着物的处理。

如果因起业者的原因，土地收用或使用至期，不支付补偿金或不提存补偿金时，收用审查会可以裁决土地收用失去效力。因此造成的损失，土地所有者及关系人可请求赔偿（第62条）。

收用审查会的裁决对土地权利的转移有决定性。第64条规定，如果在收用审查会裁决后，应被收用或使用的土地，因其他事由致灭失、毁损，不能归责于土地所有者及关系人的，则灭失、毁损由起业者负担。可以说，裁决生效即证明土地权利发生转移。

对土地上其他权利人的权益，如先取得权、质权、抵当权（抵押）等，因收用或使用目的物的补偿金，可按债务程序履行。但交付前，须先差押（资金扣押）。

此外，还规定了土地收用后土地废止的优先购买权。自收用之时起二十年内，因公益事业废止及其他事故，所收用土地全部或部分归于不用时，原所有人及其继承人，得以补偿价格买受（第66条）。不用之土地公告，由起业者通知原所有人及其继承人。起业者不能确知原所有人及继承人者，须至少公告三次。原所有者及其继承人不作买受之通知时，权利归于丧失（第67条）。收用废止后，土地的优先购买权不仅原所有者所有，还及于其继承人。

8. 费用负担

费用负担，主要是因收用工作所产生的支出。

其一，起业者、土地所有者及关系人，依法律规定手续及其他行为，或因履行义务所需的一切费用，各自负担（第68条）。这部分费用，主要是各自因为义务所产生的费用，比如交通、文书材料费用等。

其二，收用审查会所需费用。除以命令明确负担人以外，归府县负担（第 69 条）。收用审查会是因收用而起，是地方行政的一部分，所需支出归地方政府负担。

其三，地方长官执行义务事项，所需费用由府县负担。并且，如果有其他见证人、相邻人、鉴定人的支出，也由府县负担（第 70 条）。

9. 监督强制及罚则

土地收用法是一部行政法，对于违反行政法规的行为，有处罚规定。

对于收用审查会而言，若越权限或违反法令，其所作裁决由内务大臣取消（第 72 条）。因为收用审查会受内务大臣监督，所以，收用审查会作出的违规裁决由监督机关撤销。

对于收用中负有义务者，主要是配合完成土地收用程序的人员。其在不履行土地收用法或违反命令所规定的义务，或者虽然履行，但在一定期限内无法完成，地方长官可自行执行或指挥他人执行。如果义务者拒不履行收用中产生的义务，地方长官可以直接强制（第 73 条）。因为履行义务而不支出费用，行政官厅可以国税滞纳金比例征收（第 74 条）。

此外，收用审查会受请托收受贿赂，处禁锢（监禁），附加罚金（第 75 条）。鉴定人作伪，处禁锢（监禁），附加罚金（第 79 条）。处罚金的情况有：未得到行政官厅许可除去障碍物（第 76 条）；未得到行政官厅许可侵入土地者（第 77 条）；无故拒绝鉴定（第 78 条）；鉴定人受召唤而无故不到者（第 80 条）。这些实际是对土地收用中的义务人的强制要求，违反强制规定，则处罚。

10. 诉愿及诉讼

诉愿与诉讼，是指土地收用过程中，土地所有者因收用的行政行为造成权利受损，而寻求救济的方式。

当不服收用审查会裁决，或者收用违反规定造成权利受损（第 81 条）。救济方式一：行政诉愿。不服收用审查会裁决，可诉愿至内务大臣。救济方式二：行政诉讼。因收用审查会违法裁决至伤害权利者，可诉讼至行政裁判所。

对收用补偿金有异议，可进行诉讼（第 82 条）。收用审查会裁决中，对补偿金额不服，可诉讼于普通裁判所。其间是收到裁决书副本三个月内。

但在诉愿与诉讼的过程中，不影响土地收用的进行，即事业进行及土地收用或使用不停止（第 83 条）。本条实际上说明诉愿与诉讼并非判定土地收用的行为是否合法，而只是对土地收用造成的影响进行判定。

**（三）模仿与学习：浙江省 1910 年《公用土地收用规则法律案》**

清末，随着交通、教育等公共事业建设日益增多，地方政府开始借鉴日本法律订立法规。其中，浙江省于 1910 年 10 月 14 日制定《公用土地收用规则法律案》[①]。对比可知，该法案从体例到内容参照了日本《土地收用法》。

《公用土地收用规则法律案》依据《谘议局章程》制订，是单行章程。原因是，交通、实业及教育的建设增多，但是无有土地收用的专定准则，这对于兴修公共事业是一种无据可依的困境。过程中，土地买卖有短价之弊，有居奇之弊。压低土地价格，人民利益受损，哄抬价格，又使起业人受损，要解决公共工程使用土地的弊端，需要专门的办法。

1. 土地收用的目的与事业

《公用土地收用规则》第 1 条规定了征收目的："为谋公共利益而兴起之事业有必须收用土地时，得依本规则之规定收用之。"这实际继承了因公益而征收的概念，与传统的购地有本质区别。

并且，为了限制公益概念的不确定，第 2 条对可以收用土地的公共事业类型进行了列举式的表达：

一、限于国防及其他军事上设置必要之范围；

二、限于建设官厅公署必要之范围；

三、限于教育上建筑必要之范围；

四、限于敷设铁道轨道、道路桥路、河川堤防、沙防、运河、沟渠、溜池、船渠、港湾、埠头、自来水道等必要之范围。[②]

从列举的事业来看，与日本《土地收用法》的列举类型、排列顺序相

---

① 汪林茂主编：《浙江辛亥革命史料集》（第四卷），浙江古籍出版社 2014 年版，第 228—236 页。
② 汪林茂主编：《浙江辛亥革命史料集》（第四卷），浙江古籍出版社 2014 年版，第 234 页。

仿。此外，"收用属于土地之建物及土石砂砾等准用本则之规定"（第 3 条）的表述与日本《土地收用法》第 8 条也相似。

2. 收用准备

浙江《公用土地收用规则》的"收用之准备"部分与日本《土地收用法》"事业之准备"的规定有变化。《公用土地收用规则》"收用之准备"重在收用前的准备工作，即考察土地是否符合兴办事业，应该是收用程序。日本《土地收用法》"事业之准备"，是对事业种类、兴起是否符合公用，以及建设在该起业地是否合适进行的认定。

对于事业是否符合公益，以及该地是否适合的审查，《公用土地收用规则》规定并不清楚。仅第 4 条有简要的表述：

> 为事业之准备有必要时，起业者定其事业之种类及当进入土地之区域，禀由地方官许可得进入该地而为测量或检查。前项之规定为官有地或公有地时须添附申请书。官营事业应由主务官厅通知该地方官。①

也就是，如事业准备必要，起业者将"事业种类""进入土地区域"申请报告于地方官，得到许可后即可进入测量或检查。但是，何为"必要"很难界定。而对于官有地或公有地，又有特别规定，须添附申请书。这是土地权属不同，收用的程序进行了区别对待，后面的兴办官营事业由主务官厅通知地方官也是如此，但地方官并无审核的权力。

地方官在收到起业者的申请后，需要进行审批许可，并将起业者的事业种类及应进入的土地区域，通知土地占有者。具体程序是，起业者需提前一个月，将进入的时间、场所报告地方官，由地方官批准后，通知土地占有者（第 5 条）。

对于测量或检查中的障碍物，必要时起业者报告地方官，得到许可后，可除去障碍物。除去障碍物时，起业者应当于半月前通知所有者及占有者。除去障碍物的费用，由起业者负担。此外，土地测量或检查的结果，起业者认为不适用时，除去的障碍物需要由起业者恢复原状（第 6 条）。

---

① 汪林茂主编：《浙江辛亥革命史料集》（第四卷），浙江古籍出版社 2014 年版，第 234 页。

3. 收用方法

《公用土地收用规则》的"收用之方法"部分，主要规定的是，在土地考察后，起业者填写收用申请书，报告地方官，并通知土地所有者及关系人，交付土地收用审查会裁决。

在得到地方官通知后，对于土地的考察，主要还是土地物件（附着物），起业者应当提前三日通知土地占有者，包括进入的时间和场所（第7条）。经考察后，起业者需要制作申请书，呈送地方官，并交付土地收用审查会裁决。

申请书登记事项包括：

（一）应收用土地之坐落、面积及土地内物件之种类、数量，其土地物件应有分割之时，须并记其全部面积及对象之种类、数量；

（二）因收用土地之一部，其余地有无不利益之情事及其不利益之状态若何；

（三）应收用土地内之物件应行移徙之种类及数量；

（四）因移徙物件而不生利益事项及其状态；

（五）因收用土地致原有建筑有须新筑、改筑或修缮时，并记入其应行新筑、改筑或修缮之程度；

（六）土地所有者及关系人之姓名、住所。①（第8条）

起业者呈报申请书的同时，应通知土地所有者及关系人。起业者申请后，地方官必须公告。土地所有者及关系人自公告之日起，两星期以内，呈送意见书于地方官（第10条）。

4. 收用审查会

本草案规定，土地收用审查会的主要职责是审议土地区域、价格、补偿和转移时间，并不审议兴办事业是否符合公益等问题。收用审查会的上级是地方官，由地方官监督。也就是说，土地收用的审查机构隶属于地方行政权。

---

① 汪林茂主编：《浙江辛亥革命史料集》（第四卷），浙江古籍出版社2014年版，第235页。

收用审查会的裁决事项为："（一）应收用之土地区域；（二）土地之价格；（三）因收用而生物件移徙费及其他损失之补偿费；（四）移转之期日。"①起业者的申请若违反规则时，收用审查会可以否决土地收用申请（第12条）。从裁决事项可知，收用审查会更像土地价格和补偿费的评定机关。

收用审查会的人员构成主要是议员或乡董。通常以土地所在地城镇乡议事会议员为组成成员。议事会未成立以前，由所在地的公正绅董组织（第13条）。开会及议事规则另订（第14条）。并有回避制度，审查会的会长和会员若有起业者、土地所有者或关系人，不得参与收用审查会的会议（第15条）。但是回避制度还缺乏亲属关系。收用的土地关系两个以上地方时，需召开联合审查会（第16条）。

具体程序是，收用审查会先召集起业者与土地所有者及关系人，进行裁决。不能确知土地所有者及关系人时，收用审查会亦得为裁决。但裁决后，将其应得利益交由城镇董事会或乡董保存（第17条）。裁决过程中，必要时可以选定鉴定人（第18条）。因参考事实认定需要，可以邀请应收用土地以外的土地所有者（第19条），即相邻土地所有人。鉴定人及事实参考人可以请求旅费及酬劳费，由起业者负担（第21条）。

裁决文书需要附理由，由会长署名盖印，呈请地方官存案（第20条）。收用审查会若违反规则进行裁决，监督方（地方官）可以取消（第22条）。如果收用审查会的裁决，起业者或土地所有者及关系人不服，可以呈请地方官裁决（第23条）。如果接受裁决，起业者与土地所有者及关系人须相互履行交割义务（第24条）。

整体来看，浙江《公用土地收用规则》只是为了方便取得土地，兴建公共事业，对于公益认定、收用审查会的功能，以及土地收用后的行政救济手段，规定多有不足。

### 二、西方土地征收学说与思想的影响

清末至民国，法、德、日等国的土地制度已有翻译。其中，在土地立

---

① 汪林茂主编：《浙江辛亥革命史料集》（第四卷），浙江古籍出版社2014年版，第235页。

法方面，前期受日本影响较大，后期主要受德国的影响。

**（一）法国的土地征收立法**

1. 法国大革命前的法律与土地征收

在法国大革命前，法律中有名义性的公用征收，征收可以实施强迫权。但规定并不明确，并且物权也无法律明文规定。所以，准确地说，此时的土地征收是一种土地充公。是否赔偿，并非一定执行。

17、18世纪，法国大兴道路和运河工程，广泛实施土地征收，补偿或赔款的措施，由各省监督施行。但这种补偿或赔款，多是土地已经占用很久才开始拨付。有时因经费缺乏，不赔付的情况也很多。还有，一般对于耕地不付赔偿，对于牧场、葡萄园或园圃等各类土地，仅偿付其收获物的价值。①

这都说明，法国大革命前，土地征收制度并未形成定型。

2. 法国大革命时代的法律与土地征收

1789年7月14日，法国大革命爆发，8月26日法国《人权宣言》发表，第17条规定："财产是不可侵犯与神圣的权利，除非合法认定的公共需要对它明白地提出要求，同时基于公正和预先补偿的条件，任何人的财产皆不可受到剥夺。"② 随后，1791年《法国宪法》在绪言中又加以规定。③《法国宪法》一方面确定财产不可侵犯原则，一方面将例外的土地征收权加以规定。此种例外的土地征收，须具备三个条件：第一，合法证明确为公共需要；第二，公证赔款；第三，赔款预付。

这个时期公布的法律，确定了两个原则：一是国家公权力有土地征收权；二是土地被征收的私人享有赔偿权。并且，这两个原则后又经法国民法承认，采用的是"公共用途"，以代替"公共需要"，语词的变化，是在将土地征收的概念予以扩大。当时的《法国民法》第545条规定："任何人不得被强制出让其所有权；但因公用，且受公正并事前的补偿时，不在此限。"④ 而在土地征收的实践上，却表现为独断专行。初期，赔款的处理

---

① ［法］罗班：《土地征收之学理与实施研究》，万锡九译，商务印书馆1938年版，第1页。

② 朱福惠主编：《世界各国宪法文本汇编（欧洲卷）》，厦门大学出版社2013年版，第237页。

③ 马海峰：《"财产神圣不可侵犯"之渊源考》，载《华东政法大学学报》2022年第6期。

④ 《拿破仑法典》，李浩培等译，商务印书馆1979年版，第72页。

委托给行政机关或各省执政官。自 1800 年以后，又改为委托于省参议会，并造成巨大的争议。①

可见，在公用征收制度建立后，法律规定与现实运行存在一定的脱节。对于"财产神圣不可侵犯"的理解，与因公益可以"限制"甚至"剥夺"财产，如何做到平衡，还需要在制度上改进。

3. 法国 19 世纪之后的土地征收立法沿革

1810 年，法国行政机关根据之前公布的法律规定（1790 年），确定兴办公共用途方，宣布土地征收方，并决定预付赔款者。至此，关于土地征收的法律即产生，该法律于 1810 年 3 月 8 日公布，由司法机关宣布土地征收，并将赔款决定权委诸于司法机关，而将公共用途宣告权授权于元首。② 这实际是进行司法、行政分离。

但是，刚建立的赔款制度不久即发生困难。因为公共利益需要牺牲私人利益，诉讼程序与上诉手续出现了无限拖延。在法庭方面，由于对于公共用途判定和土地价值的估值需要专业的知识，不得不请教毫无保证的专门人才，出现不当的情况很多，往往给予过量赔款。有时则相反，土地被征收的私人抗议，司法机关偏袒征收方，造成庇护公共利益而损害私人物权的后果。③

不久，此法律被废止，1833 年 7 月 7 日又颁布征收法律。按 1833 年的法律，将决定赔款的任务，委托于由业主、工业家、商人等所组成的审查委员会。但不久，又废止了 1833 年的法律，另以 1841 年 5 月 3 日法律取代。④

1841 年的法律，大体是 1833 年法律的再版。该法律完全具有 1833 年法律的基本规则，仅在细目上进行了修正。并且，1833 年法律实施的判决例仍可引用。这部法律，除经 1894 年 4 月 21 日，1918 年 11 月 6 日，及 1921 年 7 月 17 日先后公布的法律修改几处外，仍发生效力。该法修改后，

---

① ［法］罗班：《土地征收之学理与实施研究》，万锡九译，商务印书馆 1938 年版，第 2 页。
② ［法］罗班：《土地征收之学理与实施研究》，万锡九译，商务印书馆 1938 年版，第 3 页。
③ ［法］罗班：《土地征收之学理与实施研究》，万锡九译，商务印书馆 1938 年版，第 3 页。
④ ［法］罗班：《土地征收之学理与实施研究》，万锡九译，商务印书馆 1938 年版，第 3 页。

其内容仍为九章，共 84 条，已成为土地征收的适用程序法。①

然而，1841 年公布的法律，并非规定土地征收的唯一法规。还有其他法律于 1841 年公布，如在土地征收中，确定实施细目，或对某一类特别情形订立特别程序，或决定为某种目的，等等。② 这些是土地征收的例外规定。

**（二）德国的土地征收概念演变**

德国的土地思想对民国土地法制定同样发挥着影响。比如 1923 年，孙中山聘请德国土地专家单维廉为顾问，实地调查，拟具意见书，作为土地法起草的参考资料。后单维廉拟定《土地登记税法》共 30 余条，经由土地法审查委员会详加审核，以广东省政府名义公布施行。③ 而对于土地征收，德国经历了古典时期到社会化时期，特别是社会化时期的征收概念，我们在南京政府时期的土地征收立法中可以得见。

1. 德国的古典征收概念

1794 年，德国普鲁士邦国颁布了"普鲁士一般邦法引论"，第 74 条、第 75 条规定了征收的一般原则。

第 74 条：

国家成员之个别权利及利益，如与促进公共福祉之权利及义务发生实际上之干戈（冲突）时，个别之权利及利益应予让步。

第 75 条：

对于因公共福祉而牺牲权利及利益之人，国家应予补偿。④

第 74 条实际上确定了公益优选原则。在公益与私益发生冲突时，私益需要让步。第 75 条确立征收补偿原则，即因公益放弃私益，应该获得补偿。

基于此规定，公共利益的实现与个人权利的保护之间，有了一种解决

---

① ［法］罗班：《土地征收之学理与实施研究》，万锡九译，商务印书馆 1938 年版，第 3—4 页。
② ［法］罗班：《土地征收之学理与实施研究》，万锡九译，商务印书馆 1938 年版，第 4 页。
③ 谢振民：《中华民国立法史》（下册），中国政法大学出版社 1999 年版，第 1153 页。
④ 陈新民：《德国公法学基础理论》（下册），山东人民出版社 2001 年版，第 420 页；翁岳生：《行政法》（下册），中国法制出版社 2002 年版，第 1670 页。

方式。换言之，国家基于公共利益而剥夺或限制人民权利时，人民应予容忍，但是，对于其权益所受的损失，则可以请求补偿，此种基于"容忍但可获得赔偿"原则的权利，一般称为"公益牺牲请求权"。在后续发展中，此项权利的内涵与范围逐步扩增，逐渐成为公认的法律原则。[①]

而德国的第一个征收法，是黑森大公国在 1821 年 5 月 27 日公布的。后各邦国也陆续制定了征收法典。这一阶段，财产的征收，要求是为了公共福利所必需，并且必须给予被征收人公平、或全额、或适当的补偿。1849 年的《法兰克福宪法》（第 164 条）正式规定财产征收："惟有因公共福利之需要，并依法律，且给予公正的补偿"的情况下，征收才属于合法。次年，普鲁士于 1 月 30 日公布"普鲁士宪法典"，在第 9 条规定了征收的要件及程序。即使是在急迫情况时，至少暂时定额地给予补偿后，且必须依法律规定，方可剥夺或限制财产。[②] 此后，普鲁士在 1874 年 1 月 11 日公布了《土地征收法》。

到 19 世纪中叶，由于德国各邦宪法中，设有财产权保障和"公用征收"制度，损失补偿的思想与公用征收概念才相结合，进而发展出公用征收与损失补偿的制度。在此制度下，公用征收仅基于公共福祉的目的，并且必须给予被征收人一定的补偿才合法。

在征收过程中，行政机关依据法律进行行政处分，将私有财产权（主要是土地所有权）予以剥夺，并移转于某种特定的公用事业，同时需要给予被征收人完全的补偿。换言之，国家的补偿义务成为公用征收的概念要素。[③]

早期的公用征收制度，是一种获取财货的过程，类似强制买卖，主要目的在取得土地，以满足民生设施建设的需要，其中，多为道路或铁路修筑，此时期的公用征收制度称为"古典征收"。[④] 而到普鲁士 1874 年《土地征收法》，可以看见公用征收制度的基本形式，公共利益和补偿的要素都

---

① 翁岳生：《行政法》（下册），中国法制出版社 2002 年版，第 1670—1671 页。
② 陈新民：《德国公法学基础理论》（下册），山东人民出版社 2001 年版，第 420—421 页。
③ 翁岳生：《行政法》（下册），中国法制出版社 2002 年版，第 1671 页。
④ 翁岳生：《行政法》（下册），中国法制出版社 2002 年版，第 1671 页。

写进了制度。

**2. 魏玛宪法时期的发展：征收概念扩张**

1919 年 8 月 11 日，德国颁布《魏玛宪法》，其中第 153 条规定：

私有财产受宪法上之保护，其内容其制限，依法律所规定。

公用征收限于发达公共幸福。有法律根据时，方得行之。

公用征收除法律有别种规定外，应予以相当报酬。报酬之多寡生争议时，除有别种规定外，应准人民在经常法廷上，提起诉讼。

宗国对于各州、地方团体、公益组合三者，而有公用征收之举，亦以提出报酬行之。

私有财产负有义务，私有财产之使用，不容忘却公共幸福。①

可以分析的是：其一，财产权由宪法予以保障。其内容及其界限，由法律规定。其二，公用征收仅能为公共福祉，并以法律为基础方可进行。除法律另有规定外，公用征收应予以适当补偿。其三，财产权负有义务，其使用应同时有利于公共福祉。

上述规定最大的特色，在于财产权具有"社会义务"，不再神圣不可侵犯。而在公用征收制度上，基本维持"古典征收"的体制。在征收目的上，不再以供特定公用事业需要为限，对于公用征收所产生的损害，则仅须给予"相当赔偿"。必要时，可以国家法律限制或排除。此种规定，一般称为征收概念的扩张。②

综上，近代的土地征收，制度设计始于法国，德国予以完善发展，传播于日本。在这一系列的演变中，征收概念逐渐发达，其客体由土地扩展至其他财产。而在征收目的上，不再以供特定公用事业需要为限，对于公用征收所产生的损害，仅须给予"相当赔偿"，并且这种"相当赔偿"在必要时，可以用法律限制或排除。可以说，公益胜于私益，所有权负有义务的理念已完全融入土地征收制度中。

---

① 《魏玛宪法》，张君劢译，商务印书馆 2020 年版，第 40 页。
② 翁岳生：《行政法》（下册），中国法制出版社 2002 年版，第 1672 页。

第二章　**北京政府时期土地收用的立法与实践**

# 第一节　土地收用立法

## 一、国家层面的土地征收立法

### （一）1913年《铁路收用土地暂行章程》

民国初年，为了修建铁路，发展公共交通事业，需应对大规模的土地征收。1913年，交通部修订了《铁路收用土地暂行章程》①。章程规定，在《土地收用法》及其施行法公布以前，凡是铁路收用土地的情形，均适用（第1条）。从性质上说，该法是针对铁路修筑收用土地的单行章程。

1. 铁路用地的情形、类型及权属

铁路用地有六种情况："一、路线用地；二、车站、车厂、仓库、信号、电报、电话、贮煤、贮水各项用地；三、在路员役住屋用地；四、各种工厂及收容材料器具用地；五、取土、取石、运料，及便道、便桥并迁埋义冢用地；六、附属铁路事业所必须之用地（如码头、旅舍等）"（第2条）。其中，如果是路线用地，视筑堤土方、架桥等工事，需要按照工程方法专门制订规定。

铁路用地的性质有国有、公有、民有三种（第3条）。国有土地，包括国家各机关所有公地（第6条）。公有土地，又分为三类：一是土地属于地方自治团体；二是营、防、屯、卫、军、学、旗田等项；三是寺院、祠堂、善堂等项（第7条）。所称为民有土地，指个人所有或公共所有的土地（第8条）。此外，按照通商条约，洋商不得在内地置买田产，其所置的教会土地，按照民有办理。负责规划收用的机构是铁路工程司。

这里区分土地的权属，实际考虑的是收用土地是否给价。关于国有

_____

① 《交通部修订铁路收用土地暂行章程》，载《政府公报分类汇编》1915年第26期。

与民有的权属表达，在 1912 年《内务部通饬保护人民财产令》中就可见区分。①公有的性质，主要是区分地方等公共团体或组织作为主体的财产。国有、公有、民有概念的来源与定型，可能是在民初土地清丈过程中产生。

对于不同性质土地的权属主体，仍旧称作"业主"（第 10 条）。其中，国有土地以主管该产业的机关指定代表为业主，公有土地以公共团体指定代表为业主。民有土地的业主区分个人所有与共有。如系个人所有，则以所有者为业主，如系数人共有，则以数人中所指定代表为业主。民有土地的业主，可以指定代表或其他近亲属为业主。此种规定，是方便在收用过程中沟通和联系。

铁路收用土地类型，包括田地、园地、山地、林地、矿地、沙地、街市地、荒地、河川、沟渠、池沼等（第 5 条）。并涉及地上附属物，指房屋、坟墓、青苗、树木及与土地有关连的建筑物（第 9 条）。概言之，收用包括土地和附属物。

铁路收用土地后，原有土地权属发生改变。该土地的钱粮及因地而产生的他项负担，由铁路承继，土地的一切权利归铁路享有。但契约上有特别声明的情况，不在此限（第 11 条）。本条使用的词语还是"铁路购地"，说明取得土地采取的是原有的"购地"模式，以支付对价为收用的要素。

总纲部分，还对收用土地使用的量尺和亩进行了规定。用本国尺，以营造尺为准。用外国尺，以密达尺为准。如按尺乘方核定地价，以亩为单位。其亩的测量方法、弓尺折合，按照当地习惯定之（第 12 条）。

2. 丈地

丈地工作主要是铁路线路规划图的实地丈量，存在初步丈量和复核丈量。步骤如下：

第一步，在铁路（工程司）勘定路线后，将路线经过的地段绘图，移送通知地方官，但该图所经之地，暂勿税契过户。所为防止圈购、屯占的弊端。等待路地购定后，地方官再解除禁令（第 13 条）。

———————————

① 《内务部通饬保护人民财产令》，载《临时政府公报》1912 年第 6 期。

第二步，铁路部门按照勘定路线图，丈量应用的土地。丈量前，先请地方官颁行布告，并由购地机关在附近各处张贴通告，声明丈量地址、处所和日期（第14条）。初次丈量之日，由购地委员带同查验、评判、向导等人，将路线需用的土地，圈划灰线，并且，将灰线界内各则土地的面积、业主姓名、有无附属物件，详细记载在册（第15条）。已经圈划灰线的土地，尽管未进行复丈和订立契约，如因工程紧急，须先行查勘或掘挖培土等，业主不得阻止施工（第16条）。这一步骤，是铁路部门对土地进行实地勘察，进一步明确路线和后期施工的方案。

第三步，初丈之后，即由经手各员将调查情形，报明购地机关，由购地机关会同地方官颁发布告。并通知和照会该地的绅保、业主，约定日期，亲自到地复行丈量（第17条）。此步骤主要是与业主确定收用的土地面积是否有误。复丈之后，即行插标，或开沟为界，业主被划定在界内的土地，除短期耕种外，不得为建筑、埋葬及其他之用（第18条）。

3. 收地

此章规定的"收地"，实际指的是地价及迁移费、补偿费的支付情况。

铁路收用国有土地，不给价的各项包括：一、驿路；二、公沟；三、界路；四、公行路；五、国有湖河；六、荒地荒山。除此之外的国有土地，由路局呈请交通部审核办理（第19条）。前面规定的六项，主要是国有又无明确业主的土地，所以不给地价。之外的国有土地，比如国有林地，存在有管理主体的问题。[1]

铁路收用公有土地又有细分：一是属于地方自治团体的土地，适用国有土地办法；二是营、防、屯、卫、军、学、旗等项，及寺院、祠堂、善堂等项，均按照民有土地办理（第20条）。原因在于清末民初，地方自治从1905年准备，1908年试办，到1914年终止，经历了10年的时间。当时，政府与社会共同选择推行地方自治时，公产管理权被以体制形式授予绅士。[2]1909年初，清廷颁布《城镇乡地方自治章程》，规定自治公所可

---

[1]  池翔：《民国时期中国东北的森林国有化与央地关系变迁》，载《中国经济史研究》2023年第3期。

[2]  马小泉：《国家与社会：清末地方自治与宪政改革》，河南大学出版社2001年版，第135页。

使用本地公产房屋或庙宇，以本地方公款公产、公益捐、罚金充自治经费，经费管理"由议事会议决管理方法，由城镇董事会或乡董管理之"。① 很多地方又因为财政问题，将公产纳入地方财政系统。② 所以，地方自治团体的土地适用国有土地的办法。而第二项的规定，土地共有的性质更加明显，可能属于多个利益人，特别是族产性质的土地。

对于收用民有土地，应给价购买（第21条）。如有附属之物件，可以迁移者，应限定迁移，给以迁移费，不能迁移者，应给补偿费（第22条）。在给价上，购买费、迁移费、补偿费，需要给付现款（第23条）。土地上所有附属物件，除照章应令业主迁移采伐者外，其余一律归铁路享有（第24条）。此是对于土地上剩余的树木、矿石等作例外规定。对于收用后影响使用的畸零余地，如在一分以下，业主可请求购地机关酌量并购（第25条）。

坟墓属于特殊附着物，也有特别规定。有坟主者，给迁移费，由坟主自行迁移。义冢也给迁移费，由善堂迁移。无主坟墓或枯骨，由购地机关择地妥为葬埋，并将原葬地址及相关信息编号登记，招人识认（第26条）。如有冒认及虚堆浮土诈为坟墓领迁费者，购地机关可以处分：一是冒认坟墓者，送司法官署讯究，仍追取迁费给原主领取，并迁移。二是诈为坟墓者，送司法官署讯究，仍追取迁费（第27条）。

4. 定价

定价，指的是给收用的土地进行评定价格。这是传统购地模式中重要的程序，也影响了后来1915年《土地收用法》的程序设计。

铁路购地的地价，应酌量该处的情形，分别土地种类，拟定等则，酌定价目表，再呈报交通部核准，核准后，通令地方官厅颁行布告（第28条）。这里面的"酌量"是指参考周边地价；而"酌定"是根据土地种类的等则进行权衡。并且，地上附属物的迁移费及补偿费，也应分别种类，拟定价目表，呈报交通部核准（第29条）。在给价上，按照价目表酌定的等

---

① 故宫博物院明清档案部编：《清末筹备立宪档案史料》(下册)，中华书局1979年版，第738页。

② 吴滔、钟祥宇：《清末民初县级财政的出现与公款公产的转变——以江苏省宝山县为例》，载《南昌大学学报（人文社会科学版）》2013年第3期。

则，分别给价。业主不得抬价居奇，不得借口旧契原载的价值，请求增加价款（第30条）。

5. 发价

发价，即是给被收用土地的业主发款。

按照铁路购地的习惯程序，需要使用草票和三联执照。也就是，在复丈之时，由定价员会同该地的绅董，当场核定地亩及附属物件的等则种类价值，还有其他费用。核定后，即填写草票，发给业主收执（第31条）。业主收执此项草票，等购地机关通知换票时，应携带新旧买契或典契，以及其他证据呈验。另立卖契，业主再换取三联领价执照（第32条）。此份卖契的买方是路局，也就是将土地通过买卖的方式转移。

草票及三联执照，一般由购地机关刊定。三联执照须编列号数，加盖路局的印章。这三联，一交业主，一存购地机关，一缴路局（第33条）。路局收到购地机关所缴的三联执照，即核明发款总数，派员携款到购地机关，会同该机关内的承办人员及绅董、地保人等，定期发款。并有时间限制，除去行程外，至迟不得逾十日（第34条）。

发款之先，应将发款日期通告周知。并令业主将持有前领的三联执照，赴购地机关领款（第35条）。发款后，购地机关须将业主花名、土地等则、领款数目，列单宣布（第36条）。整个收用土地的程序有时间限制，发款日距离复丈土地日，不得超过四十天（第37条）。

对于逾期领取地价和后续财物的迁移也有规定。如业主故意迁延或外出未归，逾期一个月不领地价，即由铁路按照插标处所先行收用，将地价送交地方官或自治团体存储，业主可以随时领取（第38条）。发款之后，如有地上附属物件，归业主迁移采伐者，限定时限办理。逾限不办，购地机关会同地方官强制执行（第39条）。

还有一些特殊情况的处理。比如，教会所置的土地，照章办理，但须呈明路局会同地方官，照会该管领事，饬缴契据（第40条）。再如，业主如果对土地有纠纷，归业主自行处理。购地机关不论有无纠纷，凭绅董公证人见证，按照定价购买。其纠纷未清以前，将地价送交地方官或自治团体存储。等纠纷解决后，发给领价（第41条）。

6. 契据

此处的"契据"，即是指被收用土地的权属凭证。本部分的规定，即是在收用过程中，对于土地契据怎么处理。

在铁路收用土地时，由业主将所有各种契据检齐呈缴。如系白契，或无契可缴，以粮串为凭，无粮串者，以领状为凭。但是，需要地保、邻右加结，声明无隐藏契据，以及无有押、转典、卖等情况。并呈缴存案（第42条）。从本条的规定可以看出，证明土地权属有两种情况：一种是官方颁布的土地凭证，主要是土地执照或鳞册登记；一种是民间的土地卖契和还粮依据。但是，对于第二种，需要证明无有权利流转的情形。避免土地收用后，产生纠纷。

对于契据不全的情况，需要业主签字加结证明（第43条）。如果业主不能将总契、总串上缴路局存留，由购地机关刊印摘要清单，将业主的原地若干、铁路划用若干，由业主填注、签字。并附加领状、保结在内。还要，将该业主原来的契、串逐细批注明白，发回给业主。之上加盖委员姓名、经手戳记。

对于收用土地的清单填写，需要分别村庄、坐落、界址、亩分、价值，及国有、公有、民有，并所置地契、串、领状、保结各项名目，编号造册，盖购地机关的印章，一送路局查核，一存购地机关，一存地方官。还要核对粮、串过割，领状、保结等，并加盖县印（第44条）。

为了进一步明晰，所购之地，另绘草图。按照标、橛，及大小灰线，详绘形势，载明各花户坐落，照册编列第号。其他隶属何县，及附近山、河、沟、渠，均应逐一注明。绘制三份，加盖县印及购地机关之关防，送路局查核一份，存购地机关一份，存地方官备查一份（第45条）。

7. 购地机关

购地机关，主要是铁路购地与业主联络的机构。其因购地的地段而设置。所以法律规定，铁道丈量田地，应将全路酌分数段，设立购地机关，分段丈量。并将开办日期呈报交通部（第46条）。也就是，铁路修到何处，便设立购地机关，或者分段修筑，分别设立购地机关。但是设立之前，要呈报交通部核准。

在购地机关的人员构成上，由各该铁路局酌量情形拟定，呈报交通部核准（第 47 条）。除专设人员外，可以就地用人，也可以就地方情形，或者按照习惯变通。具体有：一评判员，每分段一人或二人，以附近绅董充任；二向导，沿路酌派，以地保或该地公役充任（第 48 条）。

评判员的职责是，对于购地的一切事宜，协助购地局的购地人员遵章执行。业主如有反抗或争执行为，评判员要秉公处理（第 49 条）。向导，则受购地机关通知，有调查地亩界线、号码，调取卷册、契据，并通知业主证明权属或明确纠纷的职责。这些事务，如果向导力所不及，评判员应协同办理，负其责任（第 50 条）。

此外，对评判员、向导有约束。如评判员、向导有舞弊或武断的情况，被人举发，查证确实，分别革除惩罚，另选补充（第 51 条）。并且，购地局的购地人员也有纪律。购地员不得假公济私，自行添置地亩，也不准代他人托买，或者授意旁人暗中购买。如果违反规定，分别惩罚（第 52 条）。这是为了防止办事人员徇私舞弊，以公谋私。但是，未具体说明是何种处罚。

8. 附则及其他规定

本部分主要是针对法律适用的主体和范围，以及对未尽事宜进行说明。

铁路路线经过的地方官厅、自治团体，以及绅董、地保、人民，皆有遵守或维持本章程的义务（第 53 条）。对于其中较为重要的地价、迁移费和补偿费，详细手续，另订细则，并呈报交通部核定施行（第 54 条）。

这部法律，只是铁路收用土地的大致规定，具体的实施情况，各地要根据自身情况进行制订细则。

（二）1915 年《土地收用法》

1915 年，北京政府因为土地征收需要，制订了《土地收用法》①，但并未施行。

当时，参政院代行立法院，9 月 10 日下午开会，参政列席者 39 人，

---

① 商务印书馆编译所：《法令大全补编》（第 2 版）第五类 "内务"，商务印书馆 1917 年版，第 28 页。

政府特派委员列席者 4 人。黎元洪请假，由副院长江大燮代理主席，已足法定人数，按照议事日程开议。主要议定了《修正著作权法案》《土地收用法案》《司法官惩戒法案》三部法律。

其中，对于《土地收用法案》，先是初读，后是审定意见，《申报》记录了当时开会的经过，情况如下：

> 由政府委员登台说明本案要旨，略谓土地乃人民主要之财产，依法律国家应负保护之责任。然而，国家为图谋公益起见，有时要收买人民财产，以达公共利益多数人便当之目的，此土地收用法之所由提出也。顾国家一方面收买土地，一方面仍照保护人民之财产，东西各国皆有此项法律。
>
> 民国以来，收买人民土地之事，随在必须，如铁路公所、北京市政公所等，当有此事实也。而其依据之法律，向无定规，仅守单行章程以为标准，甚属不妥。且将来收用土地之事日渐增多，如国防及其他军备、公共街市、铁路轨道、电信、公园、桥梁、河渠、商港、义冢、建筑官署、水利、卫生、学术、慈善，等等事业，逐渐扩张，即收用土地之举，日多一日，故不能不急于编订此项法律。
>
> 本法第一案，乃列举各公共利益之事业。而第二条，特分收用之土地为国有、公有、民有三种。第二章规定土地收用之价额，第三章规定土地收用之准备，第四章规定程序，第五章规定监督及诉讼其内容。如此，请贵院公决。云云。
>
> 说毕，主席付讨论，众无讨论。乃付审查，众赞成。遂指定陈懋鼎、孙多森、王印川等七人为审查委员。并云陈参政今日未到，由秘书应通知可也。宣告续议。①

这段材料，可见当时制订《土地收用法》的背景，是"收用土地之事日渐增多"，但是，"国家一方面收买土地，一方面仍照保护人民之财产，东西各国皆有此项法律"，即作为国家，应该在保护私产和征收土地上有所权衡作为。并且，其他国家也有这项法律。

---

① 《代行立法院开会纪》，载《申报》（上海版）第 15299 号第六版，1915 年 9 月 14 日。

之后，又进行了两次会议。第一次立法会议决：

由审查委员长王世澂登演坛报告审查之结果，略谓本审查会议之结果于原案条文稍为删改，原案第一条（国家及地方自治团体或人民因谋公共利益而设之事业，合于左列各款之一，认为有收买或租用土地之必要者，得依本法行之）。查民国自二年乱后，地方自治团体尚未完全成立，在此试办之初，程度还甚差隔，故将地方自治团体与人民改为同等地位。因而第十八条、第二十条、第二十五条、第二十七条、第三十五条，略加修改。并将原案第十二条删去，至第十七条二项，及三十九四十一两条，亦有增删。条文次序与原案不同。云云。

主席付讨论，众无讨论。程树德请将审查报告能否成立付表决，主席付表决，众赞成成立。①

这次的讨论，主要是地方自治团体怎么对待。因为考虑到地方自治在1914年停办，实际上，地方自治团体未完全成立。所以，将地方自治团体与人民改为同等地位。

第二次只是对草案的字句进行修订：

先由秘书长林长民登演坛朗读标题，主席以审查报告为标准，（土地收用法）众通过。以次，秘书长逐条朗读，主席逐条付表决，俱一一得多数赞成通过。惟第一条第二款，梁士诒主张，将（铁路轨道）四字删成（铁道）二字，□言铁道二字……乃指铁路的轨道。其实，轨道二字，实包括电车与油汽车诸种，不过联贯接下不大明了。施愚谓轨道二字，并不全包电车，因为电车除轨道外，尚需用电杆。政府委员请求改铁路轨道为铁路，施愚赞成。此外俱无讨论。

主席咨询可否继续开三读会，众赞成。乃宣告（土地收用法大总统提出三读），主席付讨论，问有无文字上修正。赵惟熙谓，十五条义冢及古坟由地方善堂迁移，地方下加（或）字，梁士诒等附议，胡钧谓赵参政之意甚周密，本席以为应改作（地方团体或善堂）。政府委员请求用（公共慈善

①《参政院开会记》，载《申报》（上海版）第15331号第六版，1915年10月16日。

团体），赵惟熙取消前言，附和政府委员之意见，主席表决通过。赵惟熙又谓，第三十二条于一定期间内将内字除去。邓镕谓，如表决通过，则他条之期间内内字应都删去，此种字样尽由日本传来，实在难通，不过沿袭已久，遂成惯习。

主席以赵说付表决，通过。政府委员遂修改第十二条之期限内三字为期间，主席以全案付表决，通过。[①]

此次会议，能够看到议员们在立法时的严谨。也能够看到《土地收用法》参考日本立法的依据。议员赵惟熙在评价《土地收用法》使用的字句时说："此种字样尽由日本传来，实在难通，不过沿袭已久，遂成惯习。"说明当时立法参考日本立法较多，立法的语言习惯都受到了影响。

经过修订，最终公布的《土地收用法》[②]内容大致如下：

1. 总则：土地收用的目的与土地权属

总则部分主要规定的是土地收用的目的、土地权属、土地类型及给价等内容。

首先，列举式地规定了可以进行土地收用的公共事业。第 1 条规定了国家因谋公共利益而设事业，认为有必要收买或租用土地时，依本法施行。具体的公共事业类型为：（1）关于国防或其他军备之事业；（2）关于建设铁路、公路、街市、电信、公园、桥梁、河渠、堤防、船坞、商港、码头、水道、沟渠、义冢及其他附设之事业；（3）关于教育学术慈善所应设之事业；（4）关于水利、卫生、测候、探海、水标、防风、防火所应设之事业；（5）关于建筑官署之事业；（6）其他以外的事业。

本条还简单表述了土地收用的概念，即因为公共利益，可以行使收用土地的权力。还区分了"收买"和"租用"，类似后来"征收"和"征用"。并且，行使的权力主体不只有国家。第二款将兴办公益事业的主体扩大："国家认许地方自治团体或人民建设前项第二、三、四、六各款之事业

---

① 《参政院开会纪事》，载《申报》（上海版）第 15339 号第六版，1915 年 10 月 24 日。

② 商务印书馆编译所：《法令大全补编》（第 2 版）第五类"内务"，商务印书馆 1917 年版，第 28 页。

时，亦得依本法行之。"也就是，如果地方自治团体或者人民建设公益事业，也可以依据本法进行申请，得到批准后，可以依照法律收用。

被收用的土地权属依旧是国有、公有、民有三种（第2条）。土地类型包括：宅地、田园、山林、矿山、沙地、荒地、街市、道路、河川、沟渠、池沼、葬地等（第3条）。

土地收买或租用的规定还适用于土地上的附着物，包括房屋、坟墓、青苗、树木、蔬果及其他建筑或权利（第4条）。收用土地的目的是为公共事业，当收用土地者以其事业移转于他人时，其权利义务一并转移（第5条）。

给价是土地收用构成的重要要素。收买或租用土地者，对于业主须交付相当的地价或租价。但，国有土地，由大总统核准，或由其土地的主管官署核准；公有土地，如因地方公益事业收用者，由各地方最高行政长官核准，可以免除或酌减其地价或租价（第6条）。

2. 土地收用的价额

本部分使用"价额"，是对应"收买"，类似国家与业主的交易。

法律规定，土地收买的价额，为土地所值的市价。如连同土地附属物件或土地收益一并收用时，其土地附属物件与土地收益所值的市价，应分别算定，再合计（第7条）。土地租用的租价，依其附近土地相当的租价定之（第8条）。

但是市价如何核定？需要找参考。法律规定，土地所值的市价，以业主另购同类的土地所应支付的市价为限。但是，如果地价因为土地收用后的建设导致增加者，不得作为参考（第9条）。

如果因为土地收用，导致剩余的土地价值贬损，依业主的要求，可以斟酌给予赔偿。只是赔偿额，不得超过其余地所值价额的十分之三（第10条）。此外，尚有余地不堪他用时，业主可以要求收用土地者一并收用。此也是收用土地者应负的连带收用义务（第11条）。

对于土地的附属物件，由土地收用者支付迁移费，要求业主在一定期间迁移。如果只是部分收用，其附属物件又不能分割，须全部迁移时，业主可以向土地收用者要求全部的迁移费。但是，土地的附属物件迁移后不堪他用，业主可以向土地收用者要求一并取用（第12条）。如果迁移费超过附属物件所值的价值时，土地收用者可以相当价格收买（第 13 条）。

在土地收用后，因为维持公益、公共安全，以及保全邻近的土地，需要新设改造，或修建道路、沟渠、墙垣和其他建筑物时，由土地收用者支付费用（第 14 条）。本条规定，实际是土地收用者所负的附随义务。

坟墓类特殊附着物的迁移也有规定。收用土地内的坟墓，有坟主者，由坟主迁移。义冢及古坟，由地方公共慈善团体迁移，其迁移费，由土地收用者支付（第 15 条）。如果冒认坟墓，或虚堆浮土，诈领迁移费的，由土地收用者送请司法官署依法办理，并追还迁移费（第 16 条）。

国家收用土地，地价、租价，或迁移费、赔偿费，除依规定免除或减轻外，价格由土地收用评价会评定。具体是，由起业的主管官署派员，会同收用土地所在区域内的土地评价会议定。步骤是，划定收用土地的区域，由其区域内的土地收用评价会，将区域内的地价、租价，或迁移费、赔偿费，分别种类，拟定等则，然后议定价目表。再是，起业的主管官署对于各业主，按照价目表，依其等级，分别给价。如遇特殊情况，起业的主管官署另行定价（第 17 条）。这也说明，主管官署具有定价的最终权力。

因为兴办事业的主体是地方自治团体或人民，收用土地的地价、租价，或迁移费、赔偿费，由起业者与业主协定（第 18 条）。并且，业主对于国家收用土地的价格有异议时，依诉愿法提起诉愿（第 19 条）。说明国家收用土地时，土地评价会的评定价格行为属于行政行为。

至于地方自治团体或人民收用土地，起业者与业主关于价额协议不合时，呈请地方长官决定，地方长官可以行政处分决定。但是，起业者或业主对于行政处分有不服时，也可依诉讼法提起诉愿（第 20 条）。地方长官行政干预价格后，处分转变为行政行为。起业者或业主可以就此行政行为提起行政复议。

土地收用评价会的人员构成是，收用土地所在地区域的地方长官选派行政官员三人以上，以及地方绅董三人以上，并由起业的主管官署派员组织。土地收用评价会的组织和会议规则，另定（第 21 条）。一般而言，土地收用评价会由七人组成。

### 3. 土地收用的准备

土地收用准备，是土地收用的前期工作，主要是土地内的丈地、绘图及调查附属物件等。

第 22 条规定："国家收用土地时，因工事准备之必要，起业之主管官署得先期咨达地方官署至该土地境内丈地、绘图及调查一切。若系地方自治团体或人民建设事业，应先期禀请地方长官核准行之。"本条区分国家收用和地方收用，如果是国家收用准备，由起业主管的官署核准，并传达收用地的地方官署。如果是地方自治团体或人民兴起事业，则由地方长官核准。

因丈地、绘图及调查必要，可以去除该土地上的障碍物。国家收用时，由起业主管机关决定，若系地方自治团体或人民，呈请地方官署核定（第23 条）。但是，因丈地、绘图及调查，导致土地或土地的附属物件有损害，对业主应负赔偿责任（第 24 条）。

对于兴办事业的核准，起业者不同，核准的机关也不同。起业者计划确定后，如须收买或永远租用土地时，国家事业，由其起业的主管官署拟定计划书，并附地图，呈请大总统核准。如果是地方自治团体或人民建设的事业，由创办人拟定计划书，并附地图，禀请地方最高行政长官呈请大总统核准（第 25 条）。本条规定看似有层级区分，但实践中难以施行。特别是，当公共事业增多的时候，总统是否可以全部审批，是个问题。另外，就地方团体与人民兴办事业的核准，地方长官与大总统之间的审批权限如何，未作具体说明。

如果使用土地的期限短，或者修筑道路不影响居民，可以不经过大总统。法律规定，土地租用的期限在五年以内，及土地的收买是为扩大公共道路，或改筑私人道路为公共道路，而不妨碍人民的房屋，如果是国家事业，由起业的主管官署咨送地方行政长官，若系地方自治团体或人民建设事业，经地方最高行政长官核准（第 26 条）。

特殊情况，当收用土地遇紧急事故，不能延缓，如果是国家事业，由其起业的主管官署决定，若系地方自治团体或人民建设的事业，经地方最高行政长官核准施行。但是，此种土地收用，应该在决定核准后，呈报大总统（第 27 条）。

最后是公告土地收用。土地收用经大总统或地方行政长官核准后，应由地方长官将事业计划及收用土地的区域在各地方公告（第 28 条）。本条规定，可以看出大总统和地方行政长官都有核定土地收用的权力。并且，公告即发生收用的效力。

### 4. 土地收用的程序

收用准备之后，进入正式收用的程序。

土地收用的核准公告发布以后，起业者经由地方长官通知业主，定期至该土地区域内，会同业主复行丈量并调查。为了公证及便利，复行丈量及调查，地方长官依起业者或业主的请求，派员会同地方绅董、业主与起业者一起进行（第 29 条）。这个步骤，实际是起业者与业主，就收用土地的具体范围、附着物等情况共同敲定。

为了防止抬价，业主接到地方官署通知后，不得将土地售与他人，或用为建筑、埋葬及其他（第 30 条）。但是，复行丈量及调查后，关于土地收用的价额、区域或收用的方式，由起业者与业主依照"土地收用之价额"的规定处理（第 31 条）。

土地收用价额、区域或收用方式决定后，土地收用者可以要求业主在一定期间，将土地、土地附属物件及其他契据一并移交。同时，土地收用者应将所定的价额、迁移费、赔偿费等支付给业主（第 32 条）。如果逾期，或者不能支付全部价额时，除有特别事故或地方长官核准延期外，土地收用的议定失效，业主可以向土地收用者赔偿损失（第 33 条）。

如果说收用的土地上有债权，存在典质或债务担保时，债权人呈请地方长官核准，可以要求土地收用者在支付价额内扣除偿还（第 34 条）。

在收用中，因各种原因出现业主诉愿，并不中止收用程序。法律规定，起业的主管官署因工事上的必要，"得令业主暂时将所急需之土地及其附属物件移交，兴工举办，俟诉愿终结后，依其决定，给予价额。但依业主之要求，得将起业之主管官署原定之价额预付之"（第 35 条）。地方自治团体或人民收用土地，起业者呈请该地方长官核准，参照办理。可以看出，诉愿的审查范围只是在收用价额、补偿费、迁移费之上。

5. 监督及诉讼

监督及诉讼，是对违法土地收用，以及违反行政命令所做的说明。

第36条规定："土地收用或业主不依本法之规定履行义务或违反本法侵占土地强索地价时，得由其相对人提起诉讼于司法官署。"本条规定，土地收用者违反规定侵占土地，业主不履行收用义务或强索地价，都可以向司法机关提起诉讼。并且，如果土地收用者或业主，对于依本法发布的命令有不遵行时，地方长官可以强制执行（第37条）。

最后的"附则"部分补充说明，对土地收用法的施行细则以及颁布日期，另以其他法令确定（第38条）。

### （三）1920年《修治道路收用土地暂行章程》

《土地收用法》尽管颁布了，但未及时施行，实施的细则也有待出台。为了应对公共交通修筑道路的需要，1920年又颁布了《修治道路收用土地暂行章程》①，凡是因修治道路收用土地的情形，均适用（第1条）。但，各省、区因修治道路定有单行章程，这些章程经内务部核定后，也可参照办理。

该章程仅有16条，涉及收用前的勘测和通知、定价与给价、土地交出与附着物处置等方面。具体如下：

1. 收用前的勘测和通知

因修治道路需要收用土地，应先行实地测量，将应收用的土地划灰线，或立木标，并绘具地图。通知地方官署，颁布收用布告（第2条）。凡经测量，由地方官署公布应收用的土地，无论国有、公有、民有，一律收用（第3条）。

然后，对国有、公有、民有作了区分。所称"国有"，指国家所有的官地、官产，及古代遗留的建筑物；所称"公有"，指公共所有的土地；所称"民有"，指私人所有的土地。此外，教会所置的土地，按照民有土地办理（第4条）。尽管对性质作了区分，仍有不明晰的地方，比如"公有"的界定，相较于1913年《铁路收用土地暂行章程》"简洁"很多。很大的可能

---

① 《修治道路收用土地暂行章程》，载《道路月刊》1922年第1期。

是，在地方自治停办后，公共领域的财产管理主体存在多样性。

2. 定价与给价

针对不同性质的土地，是否给价以及给价多少，规定不同。收用国有土地，通知主管官署定期移交，概不给价（第5条）。收用民有土地，给予收买费，或酌给附近的官房、官地。其收买的价额，按各地方市价酌定等级、数目，报内务部及地方最高行政长官核定。收用公有土地，参照收用民有土地的方式办理，但由地方最高行政长官酌量情形减轻或免除其地价。本条中，出现了新的补偿方式，即在收用民地时，可以考虑使用附近的官房、官地补偿。

发收买费时要上缴地契。第6条规定："按照前条发给收买费时，原主应将新旧契纸及其他证明书类送缴收用机关，如无此项契据，或划分之地不便将总契送缴者，应分别具结存案。"本条也较之前的规定简略，未再使用"三联票"等手续。

对于延迟接受收买费，有提存的方案。如业主故意延迟或因其他事故，期限内不领款，由收用机关将收买费交地方行政官署代为收存。如果是补给官房、官地，通知地方行政官署存案，以便领取，并由地方行政官署派员会同接收（第7条）。

关于捐地也有规定。第8条规定："土地之原主情愿将应行收用之土地捐助，不受收买费及官地官房者，得由收用机关报由内务部酌给奖励。"如何理解"酌给奖励"？应该不是金钱性的，不然与捐助不要收买费冲突，可能是表彰的性质。

土地上的附着物同样适用收用规定。比如，收用机关认为有必要收用时，附属于土地上的房屋、树木，及其他建筑或权利，适用本章程的规定（第9条）。而从后面的第12条可知，本条规定的意思是，如果收用土地上的房屋有使用价值，则收用。如果没有收用价值，按规定应该自行迁移，收用机关给迁移费。

3. 土地交出与附着物处置

第10条规定："收用之土地应于预定限期内交出接收，如逾限不交，该收用机关得会同地方行政官署强制执行。其接收期限由收用机关定之。"

本条的"强制执行"表达，足以显现土地收用的公权力属性。但是，在无有收用审批和收用评价会的限制下，"强制执行"的公权力会被放大。

对于收用土地上的附着物，如果不收用，需要业主自行迁移。收用的土地上，如有房屋及其他建设物，不在收用物的目的范围内，原主应在预定期限内自行迁移。如果由收用机关自由处置，原主不得要求补偿（第11条）。而对于坟墓等特殊附着物，均应设法绕避。如果避绕不了，则迁移办理（第12条）。并且，免除收用土地的租税（第13条）。

最后，如果在收用民有土地有违法或不当处分时，依据诉愿法或行政诉讼法提起诉愿或行政诉讼（第15条）。该章程公布即实施（第16条），实施区域与执行细则，由收用机关报内务部核定（第14条）。

**（四）1921年《国有航空站收用土地规则》**

因为航空事业的发展，民国北京政府开始了国有航空站的建设。1921年，颁布了《国有航空站收用土地规则》①。先来看当时的立法背景：

上海县知事公署奉江苏省长公署训令文云：

本年三月九日，准航空署公函开。本署筹办京沪航线，所有各航空站需用地亩，购赁慕难，亟宜明定专章，以资遵守。查《土地收用法》，虽经公布，尚未实行。本署为审慎周密便于施行起见，拟订《国有航空站收用土地规则》八条，于本年三月一日呈奉大总统指令，准如所拟办理等因。除分行外，相应将该项规则印送，即希查照，并请饬属一体遵照等因。并附件到署。

准此。合行抄黏令仰该知事，即便分别咨行，一体查照。此令。②

意思是，现在修建航空站，需要土地，但是购买或者租赁都比较困难。又《土地收用法》未施行，所以需要制订专门的法律来应对。其条文不多，如下：

1. 收用土地兴办航空事业的类型

第1条规定："航空站因左列事项有必要时得收用土地：（一）飞行

---

① 《国有航空站收用土地规则》，载《钱业月报》1921年第1卷第3期。
② 《国有航空站收用土地规则》，载《钱业月报》1921年第1卷第3期。

场用地；（二）飞机棚厂、修械所、仓库、无线电台、气象台等项用地；（三）航空站人员办公室、旅客休息室、货栈等项用地；（四）其他航空事业上必需之用地。"本条用了列举式的表达，将修建航空站需要土地的事项明确。

2. 准用《修治道路使用土地暂行章程》

第2条规定："航空站收用土地。在土地收用法及其施行细则未施行以前。得准用修治道路收用土地暂行章程之规定。"为了能够尽快地实行收用，本条规定实际是将航空站收用土地与修路收用土地同等对待，放在交通的公共事业大类之下考虑。

3. 收用的补充：租用

航空站的必需用地，如果因为其他原因不能购用时，可以租用（第3条）。租地的期限，按照各地方的习惯定，至少须在五年以上，并可以续租（第4条）。租价由勘地委员按照田地等差，参酌地方情形拟定数目，呈请航空署核办（第5条）。每年年终航空署汇交租金给土地所在地的地方官署，按户分发，出具收据，送由航空署存案（第6条）。从租用补充收用的方式可见，当时修建航空站收用土地存在很大的困难，只能变相采用租用来应对。并且，在租用的方式上，类似民间田地的租用方式。

我们看到，《国有航空站收用土地规则》规定非常简略，具体收用土地的办事细则，委托由航空署制订（第7条）。而次年（1921年），航空署就制订了《国有航空站收用土地施行细则》，第1条便提到："本细则依据国有航空站收用土地规则第七条定之。"①《施行细则》共40条，重点规定是在土地的附属物处置，比如房屋（第16条）、坟墓（第17—22条）、地面树木（第23条）、青苗水产（第24条），还有补偿价格上。

关于补偿价格，第25条有详细规定：

勘地委员购地时，按左列价格，参照各地方情形，酌定数目，呈请航空署核办：

超等水田每亩银元八十元　　上等水田每亩银元七十元

---

① 《国有航空站收用土地施行细则》，载《政府公报》1921年第1859期。

中等水田每亩六十元　　　次等水田每亩五十元

超等地每亩五十元　　　　上等地每亩四十元

中等地每亩三十元　　　　次等地每亩二十元

超等山地每亩二十元　　　上等山地每亩十五元

中等山地每亩十元　　　　次等山地每亩六元

沙荒草地每亩三元　　　　新瓦房每间六十元

旧瓦房每间三十元　　　　灰草房每间二十元

土草房每间十元　　　　　土棚每间六元

（房基地，照上等地给价。木、石、砖、瓦，均归房主自行拆回。）

砖墙每丈六元（此指围墙、照壁而言，附属于房屋者，不另给价。）

土石墙每丈三元　　　　　砖井每眼十六元

土井每眼八元　　　　　　迁坟费每冢十二元（此指砖、石、圹而
　　　　　　　　　　　　言，如系土圹减半价发给。至于小坟骨
　　　　　　　　　　　　坛，每具五元。）

大树每株二元（出平地一丈以上、围大三尺以外者，为大树。）

小树每株一元（出平地不满五尺、围大一尺以外者，为小树；不满一尺者，概不给费。）

大果树每株七元（出平地三尺以上、围大六寸以外者，为大果树；不结果者，概不给费。）

小果树每株三元（出平地二尺以上、围大不满六寸者，为小果树；不结果者，概不给费。）

青苗蔬菜等每亩二元（概归业主自行取去。）芦苇每亩一元。

从上面详细的价格等级规定可知，当时对于土地、土地上的附着物的价值有区分认识，这种区分认识，一定程度上反映了人们私权的意识较之前更为强烈。

## 二、省及地方的土地征收立法

当时，国家层面的《土地收用法》未颁行，要应对兴办交通和公共事

业，在收用土地上，各省及地方都采取颁布单行章程的方式予以适用。有的也是在中央单行立法后，为配合地方的具体情况施行而进行的细致规定。

在地方立法中，现代土地收用立法和传统购地模式的购地章程两种，都有制订。

### （一）《浙江修筑省道收用土地条例》

1916 年 12 月，浙江省长吕公望签署了第 16 号政府令，公布了省议会议决的《浙江修筑省道收用土地条例》①，共 17 条。大致内容如下：

1. 收用土地的种类

首先，第 1 条规定："修筑省道收用土地以必需应用为限。"本条简洁，但想表达的意思是，收用土地必须谨慎，以"必需"为前提。这里的"必需"，应理解为修路如果不能经过荒地或无主地，必需要经过有价值归属的土地时，才能收用。这种土地有两类：一、官产；二、民产（第 2 条）。

对于官产和民产，处理方式不同。官产由县知事查明后，呈请省长转饬主管官厅拨用（第 3 条）。民产由县知事查明后，向产主收买。如有愿意捐助者，照募捐条例办理。也就是，官产直接拨付，不用给价。民产采取收买的方式（第 4 条）。

2. 收用准备

接下来是收用的准备工作。先是测量和检查，以及对障碍物的处理。为收用准备，施行测量或检查，有除去土地上障碍物的必要时，由县知事提前五日通知业主（第 5 条）。再是绘图，土地应收用者，由省道办事处委员绘图，并通告县知事，将业主姓名及应用亩分即行榜示公告，再行通知业主（第 6 条）。业主接到通知后，不得将土地售与他人，或用为建筑、埋葬及其他建设（第 7 条）。

3. 收用评价会

收用评价会的出现，是受《土地收用法》影响的一个标志，区别于传统的购地模式。但是，其又与日本《土地收用法》规定的土地收用审查会不同，只是关注价格，并不对兴办事业是否符合公共利益作出审查。

---

① 《浙江修筑省道收用土地条例》，载《浙江公报》1916 年第 1723 期。

第 8 条规定："收买土地之价，由县知事委托募捐董事向业主商定，如有争议时，组织评价会评定之。"本条规定了收用价格协商与争议两种方式。评价会的人员构成上，会员由县知事遴选本地公正绅董十人以上充任（第 9 条）。开会的议事规则是：评价会开会时，以县知事为主席（第 10 条）。议决以过半数决定可否，同数取决于主席（第 11 条）。业主或关系人可以到会陈述意见（第 12 条）。

4. 收用土地的粮赋与建筑物处置

在传统的购地模式中，习惯是豁免收用土地的粮赋。所以在第 13 条中规定："土地收用后，其粮赋由公家负担之。"深究此习惯规定，可能是土地征收制度的权属转移观念还未建立，需要明确税赋不用再缴纳。一般来说，当土地被征收后，土地所有权发生转移，自不用再缴纳土地的税赋。

收用土地内如有建筑物需要迁移，由县知事在三个月前通知业主迁移，其费用及损失由收用者支付。如果有争议，由土地收用评价会处理。如果费用及损失业主愿意承担，按照募捐条例办理（第 14 条）。如果收用土地内的建筑物系官产，由省长拨付使用，不用给价。

该条例自公布日施行（第 17 条）。条例施行细则，由省长再定（第 16 条）。从整体来看，该条例是在 1915 年《土地收用法》颁布以后的次年颁行，所以在体例上有前者的影子，只不过更为简化，重点落在了收用准备和收用评价会的规定上。但是，在兴办某项事业的具体收用中，还需要施行细则进行配套完善，才可以顺利进行。

**（二）《修订北京房地收用暂行章程》**

在 1918 年，因为房地征收，北京对房地收用章程进行了修改，颁布《修订北京房地收用暂行章程》①，共 29 条。第 1 条规定在《土地收用法》未施行以前，为办理公益事项，收用房地及其附属物，适用此章程。

1. 收用房地的类别与业主

该章程规定，收用房地分为三种：一是国有，指国家所有的官地、官产，以及古代遗留建筑物或建筑物基址；二是公有，指公共团体所有的房

---

① 《修订北京房地收用暂行章程》，载《政府公报》1918 年第 717 期。

地；三是民有，指私人所有的房地（第2条）。此外，教会房地，照民有房地办理。可见，国有、公有、民有的产权属性基本定型。国有对应官产，公有对应公共团体财产，民有对应私产。另外，对第1条提及的"附属物"有界定，指坟墓、树木及其他与土地关连的建筑物（第3条）。

这些产业的所有人称作业主。国有房地，以主管该产机关所指定的代表一人为业主。公有房地，以公共团体所指定的代表一人为业主。民有房地，如系个人所有，以所有者为业主；数人共有，以数人中所指定的代表一人为业主。业主，均以持有贴身红契为据。旧有套契，须一并呈验。要是典当抵押的房地，原业主无人者，以现在管业人持有原业主贴身契据，并请殷实铺保证明者为业主（第5条）。

第5条的细致规定在民有房地上，首先区分了个人所有与数人共有，然后是对契据的规定，本人管业的业主缴纳红契和套契即可，如果出现有是典当抵押的房地，只能是债权人持有原业主的契据办理手续。但是，为了避免纠纷，需要铺保作为证明人，为原业主以后回赎做保证。

2. 收用房地的准备

第4条规定："各项房地经收用机关查勘指定收用者，须先宣布地点、丈尺，按照本章程收用，业主不得损毁。"本条与后面的收用准备工作相关。凡是经收用的房地，其负担捐税，按照收用丈尺划除，但营业铺捐未经全部收用者，不在此限（第6条）。也就是说，只是免除房地本身的税赋，而对于经营性的房屋，如果未全部收用，税不免除。

对丈量的尺、宽度、深度也有规定。丈量房地，以营造尺为准，宽、深以所占地基起算（第7条）。

3. 收用房地的给价

给价方面，与其他收用法规相当，按照土地类型划分。收用国有房地，在指定收用后，通知主管机关即行移交，概不给价（第8条）。收用公有、民有房地，在指定收用后，按照土地质地类别分别给价（第9条）。

（1）给价的类别

一是购买费，指收用房地及附属物，其所有归预收用机关享有，原业主全部让出者，即通过购买方式获得的房地的等价。二是迁移费，仅收用其土地，地上附着物由原业主自行迁移，迁移时所需支付的费用。如系私人侵占官地、官街，饬令业主迁移，不给迁移费。三是补偿费，仅收用房地的部分或全部，而房屋不能使用，需要拆迁房屋的费用。所谓部分，指房未全拆，如拆卸一间。

此外，对于购买费、迁移费、补偿费，如有相当官房、官地可以抵偿时，不必另行给价。所置换的房地，与收用的房地不相当的，可酌给补偿费（第10条）。

（2）收用房地的等级与价目

第11条规定了房地的等级："一、房屋整齐，工料坚固，深在一丈四尺以上、宽在一丈一尺以上者，为上等；二、房屋整齐，工料坚固，深在一丈二尺以上、宽在一丈以上，及有前项丈尺而不甚整齐坚固者，为中等；三、房屋整齐，工料坚固，深在一丈二尺以下、宽在八尺以下，及有前项丈尺而不甚整齐坚固者，为下等。"

第12条规定的购买费、迁移费，按照等第、间数，依所定价目表办理：

表 2-1

| 费别＼等别 | 上等每间 | 中等每间 | 下等每间 |
|---|---|---|---|
| 购买费 | 一百元 | 七十元 | 五十元 |
| 迁移费 | 五十元 | 三十元 | 二十元 |

（3）收用房地给价计算的特殊情况

对于补偿费，由收用机关查照情形酌给，其数不得超过购买费、迁移费的最低额（第13条）。又，章程所规定的房屋等级，如系楼房，其上、下两间应按一间半计算（第14条）。除收用房地外，地上附属物不能迁移者，由收用机关临时估计价值，酌给补偿费（第15条）。其可以迁移者，均由业主迁移，概不给费。收用机关认为应给费者例外。

4. 收用房地的发款与交割

购买费、迁移费、补偿费，房地收用后，即行交付，具领备案（第16条）。发款手续由收用机关自行规定（第17条）。全部房地被收用者，由原业主将所有契据送交收用机关，并说明别无其他纠葛，切结备案（第18条）。收用房地仅房数间，或地基不满全部的，按照收用间数、地基丈尺，在原业主所持最近契据内，详细填注，加盖收用机关印信，以备核实（第19条）。

这些规定，主要是强调房地交割以后，业主不再有原房地的权利，为了避免纠纷，需要签字备案。最后，经发款以后，房地由收用机关定期收用。如业主故意迟延，或抗不交出，由收用机关强制执行（第20条）。

5. 收用房地的适用范围

该章程收用房地的规定，仅适用于交通、商场等公益事项。要说明的是，商场等大型商业性设施也被认定为公益。其公益收用的价额，由收用者与业主协议确定，但价额不得超过各条规定价格的一倍（第21条）。也就是不能超过第12条规定的参考价格。

如果是建筑铁路收用房地，则依照交通部所定的《铁路收用土地暂行章程》办理（第22条）。本条的规定，是强调说明在兴办铁路事业上，1913年的《铁路收用土地暂行章程》仍然有效。

**（三）《陇秦豫海铁路豫苏两省境内购地试办章程》**

1920年，由于修建跨省铁路，颁布了《陇秦豫海铁路豫苏两省境内购地试办章程》[1]。从整个章程来看，主要是在购地与给价上着重，有"购地种类""田地类""房屋类""迁坟类""青苗树木给价等类""不给价类""存案类""防弊类""价值类"等规定。

1. 购地种类

首条是全章程的主旨。陇、秦、豫、海铁路，绵亘四省，线路长，工程大，应用地亩甚多（第1条）。而各处地价高低不一，需要核定公价，才能从事购买。现在东路开、徐段，经交通部批准，首先开办。该段路线，就汴、洛接展向东，所有地亩价值，参酌《汴洛购地章程》分别等则，详细厘定。

又因时价今昔不同，可以酌量递加，按照估价，分段开购。本路的兴筑，专为通商便民起见，务要公允。遇到坟墓、庐舍，可以绕越的，绝不占用；万不得已必须迁让的，给迁移费。至如树木、青苗等类，随时估价，

---

① 《陇秦豫海铁路豫苏两省境内购地试办章程》，载《铁路公报：沪宁沪杭甬线》1924年第121期。

一并给价。凡是私有的田，以实际业权人领价。公有田，以实际代表人出具证据领价。第 1 条规定的给价土地性质，有私有和公有，此处的公有，可以推断是多数人共有的财产。

利用土地兴办事业的类型在第 2 条中规定，"本路用地分为五种：一、路线用地。二、车站、车厂、水塔、货栈，及信号处用地。三、营业地，及保线处职员、工役应有住屋之用地。四、各种工场，及收容材料器具之用地。五、取土，及迁埋义冢用地"。

第 3 条规定的是购地程序。购地委员到达后，先张贴通告，再会同地方官商议，酌定日期督同员役人等，传集该管境内的乡约、地保，召集业户，按照总工程司勘定的路线原图，共同丈量，确用亩数、分别土质。然后是，按照定章列定的土地等则，由司事当场登录草簿，注明坐落、弓口，或有坟墓、户屋、青苗、树木等项，一一详注。再是，提供鱼鳞地块图，由购地委员核明，再绘具正式的详图，分别列表、立契，送交工程局复核，符合的情况，才准给价。各地业主如果出了远门，其亲戚代表邀同地邻，到场见证。并且，丈量委员要亲临照料，以免滋事。

对于购地中阻碍有处置办法。首先是绅富要"带头"，因为绅富的产业，一般为乡人所关注，应先行遵章办理，以为表率，才不至有阻碍。如果有绅富饰词捏造，有其他要求的，应该破除情面，晓明大义，不得徇私妨碍大局，延缓购地（第 4 条）。如有土豪地棍抬价，藉端阻挠，居奇违抗，呈送审判厅起诉，按律惩治（第 5 条）。同时，将标界内的地段，先行拨付路工应用，照章给官价，由路局移交县府存储。

购地人员出现弊端，将进行处理。局中司事、丁役、地保人等，有勒索、折扣、索贿、诈骗、骚扰等情，以及向在标界外不应购用的地亩、房屋、坟墓欺骗索贿，藉端生事等。除严禁外，仍由购地委员及地方官随时认真查处。如果得实，司事、丁役均送审判厅起诉，分别按律办理，不得徇纵。至丁役等饭食，由公家酌给，不准在外索要分文（第 6 条）。

在丈量事务和尺度上也有规定。丈量购地，应分段办理。沿途租赁民屋一所，为员司人等办公处。随时逐段移设，以丈量地亩之处相近为宜，以免导致往返延误。如无民房可租的地方，或借用寺院、公所作为休息和办公处（第 7 条）。路线已经标界，虽未开购，已在铁路用地范围以内，由购地委员先期移送照会地方官布告禁止，不准民间再有典卖、造屋、葬坟，以免后期发生纠纷（第 8 条）。铁路所购的地亩，以 750 法尺，合华尺 60 方为一亩，已经有京汉、汴洛成案（第 9 条）。本次购地根据原案，仍以华尺为准。

2. 田地类

田地类，主要是规定购地时对田地的处理方法。共有 9 条。

首先，是对契据的处理。购买田地，以契据为凭（第 1 条）。所有各种契据，收检齐全呈缴。如是新置之产，尚未税契，或是祖遗产业，或是经历兵燹水火致契据无存，有粮串者，以粮串为凭，无粮串者，以领状为凭。但是，要求地保、邻右加结，声明无隐匿契据以及押转、典卖等情，呈缴存案。此处的"加结声明"，是业主写立结状声明，地保、邻右作为证明人加结。如果业户地亩较多，铁路不能全部购用，总契、总串（串票）若上交，所有契串难以收回，即由路局刊印摘单一纸，将业户原地若干，铁路购买若干，由业户填注、签字，名曰"摘录契底"，附在领状保结之内。该业主的原来契、串，仍逐细批明发回，加盖购地委员经手戳记（第 2 条）。

其次，是契据、粮串有特殊情况的处理。契据、粮串的名目可能不一，应检查有无附其他户的粮税，有的水坑荒地本无粮串，有的众冢、义冢、公路各户分纳钱粮，有的两户合为一串，以上这些情况，均须如实填写领状，声明理由，由地保加结。义冢的地价，由善堂首董具领，契据一并上缴（第 3 条）。

复是，发价的票据填写。发给地价，概用三联凭票，骑缝盖章，用本路购地局关防。凡是购定地亩，将业户姓名、价值、数目，在中、左、右三单一律填明，加盖本段图记。一张给业户暂行收执，以便凭票领价；一张报总局备查；一张交发款银号，对号发银（第 4 条）。

再是，对"一田两主"的处理。民间田地的业主，有永佃的，有按年活租的，有原佃而又转佃的，名目甚多。处理的办法是，有的业户领地价，佃户领青苗补费。又有的业户、佃户分领青苗补费。这些情况，都需要业户、佃户在领价时，声明自行清理。购地局即按照核定的官价分别给领，以免纠纷。如果业户已将此地出典于人，或出押于人，该业户、典户、押户应该同时出具领状、签名，声明典价、押价在所领的官价内自行清理。本条，路局将"一田两主"认定为债权债务关系，路局只是管购地的费用，至于田地本身的债权债务关系，由业主与佃户（或者债权人）之间自行处理（第5条）。

还有，未推收过割粮串的购地处理。因民间多惜小费，粮串不肯更名，粮名多与本名不同。当呈验粮串时，即交各县粮书查对割过，地价发讫，汇列册报之后，即由县除粮（第6条）。一般来说，传统的土地买卖，定立卖契后，需要卖方拿契到册里处开出推税票，再由买方拿契和推税票，至册里处开出收税票，即完成土地交易中税赋的"推收过割"，再到官方去办理税契的手续。但是，有人为了节省缴纳契税，也就不到官方去办理手续。等到交税的时候，还是沿用之前户头的名字。所以才有此条的规定。

最后是余地、公产和异议等情况处理。购定地亩，立明界址之外，任凭业主耕种。但是，所买的地亩有畸零，不便耕种，情愿全部收买的，准许购地委员随时酌量办理（第7条）。购用学田、庙产及其他公产等地，按照民间价值办理（第8条）。另外，既然地价有定章，又有地方官会同购地委员公正办理。如果该业主仍有异议，准许邀同地邻二至三人，请购地委员查核酌办。但是，倘有聚集多人及妇女扰乱的，即送审判厅起诉，按律惩治（第9条）。

3. 房屋类

房屋类只有4条。第1条规定："无论市房、民房、祠堂、庙宇、善堂、公所，除屋基已照田地例分别给价外，所有房屋由委员会同地方官按照定章分别核给迁费，应领迁费仍以联票为凭。木瓦石料等类，均由业主自行拆取携回至所迁之屋，随时注册，注明坐落及迁户姓名，并间数、深宽、浅窄、高低尺寸等。"本条可见，房屋与屋基是分别给价的，也就是将房屋认定为土地上的附着物。

在房主领取迁移费后，应在要求的期限内拆迁，不得延缓，导致耽误路工填筑。如果有延迟观望的，由路局会商地方官督同办理（第2条）。如果房主外出，迁移费可由经理人或亲戚代领，按照田地规定办理。如果有迟延拆卸的，由路局会同地方官督办（第 3 条）。这里提到的"经理人"，指的是庙宇、善堂、公所的管理人。

要注意的是，祠堂、庙宇、善堂、公所这些建筑，多半是"公产"，属于共同所有的占多数。所以第 4 条规定，公产领费或不止一人出名的，应细心办理。存在契据虽写明归一人管执，而其他有分人外出，按照要求应共同领价的，都归出名领费人在领状写明"如有龃龉，归书名人自理"字样，并且，还要有殷实的保人，才准领取，以防假冒等弊端。

4. 迁坟类

迁坟类只有两条，每条之下又分情况规定，很是细致。

第 1 条规定的是坟墓如何登记。坟地无论等差，每亩均按毗连地价发给。工程司在勘测设立标橛时，先将标内应迁的坟冢督促司事另簿登记。随后，在测量购地时，即查询坟主姓名、某冢系已故何人、一冢之内共有几棺。再据坟主口述，绘一草图，注明棺具数目，登簿填写号单两纸，加盖经手委员的图章。一张给坟主收执，一张黏在木牌上，插于坟首。四围加洒灰圈，以为标志。

如果当时无人知坟主姓名，另记"待查"字样。如果坟主外出，或未及时到场，将号单由路局代存，待发给领价迁费凭单时，一并补给。无主坟茔，号单另由路局编册存案。

第 2 条主要是规定坟墓如何给价。每棺迁移费多少，以及开冢点验，按照葬棺数计算，应该加给多少，均按照章程分别核算给价。其坟上应砍的树木、冢内拆出的石砖，均归坟主自行移去，不再给价。各段委员会同地保及坟主照号单点验，如果相符，即发给迁坟费。编号三联单上，注明棺具数目。具体的情况又有：

（1）一、暗移浮厝及别处棺木；二、冒认坟地及擅领迁费；三、虚堆浮土；四、此处已领迁费之棺，仍埋彼处。

以上希图冒领等弊，犯第一条仍责令寻觅原处掩埋。犯第二条追缴迁费，仍由原主具领，均照章送厅起诉，分别按律惩治。犯第三条不给费。犯第四条勒令自行将棺搬去。

（2）坟主外出，其地价及迁费，或由亲属代领，或由同乡绅士代领，须有本坟主信函为凭，并应加结声明，如有鳌轕，惟代领人是问。如无人代领，或不愿代领者，限一个月亲来领价起迁，逾限即由局代迁局地。浮厝有石碑者，仍代栽石碑。起棺之日，会同地方官及地保人等查验棺面，仍以石灰照石碑写明人名。无石牌者，编号所有棺数、人名及号数，另行造册，加盖路局关防，并由地方官加印存储，以待坟主随后禀请自迁。该项地价及迁费存县，仍可具领补给。

（3）义冢除有主之坟，坟主情愿自迁者，照常例给费外，其有归堂中、首董代迁，不计棺数，每亩总给迁费若干。无主坟及荒坟，由购地委员会商该管地方官指拨就近官地迁葬。如无官地可拨，即由局另购余地，均选派妥慎员司承办。如遇棺木朽烂，另购新棺木匣，责成员司眼同督令检骨，妥为装盛掩埋，一切应需之物，实用实报，不得逾于额定迁费之数，以示限制。

（4）仅存窆地，而尸骨销化、棺木无存可改葬者，概不给费。如系年远，土堆已倾，而坟主能确指男女棺数者，须由委员察视四围草根土色，毫无虚捏情形，乃准于启封迁葬时点棺给费。

以上是对坟墓迁移、给价的细致规定，可以看出人们对于坟墓的重视，甚至超过了对房屋的保护。但是，由于坟墓埋葬的时间久远，导致对坟产的认定与区别更加困难。比如上面提到"开冢点验"，说明已经记不清有多少棺，坟产与后人（权利的主张人）之间的关系，可能都存在模糊。

5. 青苗、树木给价等类

青苗、树木也是土地上的附着物，只是较房屋、坟墓等不动产而言，具有收获性，更加好处理。所以第1条规定，铁路所购的地亩，未经开工以前，能够及时收割的，听其收割，不必另给青苗等价。只是，购定之地不准再种。言外之意，如果来不及收割的，需要给价。

价格上，第2条规定，青苗、树木等价，查明等差，照等差给价，并在契据联票簿上注明，各类不得淆混。如果购用地亩上无青苗等类，不准串同混填。此外，所有园地、池塘，也绘入地图备查。

### 6. 不给价类

修铁路购地不给价类，只有 1 条，即"如官驿路、公水沟、公行路、官河、官荒等类，概不给价，应惟由购地局移知地方官查照，呈报该管上级官厅备案查考"。此条规定的土地类型，主要是官产、公共道路及无主荒地，性质上与《土地收用法》中规定的"国有"相当。

### 7. 存案类

存案类，主要是指购地的登记、绘图、契据、标记如何处理，以便存案备查。

第 1 条规定："所购各地，须分别村庄、坐落、界址、亩分、价值、官地、民地、契串、领状、保结各项名目。编号逐批造册三本，核对无讹，一送督办查核，一存购地局，一发县核对粮串过割。应盖用购地局关防领状、保结等件，应加县印及购地局关防。"此条主要是针对购地的信息记载和存档。

并且，对于购地的情形要绘图存档。第 2 条规定，所购之地，另绘草图，按照标橛及大小灰线详绘。图上载明各花户坐落，照册编号。其地隶属何县，以及附近山河、沟洫，一一注明。绘制三份，一送督办查核，一存购地局，一发县备查，加盖县印及购地局关防，以防事后纠纷。

还要履行告知义务。第 3 条规定，已购地段，由该委员会同地方官出榜公示，将坐落、花户，及亩数、各则价值，立清单黏贴在街道，晓谕周知。此种做法，也是让大众能够监督。

对于购地过程中的各种文件要妥善保存。第 4 条规定，购地局按月呈报，某段所购某地至某处，有无迁坟、拆屋，并将契据、领状、保结、收条、批据、便条、执照、验照、信函及所有凭据，妥善存放总局，汇呈督办查核。

此外，还有铁路基地的邻地处理。第 5 条规定，铁路基地在未经购定以前，要立号牌为标志，并由购地局刊发简明告示，声明铁路章程规定的左右六尺之地，目前尚未给价入官，将来仍需购买。目前，只能听民耕种，不许另售他人，也不能建屋、埋葬，以防车险。六尺以外，民间售地、完税盖印，由县先行知照购地局勘测，以防蒙混及妨碍建筑厂栈之用。

### 8. 防弊类

防弊类，主要是规定购地过程中出现特殊情况的处理。

首先，对购地前的民间土地交易进行干预。第 1 条规定，铁路地亩未购齐以前，先由购地局通知铁路经过的县长官，遇有民间买卖地亩，在契上注明买主的籍贯、住址，确定是中国人民，方准税印。并令投税契户时，出具甘结声明，以后如路工需要购地，愿照官定价值，圈购入官。如果出现洋商教堂希图蒙混，要求附卷存查，如有私行售卖，及地方官倒填年、月，查出后由上级官厅惩处。等购地的标橛插定，圈购齐全，再由购地局告知地方官解禁，照常交易税印。

这里讲了两点：一是交易的地价，不准随意浮动，后期如果购地局购买，照官价处理。二是防止交易给洋人，产权性质发生改变，购地局购地会出现复杂的手续，甚至是出现购地阻碍。

其次，业主过期不领地价的提存规定。按照当时中外铁路章程，凡是已经勘定、丈量、标插，载明在图内的应用之地，一面发价，一面即挖沟填筑。如果超过一个月业主不来领地价，即将地价发交县府存储，之后听业主到县呈报领取（第 2 条）。这种规定，是为了修路的工期需要。

再次，租佃制田地的处理办法。客民（佃户）的田地，由该县长官传该处首事人代为经理收租（业主）之人，眼同购地局人员一起丈明，比照邻田等则，照章核定价值，另记登册，先行由该管的县衙门立契。等到至兴工之时，该业主仍未赶到，一律兴工，不能停工。之后业主赶到，再补行立契、领价（第 3 条）。

还有，业主在外，由户族代领的规定。如有业主游宦在外，或贸易未归，可由户族代领。但是，需要代业主呈报契据，还要殷实保人，才准领价。如果户族不愿代领，并且防止契据有纠纷，将地价存县，等候本人自领（第 4 条）。此处使用的是"户族"，是将代领人范围限制在房份宗族内。

最后，关于名、册不符合的情况处理。购地时，田地或转售尚未过户，县册仍注明原业主的花名；或领价之户，与县册不同；或县册原立一户后，改数户分领；或县册原分数户后，并一户总领；或发价具领户名，与呈验粮串不符，均应由地保加具切实保结，将领串、契结与县册查对，编号汇造细册，并在领字内，逐户补注弓口、四至，以符合县册为根据（第 5 条）。此处的县册，应该是"鱼鳞册"，记载每个县的田地登记情况。实际中，土地交易频繁，登记造册迟缓，出现了时间差，所以会出现名、册不符合的情况。

9. 价值类

价值类，指的本次铁路购地的具体价格。第 1 条首先说明："购买田地，各处价值不等，惟建造铁路克期动工，未便漫无定价，使购地各员无所遵守，致延时日。现查照汴洛铁路办过成案，并参酌就近各路章程，逐项分等，宽定官价，由购地局员会同沿途地方官一一开列，通告晓谕，俾众周知。"也就是，为了不延迟动工，参考了其他铁路购地的成案，定了购地的具体价格。

表 2-2　陇秦豫海铁路购地价值新表

| 类　别 | 原定价值 | 现定价值 | 附　则 |
|---|---|---|---|
| 上上则田 | 每亩四十千文 | 每亩四十八千文 | |
| 上则田 | 每亩三十二千文 | 每亩三十八千四百文 | 水塘水沟可资灌溉者，竹园菜圃均照上则田价 |
| 中则田 | 每亩二十四千文 | 每亩二十八千八百文 | |
| 下则田 | 每亩十六千文 | 每亩十九千二百文 | |
| 上上地 | 每亩二十八千文 | 每亩三十三千六百文 | 场地屋基均照上上地价 |
| 上中地 | 每亩二十四千文 | 每亩二十八千八百文 | |
| 上次地 | 每亩二十千文 | 每亩二十四千文 | |
| 中地 | 每亩十六千文 | 每亩十九千二百文 | |
| 中下地 | 每亩十二千文 | 每亩十四千四百文 | |
| 下地 | 每亩八千文 | 每亩九千六百文 | |
| 荒地 | 每亩四千文 | 每亩四千八百文 | |
| 荒山荡地 | 每亩八千文 | 每亩九千六百文 | |
| 砖瓦房 | 每小间十二千文 | 每小间十四千四百文 | |
| 砖草房 | 每小间八千文 | 每小间九千六百文 | |
| 土草房 | 每小间六千文 | 每小间七千二百文 | |

（续表）

| 类　别 | 原定价值 | 现定价值 | 附　则 |
|---|---|---|---|
| 大砖土地庙 | 每座五千文 | 每座六千文 | |
| 小砖土地庙 | 每座三千文 | 每座三千六百文 | |
| 草土地庙 | 每座二千文 | 每座二千四百文 | |
| 房外砖墙 | 每方二千文 | 每口二十四千文 | 系指院墙、照墙而言，附于房屋之墙即在房价之内，不另给价 |
| 房外土墙 | 每丈六百文 | 每丈七百二十文 | 同上 |
| 头号砖井 | 每口二十千文 | 每口二十四千文 | 倘遇格外宽深大砖井，临时酌加 |
| 次号砖井 | 每口十六千文 | 每口十九千二百文 | 所有拆卸房井砖瓦以及斫伐树木等件应归原主，此外之尚有静池、窑洞等类，应随地公估酌给价值 |
| 小号砖井 | 每口八千文 | 每口九千六百文 | |
| 土井 | 每口四千文 | 每口四千八百文 | |
| 青苗 | 每亩一千文 | 每亩一千二百文 | |
| 果木 | 每寸六十文 | 每寸七十二文 | |
| 桐榆树 | 每寸五十文 | 每寸六十文 | |
| 杨柳树 | 每寸四十文 | 每寸四十八文 | |
| 土冢单棺 | 每座八千文 | 每座九千六百文 | |
| 土冢双棺 | 每座十千文 | 每座十二千文 | 每棺加二千四百文 |
| 砖冢单棺 | 每座十六千文 | 每座十九千二百文 | |
| 砖冢双棺 | 每座二十千文 | 每座二十四千文 | 每棺加四千八百文 |
| 无主荒冢 | 每座四千文 | 每座四千八百文 | 如有双棺加一千二百文 |
| 幼冢 | 每座一千文 | 每座一千二百文 | |
| 土丘 | 每座一千文 | 每座一千二百文 | |
| 砖丘 | 每座二千文 | 每座二千四百文 | |
| 义冢 | | | 经善堂董事代迁，不能按棺，应按照亩数总给迁费若干 |

随后，说了发价的领取及防弊事宜。发价时，要先期通告各业户亲自持购地时发给的三联票，到路局指定的店肆（类似银行的票号）领取钱文，不能延迟误期。届时由发价委员会同地方官前往监督（第 2 条）。购地工作较劳苦，所有员司、夫役等，优给薪酬。既然给了薪酬，工作中要求洁己奉公，勤慎从事。如有勒索、少发及其他违规行为，一经查出或被告发，认真查究，分别惩办（第 3 条）。

**（四）《湖南省路购地章程》**

在很长的时段里，兴办交通事业收用土地仍然是大宗。1922 年，湖南省颁布《湖南省路购地章程》[①]，针对修筑公路收用土地规定，有总则、购地之价格、购地之程序、地价之支付和附则五章。从名称上看，还是延续传统购地的模式，强调购买的方式取得土地。整体看，注重取得土地的过程、价格、给价等方面。该章程由湖南省议会议决，公布施行（第 35 条）。并规定，如有未尽事宜，由省行政长官咨请省议会随时修改（第 34 条）。

1. 购地的总规定

购地章程的适用范围是，湖南省路路线经过，在规定路宽以内，以及关于省路建筑应用的地段。土地的性质包括官有、民有（第 1 条）。本条未提及"公有"土地。"公有"土地的性质，特别是归属主体，难以界定，多数情况属于团体"共有"。特殊情况是，省路购用地段，其主权或租借权属于外国官署、商店、教会所有者，由该地县知事呈请交涉署，照会各管领事，照章办理（第 5 条）。

第 2 条规定："依本章程购用之地段，凡宅内、田园、山林、矿山、沙地、荒地、街市、道路、河川、沟渠、池沼、葬地皆属之，但路线经过宅地、街市、葬地有可绕过者，应相地绕过之"。用列举式表达，将所有土地类型先涵盖，但是对于住所、街市、葬地进行避绕。这些地方与人们的生活息息相关，权衡起来，不亚于修路给人们带来的利益。

修路的宽度有标准，决定了购地的必要宽度。省路路宽，规定三丈。

---

① 《湖南省路购地章程》，载《湘灾月刊》1922 年 6 月卷。

其就原有官路修筑的，除原有官路外，应加宽的地段，依照章程规定购用土地（第3条）。

购地事宜的负责人员构成是，由该地的县知事，会同地方公正、绅董执行（第4条）。我们看到，很多收用土地的执行，都要求地方公正、绅董参加，说明乡绅在地方社会的"权力"，起到了与"官方"打交道的纽带作用。

2. 购地价额

购地价额上，第6条规定："省路购用地段，对于业主须付相当之地价，由该管县知事，会同省路工程处人员，及地方公正、绅董评定之。其价额，以业主另购同等之地段所应支付之价额为限。"本条意思有三：一是购地要给地价；二是评定人员是县知事、省路工程处人员、地方公正或绅董；三是价格标准是，参考同等地段购地价格。

在购用地段内的附属物件分建筑物、种植物和坟墓。如建筑物，除照付地价外，应酌给迁移费。其种植物，由业主自行收获，但未到收获期，收地导致种植物无所用的，酌给赔偿费（第7条）。购用地段内的坟墓，有坟主者，由坟主迁移。义冢及古坟，由地方公共慈善团体迁移，并酌给迁移费（第8条）。如果冒认坟墓，或虚堆浮土，诈领迁移费的，呈送司法官署依法办理，并追还迁移费（第9条）。

因购地导致剩余土地或建筑物功能受限，需要处理。如果因为购用部分地段，导致其余土地不能使用，可要求给相当的赔偿费（第10条）。购用地段的一部分，建筑物不能分割，需要全部迁移时，业主可要求支付全部的迁移费（第11条）。

3. 购地程序

首先，省路工程处派员勘定路线，即在工程应用地段树立界标，会同地方公正、绅董，丈量亩数、逐段登记，并详细记载房屋、坟墓、林木、青苗种类（第12条）。路线勘定，树立界标后，由该地县知事公署布告，在附近地方标界，并转饬该地团、保，按照地段通知各业主（第13条）。业主接到通知后，不得将界标内的地段售与他人，或用为建筑及其他（第14条）。

其次，购用地段由业主书立卖契，载明坐落四至（第15条）。立契时，邀同该地团、保，及中证人到场证明（第16条）。如果购用地段业主有典、质，或作为债务担保，由业主将所得地价与债权者自行清理（第17条）。

再次，业主在外，或有其他原因，不能亲自立契的，知会该业主亲、族为代理人（第18条）。该业主若无亲、族，或亲、族不愿代立契据时，由该地县知事会同地方公正、绅董，将该地段估价暂时收用，候业主或代理人到达时再立契。至于地上的附属物，由省路工程处代为拆卸、收获（种植物），候业主或代理人到时领取，并扣除部分赔偿费或迁移费（第19条）。

最后，购用地段经业主立契后，由县知事公署按照该地面积，依原有赋税计算汇册，呈报财政厅，豁免赋税，并填发免赋单，交各业主赴柜销除其赋额（第20条）。业主因购用部分地段，导致余地不能使用的，经业主请求，由县知事公署查明情形，免其赋税（第21条）。免赋单、给价联单，由财政厅印制，发给各县知事领用（第31条）。

4. 地价支付

首先，购用地段经业主或代理人立契后，由该地县知事计算地价及迁移费、赔偿费，填发给价联单。因公事紧急时，可先发给迁移费（第22条）。其次，各县知事将该管境内所购地段、坐落面积、地价、迁移费、赔偿费、业主姓名，联同契据和联单，缴验造册，呈报财政厅，并在该地境内列单公告（第23条）。再次，财政厅接到报册日起，在一个月内核定所列地价、迁移费和赔偿费，如数发交各该管县知事（第24条）。最后，各县知事自收到财政厅核发地价、迁移赔偿等费日起，三日内布告该管境内，各业主携带给价联单，领取价款（第25条）。

购用地段所给地价、赔偿费，以国币计算（第26条）。但是，实际操作上区分了富户和贫民。地价、赔偿费，富户发给债券，由财政厅指定本路的收入为担保品，并定其利率及归还日期；贫民以该地为生活者，照数发现金，在财政正税收入项下划拨（第27条）。此外，所给的迁移费，都给现金支付（第28条）。

5. 其他补充规定

第 29 条规定:"依本章程之规定,购用地段,如业主具有抵抗情形,该管县知事公署得强制执行。"从本条的规定可以看出,购地章程的"购地",并非真正意义上的交易,而是"强买"。这种强制性,也就增加了取得土地的公权力属性,与"土地收用"更接近。

为了防止徇私舞弊,对于省路工程处人员,地方公正、绅董,如有索贿的情况,经业主或他人告发,由该地司法官署治罪(第 30 条)。并且,在购地造册、发放各项费用过程中,违反规定,由本省行政长官给予行政处分(第 32 条)。各县知事办理购地事宜,如有浮报,或侵吞地价、迁移赔偿等费,或有其他索贿情形,依法律治罪(第 33 条)。

## 第二节　土地收用的实践

### 一、制订专章或依据《土地收用法》

1. 制订专章

1922 年,上海的吴淞商埠局负责修筑道路,制订了《吴淞商埠局筑路收地规则》专章①。专章依照了 1920 年公布的《修治道路收用土地暂行章程》,并参酌了《宝山交通局购地细则》《闸北路工成案》拟订。此收地规则,经历了市政筹备处及商埠八市乡多次会议讨论和修正,由商埠局分别咨送交通部、江苏省备案,最后县政府公布施行。

(1)不同性质土地的收用给价

官地和公地,依照《修治道路收用土地暂行章程》第 5 条办理(第 2 条)。《修治道路收用土地暂行章程》的第 5 条使用的是"国有""公有""民有"的概念,此处将"官有"等同于"国有"。

民地收用参照《闸北路工成案》,每一丘地段,占用十分之四的,概不给价。占用十分之五的给价一成,十分之六的给价二成,十分之七的给价四成,十分之八及以上的全给价。但原丘地段不足一亩,则按照收用的分

---

① 《吴淞商埠局筑路收地规则》,载《道路月刊》1922 年第 5 卷第 2 期。

厘给价（第 3 条）。这种规定，是在衡量损失大小的前提下，针对个体的差异，进行弥补。

地价方面，也依照闸北路工成案所定的地价。从五十元起，最高每亩二百元，价格的具体高低，按照图分或分圩详细评估（第 4 条）。此外，道契地划入路线的，也参照闸北路工的办法，概不给价（第 5 条）。道契（Title Deed）即上海、天津等通商口岸城市，由晚清道台衙门（苏松太道、津海关道）与外国领事共同签发给外国人的土地契证。道契须经中国地方政府钤印，并在外国领事馆登记注册。[1] 其地权性质存在争议，核心是永租（Rent in Perpetuity）与购买（Purchase）能否等同。此处是将此种类型的土地认定为"租"的性质，不给价。

（2）收地与领价程序

路线的购用地亩，由测量员督同地保，绘具详图、编造清册，依据清册填通知书，发给地保转交各业户，按照期限领价。其通知书的样式另订（第 6 条）。业户的姓名，按照册单局的正册户名填写。如果有转移未过户，以及有抵押的等，该业主应将通知书送交执管产业单据的人，一起到局领款（第 7 条）。此处，是将产业有债权债务的情况，交由产业人自行约定处理，协商完毕后一起领款。

领取地价时，业户须亲自填写地价的收清单据，画押存局。其清单样式另定（第 8 条）。领款时，缴存方单，由册单局填发三联小票，按期分批由册单局过户、造单。之后，凭票发给新的方单。三联小票的样式另定（第 9 条）。此阶段，业主应该上缴产业的契据凭证，换取三联小票，再进行后面的程序。对于义庄、祠宇等公共财产，由执管方单的管业人领款（第 10 条）。业户未领的地价，过期后，交由经董办事处代发（第 11 条）。

（3）地上附着物补偿

地上附着物需要补偿，主要是房屋、坟墓和青苗三类。

房屋迁移费，按照间数计算，以屋基占地三厘为一间。又依新、旧分四级，以每间六十元、八十元、一百元、一百二十元为区分。如果是楼房，

---

① 李一苇、龙登高：《近代上海道契土地产权属性研究》，载《历史研究》2021 年第 5 期。

在原有基础上加半价（第 12 条）。坟墓迁移费，按照枢数计算。每枢的标准是，浮厝四元、土葬六元、灰葬砖葬十元，具体在通知书和收清单上列明，注明枢数、银数（第 13 条）。房屋、坟墓的迁移，由商埠局通告期限。逾限者，由商埠局代为拆迁，其工费在领款内扣除（第 14 条）。青苗损失，每亩给价银六元，每分六角。不满一厘者，不给价（第 15 条）。业户自愿不领补偿费，在百元以上者，由局给予匾额表彰（第 16 条）。

2. 细化给价与程序

制订专章，主要是细化收用的规定。首先是细化收用房、地等类的给价问题。

如在《吉敦铁路收用吉林省会附近地亩房产专章》中，规定了收买地亩、房屋以及房屋等级的划分标准，具体如下：

第二条　收买地亩等次及地价规定如左：

（一）甲等地　每亩官帖一万五千吊；

（二）乙等地　每亩官帖一万三千吊；

（三）丙等地　每亩官帖一万一千吊；

（四）丁等地　专指窑坑、荒洼、炒（沙）坡、沙滩、水泡等地，每三亩作丙等地一亩，照勘放官荒章程第九条乙项办理。

第三条　收买房屋等次及价格规定如左：

（一）特别上等瓦房　　每间官帖六万八千吊；

（二）上等瓦房　　　　每间官帖五万三千吊；

（三）中等房　　　　　每间官帖三万八千吊；

（四）下等房　　　　　每间官帖二万七千吊。

本条特别上等瓦房，系指大间装修精美，六檩六枕以上，飞檐斗棚，硬山到顶，条石铺底而言。上等瓦房，系指大间装修完美，五檩五枕，平棚硬山到顶而言。中等房，系指小间，五檩五枕，平棚罗汉山墙而言。下等房，系指五檩三枕以下，土墙或半土墙而言。

本条所定房屋如系楼房，准照上、下两间计算。①

---

① 《吉敦铁路收用吉林省会附近地亩房产专章》，载《铁路公报（吉长线）》1927 年第 222 期。

再就是，细化和完善收地程序，如在《南京特别市市政府财政局收用土地给价条例》中有规定：

第一条　凡本市开辟或改宽马路时，由工务局将测定之路线，及划定收用之土地，呈请市长核准公布后，所有收用土地给价事宜，由财政局依照本条例之规定办理之。

第二条　地产收用面积，以工务局测量之范围为标准。

第三条　收用地产之业户姓名，及收用面积，由工务局在划定路线以后，通知财政局。

第四条　各业户姓名及地产收用面积，经工务局通知后，由财政局复查清丈，确实后，通告先行验契登记（登记费免收），听候审查。

第五条　各业户呈验之契照，经财政局审查后，将领价业户姓名列表公布，一面通知各业户到局具结，先领房屋迁拆费，俟业户迁拆完竣后，再行补领收用地价。

第六条　财政局发给拆费及收用地价标准，按照国民政府天字第一九三号指令所颁布《南京特别市开辟马路收用土地章程》办理。

第七条　凡收用土地如系全部者，应由业户将该地契据，连同领结，呈缴本局存案。如系收用一部者，当按照收用丈尺填明原契内，仍行发还。

第八条　各业户具领拆费后，由财政局通知工务局办理，催示业户拆让事宜。

第九条　如各业户所有执业契照，随房屋基地经典或押出，应由业户邀同受典人或受押人，到财政局会同声请验契及领价。①

总体来说，专章是各省市在国家颁布的收用土地法规之下，为了完善收用程序，还有地亩、房屋、坟墓以及附着物的细分给价，另外是填单、发款等工作的具体要求而制订的。

3. 依据《土地收用法》收用

民国北京政府后期，特别是政府交替时期，依据《土地收用法》收用的情况增多。1927年，苏州工巡局计划拓宽道路。苏州工巡捐局改组后，

---

①　《南京特别市市政府财政局收用土地给价条例》，载《南京特别市工务局年刊：十六年度年刊》1927年。

正董张一鹏在新正广济桥举行落成礼时，将该局半年收支状况及整顿路政计划向公众进行报告。2月15日，又将详细情形，用书面报告：

> 略谓，该局从前每年收入，最短时不及六万元，最多时亦仅七万元，现在收入约可增至九万元以上，支出方面，补助警厅者年须三万五千元，慈善公益补助约一万六千元，局用约一万六七千元，收支相抵，所余仅二万元上下，此款用以整顿路政，则城内外道路癃败已久，以此二万元全数拨作工程费，亦难资发展，故惟有酌量进行。

> 关于城厢街道，宽度虽已有一丈六尺与一丈二尺之规定，而交叉转弯之处，仍多直角，桥梁坡势，仍不平坦，皆有改良之必要，必须收用多数土地，拆去多数房屋，方有进步。业经呈奉省长核准，援用《土地收用法》，分别缓急，实行收用云云。①

苏州工巡捐局，在各项公益支出后，准备用剩余的资金，拓宽城市街道，对于需要征收的土地，拆迁的房屋，呈请上级政府批准，准备直接援用《土地收用法》办理。

### 二、审议是否符合公共利益

土地收用是否可以进行，取决于所需要用的土地（需用地）进行事业是否符合公共利益，所以对于公共利益的审查，是土地收用不同于传统购地的关键。我们来看上海市议会议决大同大学征地兴办学校案。全案原文如下：

> 上海市议事会议决制止大同大学圈购民地一案，由会抄录原案，函送市总董执行在案，兹将原议决案照录如左：

> 案查大同大学在沪杭车站后面圈购民地扩充校址，经附近各业主潘旭升等群起反对，向本议事会依法请议，呈请官厅制止等情。

> 本议事会为市民代表机关，对于地方公益与人民私权，自不能不熟筹审处，秉公主持。该大学于民国十一年间，由校董会呈请前淞沪护军使何

---

① 《苏州》，载《申报》（上海版）第 19377 号第九版，1927 年 2 月 16 日。

行县出示布告，拟添购民地若干，以为扩充校址之用。曾粘附图式一纸，注明蓝色者，系原有校基，红色者，拟添购之地，并经函县，行知上海市经董，查明该处地价每亩时值若干，具文呈报等因各在案。

查该大学成立已久，规模粗具，兹为增加科目，推广学额，拟添购附近民地，以图扩充校址，在公益方面观察，似无可訾议之处。第未得各业之同意，而强行圈购人民土地，揆诸公理是否可行？即不得不注意于下列三问题：（一）法律上有无根据；（二）手续上曾否完备；（三）事实上是否相符。

查该大学董会呈请添购民地，系援据《土地收用法》第一条第二项之规定，但此项法律于民国四年十月二十二日公布，其第三十八条载"本法施行细则及日期以数令定之"等语。公布之后，已近十年，而其施行细则及日期迄未颁行，依法自难适用。且民国五年九月十六日内务部训令，对于《北京房地收用暂行章程》之单行法称，在《土地收用法》未施行以前，本章程暂行援用等语。又九年十月七日公布之《修治道路收用土地暂行章程》第一条载"本章程在《土地收用法》未施行以前，凡因修治道路收用土地均适用之"等语，尤足为该法未施行以前，不能适用之铁证，此就第一问题研究之法律上已嫌无据。

即退一步言，《土地收用法》虽未能认为发生效力，而习惯上不无援用之者，但查该法第十八条及第二十条略称："地方自治团体或人民建设事业收用土地时，其地价等由起业者与业主协议定之，协议不合，得禀请该管地方长官决定，以行政处分行之，业主对于前项行政处分有不服时，得依诉愿法提起诉愿。"又第二十五条及第二十七条略称："起业者计划确定后，如须收买或永远租用土地时，系地方自治团体或人民建设事业，应由创办人拟定计划书，并附地图禀请地方最高行政长官呈请大总统核准，如因紧急事故不能延缓者，得禀经地方最高行政长官核准呈报大总统，并将其事业之计划及收用土地之区域于各该地方公告之"等语。

查该校拟收用民地之初，系呈请前淞沪护军使核准，行县出示布告。而其评定地价，又仅令饬上海市经董之呈复，而对于省公署曾否立案，对于大总统是否呈报，并无明文表示。夫护军使既非地方之最高行政长官，市经董亦无替代人民议偿之权责，业主既明示反对意思，又未经行政处分与行政诉愿之种种程序，何得强行圈购。此就第二问题研究之手续上，亦欠完备。

再退一步言之，姑舍弃法律与手续而就事论，该校存案地图，声明原有校址为蓝色，拟收用之民地系红色。而其红色部分之尽头，既无界线分明，已嫌漫无限制，且查本案请议各业主之土地，又强半在红色部分以外，更不在收用范围以内，何得强行圈入，此就第三问题研究之事实上，亦不相符。

基上三点，则对于大同大学收用民地，除与业主协议已经成交者不计外，其已圈而未购之地，当然不能认为有效。抑更有进者，查大同大学办理已久，成绩斐然，其为扩充校址收用民地，虽属不得已之举，但此风一开，将来借学校之名，为营利之实者，相率起而效尤，则贻害人民，伊于胡底矣。本案请议各公民之被圈土地，多属祖宗坟墓所在，尤当在保护之列，自应呈请上海县公署迅予行知大同大学，即日停止圈购民地，以彰公道，而安众心。[①]

我们看到，此案市议会从三个方面驳斥了大同大学因兴办教育而圈地，扩充校园面积的决定。其一，适用法律不正确。主要是1915年的《土地收用法》并未颁布施行。其二，核准征收的手续有问题，并非最高行政长官，而是"淞沪护军使"，并且也未呈报大总统，程序上有问题。其三，未按照计划图的红线范围收用，征收范围已经超越红线以外。所以，大同大学圈地的行为被市议会否决。

此案并未直接说兴办教育不符合公共利益，而是从适用法律错误、程序不完备等方面进行论证，得出公共利益的行使应该合法合程序，不然就会侵害人民的权利。

### 三、组织评价会

在收用土地的过程中，地价是业主最为关注的。所以，组织评价会是

---

① 《市议会议决制止大同大学圈购民地案》，载《申报》（上海版）第18810号第十五版，1925年7月13日。

土地收用中很关键的程序。我们来看《同济购校地组织评价会》的情况：

宝山县知事冯成致各士绅函云：

迳启者，接准同济大学校长阮介蕃函开，查敝校拟照前购校地原案，继续收用民地，当经呈奉教育部暨省长公署核准，转行贵公署遵照办理。

敝校于上年四月间，绘图函送查照在案，迄今已隔年余，现在即须进行。惟地价不无磋商，应请贵署依《土地收用法》第二十一条之规定，组织评价会，订定会议日期，仁盼示知为何等由。

准此，兹依《土地收用法》第二十一条之规定组织评价会。于地方行政官中推王德昌、邱文焘、王钟麟三君，于地方绅董中推袁希涛暨印书畦、朱治三君，并函册单局，依法派员共同组织。除分别通知暨请台端定期集议外，相应函请执事查照，订定日期组织评价会，召集会议为何。①

这里看到，评价会是兴办事业人申请，由地方行政长官批准，在政府人员和乡董中推选各三人。构成上，是官方代表与民间精英代表的联合形式。然后定日期，组织评价会。但是，六人不容易形成多数决，有些地方的评价会规定的是七人。六人的情况，地方行政长官可能需要参与，由其负责组织会议。

实际上，"土地评价会"并非只是针对土地收用，所有涉及地价评定的事务，都是其职能范畴。如《南京特别市市政府土地评价委员会组织条例》②，该评价会根据特别市组织法进行组织，隶属于市政府，职责是评定全市土地价格，还有因公共开发而增加地价等情况。委员一般有七人，由土地局长、财政局长、工务局长、社会局长，以及专门委员三人组成。专门委员由市长遴选，需要有土地经济学的知识背景。必要时，还可以聘任市区内法团代表为顾问。委员会主席由土地局长担任。除专门委员外，均是不给职务的。此外，因事务繁杂可以设事务员若干名。评价会一般每星期开常会一次，特殊情况由主席召集临时会。评价会的议事规则另订。

---

① 《同济购校地组织评价会》，载《申报》（上海版）第 18877 号第七版，1925 年 9 月 18 日。
② 《南京特别市市政府土地评价委员会组织条例》，载《首都市政公报》1928 年第 25 期。

评价会如何"评价"？我们再以"上海特别市土地评价委员会"评定中山路内坟墓迁移费等级案为例，可以大致了解土地评价委员的工作：

呈送土地评价委员会第二次常会议决案，仰祈鉴核令遵由呈为，为呈送土地评价委员会第二次常会议决案，仰祈鉴核令遵事案。准土地评价委员会函开，查本委员会于六月十四日开第二次常会，议决三案，相应录案函达，请烦查照等因。

准此。除第一案，评定中山路内坟墓迁移费等级案。及第二案，上海地方法院拟于执行拍卖财产时，请评价委员会鉴定地价案，应由本局查照议决案办理。外其第三案，本委员会经费应如何支付案，议决由本委员会函请土地局呈请市长核示等语。理合抄录议决录，及第三案提议原文送呈钧长核示遵行，实为公便。谨呈市长张

局长朱炎

附抄呈土地评价委员会第二次常会议决录，及第三案提议原文：

中华民国十七年六月二十六日

上海特别市土地评价委员会第二次常会议决案（十七年六月十四日）

（一）请评定新辟中山路线内坟墓迁移费等级案

议决：

每迁柩一具，给费二元；

浮厝每座，除迁柩费外，加给二元；

灰坟每座，除按照柩数给费外，加给迁坟费八元；

砖坟每座，除按照柩数给费外，加给迁坟费十四元。

附带议决：

地上青苗，每亩给价自六元至十元。①

此次是上海特别市土地评价委员会的第二次常会，需要议决三案。其中之一是"评定中山路内坟墓迁移费等级案"，附带议决"上海地方法院来函，拟于法院每次执行拍卖财产时，请本委员会鉴定地价案""本委员会经费应如何支用案"两案。由土地局局长朱炎，向市政府呈送议决结果。可

---

① 《土地评价委员会成立及结束情形案》，载《上海特别市土地局年刊（中华民国十七年）》1928年。

以看到，对坟墓迁移费评定等级时，议决按照棺数给价，并多给一定的迁坟费。此外，附带议决了土地上的青苗补偿。

### 四、有关土地收用的行政诉讼

平政院是民国北京政府时期负责行政诉讼的机构。我们来看，院长夏寿康审理《商人崔秀峰陈诉京师警察厅规划市场收用铺房一案》。因京师警察厅规划"鱼菜市场"，要收用崔秀峰的"墨古斋刻字铺"，崔秀峰多次请求免于收用，但被驳回。崔秀峰又诉愿到内务部，内务部决定维持警察厅处分。于是，崔秀峰不服内务部的决定，向平政院提起了行政诉讼。

平政院判决原处分"无违法情事"，维持原决定。具体的判决书如下：

> 为审理行政诉讼，依法裁决，仰祈鉴核事。据商人崔秀峰陈诉京师警察厅规划市场收用铺房一案，不服内务部之决定，提起行政诉讼到院，分由第三庭批准受理，并依行政诉讼法第二十三条，就书状裁决。
>
> 查本案京师警察厅原处分及内务部之决定，均无违法情事，自应仍予维持。除将裁决书缮本分别发交原、被告外，所有审理及裁决各缘由，理合随同裁决书呈请大总统鉴核备案，谨呈七年五月二十一日已奉指令。
>
> 平政院裁决书第八号
>
> 原告：崔秀峰，年五十一岁，业商，在西单牌楼迤北，开墨古斋刻字铺。
>
> 诉讼代理人：赵方田，年三十七岁，律师，住西单牌楼报子街五十一号。
>
> 被告：内务部
>
> 右原告为京师警察厅规划市场收用铺房一案，对于内务部之决定不服，提起行政诉讼，本庭就书状审理裁决如左：
>
> 主文：内务部之决定维持之。
>
> 事实：
>
> 缘崔秀峰于光绪二十九年，以价银二百八十两在西单牌楼迤北，倒得吕姓铺底一处，开设墨古斋刻字铺。上年秋间，京师警察厅就春仙茶园旧址规划鱼菜市场，以利兴铜铺及墨古斋刻字铺等房屋，在市场东南隅适当展宽场门之处，乃依《北京房地收用暂行章程》布告收用，限令腾房。该原告以一

经收用，损失殊多，迭经禀请免予收用，或予补偿铺底。该厅批令，俟改筑后，准予尽先承租，所请赔偿铺底与历办成案不符，迭经驳斥。该民又诉愿于内务部，于本年一月二十八日复经内务部决定，维持警察厅处分。该民不服，委任代理人赵方田陈诉到院，当经批准受理，咨行被告官署提出答辩书，并调取原卷前来。兹将原被告陈诉及答辩要旨，分述如左：

甲、原告陈诉要旨

（一）收用问题

该处原系西单市场，因地势不宜，已改为春仙茶园。今无端拆毁茶园改建市场，就表面言之，为市民谋公共利益，其实欲多得租金而已，本无改建市场之理由，更无收用铺房之必要，借曰收用，亦应持平办理，不容有畸轻畸重之弊。墨古斋所占地基在市场东南隅，泰和坊所占地基在市场东北隅，曾经警察厅同时勘量，同一市场何以南面必取直线，而北面则否？同一展宽场门，何以东南隅必令拆让，而东北隅则否？如谓墨古斋之房墙凸出，则泰和坊之房墙凸出为尤甚，何以未见收用？

（二）损失问题

北京铺底习惯相沿已久，收用铺房应即赔偿倒价。盖此种铺底，据现行法院事例，已认为不动产物权之性质，则权利人即得主张其权利，乃警察厅误认铺东为普通租户，但批准改建后，照旧承租，是为不知铺底为物权之法理，并不知铺底在习惯上之性质，虽改建之后，准予照旧承租，然租金必较有铺底之房增加倍蓰①可断言也。查内务部对于收用郭纪云铺房一案，给以官房，许其营业，是郭纪云所设之图书馆，毋庸另辟新居，亦不必重谋倒底，其损失自少，若墨古斋之损失，为何如耶？

乙、被告答辩要旨

（一）收用问题

京师警察厅收用该诉讼人所租铺房为规划鱼菜市场之用，自系为地方公益起见，而市场占地之多寡，何处应取齐，何处应展宽，原有一定之计划，该诉讼人之铺房，在市场东南隅适当展宽场门之处，不得不与利兴铜铺等一并收用，贯彻改建市场之计划。盖墨古斋铺房与利兴铜铺等三家相

---

① 倍蓰，意思是数倍，具体指由一倍至五倍。

连，利兴铜铺等铺房既须收用，墨古斋之铺房势难独留，与夫泰和坊铺房偏在该市场原有之门以北者，尤不得相提并论，且收用铺房，但期数用，免再牵连，实于举办公益之中，仍寓体恤商民之意。

（二）损失问题

查现行《北京房地收用章程》，既无向租房人补偿铺底倒价之规定，警察厅历办成案，又无向租房人补偿铺底倒价之办法，自无违法之可言。至于本部对于收用郭纪云图书馆一案，开示办法三条，系为斟酌情状，量予体恤，并非依照收用章程。当然，有此补偿办法，查此次警察厅收用墨古斋铺房，已允该诉讼人照旧承租，在事实上，亦无损失之可言。

理由

据上述事实，京师警察厅规划鱼菜市场，系依《北京房地收用暂行章程》，将该原告所租铺房给价收用，纯为办理地方公益起见，其行为自属合法。至市场如何规划，本在该厅自由裁量范围之内，更不能借口于泰和坊铺房未经收用，遽谓墨古斋铺房亦无收用之必要。且该原告房主业经具结领价，绝无异议。则对于收用一层，内务部维持原处分，当然为合法决定。但该原告所称损害利权，又以原有铺底倒价二百八十两，一经收用遂致损失。然铺底习惯相沿虽久，而前项暂行章程所定分别给价办法，并无明文规定补偿铺底。查前次内务部办理郭纪云图书馆一案，有给以官房许其营业之办法，据内务部答辩书谓：系斟酌情形，量予体恤，并非依照章程。当然，有此办法。此次警察厅批准该原告，俟改建后，尽先承租，照旧营业，确寓有酌量体恤之意，与内务部前办郭纪云成案事同一律，而内务部根据章程维持处分，亦无不合。因依《行政诉讼法》第二十三条裁决如主文。

第三庭庭长　卢弼

评事　杨彦洁

兼代评事　郑言

评事　李矩

评事　范熙壬

书记官　张葆彝①

---

① 《商人崔秀峰陈诉京师警察厅规划市场收用铺房一案》，载《政府公报》1918年第840期。

　　本案的争议焦点，实际是征收到底要不要补偿铺底。"铺底"，是指商铺因故歇业或无力承做时，将商铺的全部出租或转倒给他人经营，包括家具、货底、字号、招牌、顾客群、商业信用和房屋的租赁权等，是一种有价值的资产。① 铺底关系类似田土上的"一田两主"。在铺底关系中，最初拥有房屋所有权的是房东，通过租赁房屋给经营人，经营人长时间的经营导致房屋价值升值，租赁人即享有铺底权。若经营人不想经营，将铺面转让或者买卖给他人，可以获得铺底的收益。商铺有铺底，是相沿已久的商业习惯，被公认为一种权利。

　　本案中，收用方给了房东补偿，商户崔秀峰是经营租户，对崔秀峰的安置是，"俟改建后，尽先承租，照旧营业"。而崔秀峰认为，自己在租铺子时，支出了 280 两的"倒铺金"，从之前的商户手上获得了该铺的经营权，并且，还担心改建后重新租铺子的"租金"上涨。

　　当时大理院判例是认定铺底权的，崔秀峰申请认定"倒铺底"的费用补偿，有一定的道理。但我们看到，平政院的判决并不承认铺底权，并认为收用给价的依据是《北京房地收用暂行章程》，章程中未规定对铺底权要给补偿。严格来说，《北京房地收用暂行章程》只是行政法规，不能说效力高于大理院判例。该案也说明，此时土地收用的法律法规还有待完善。

---

　　① 卢忠民：《近代北京商铺的铺底与铺底权》，载《中国社会历史评论》2011 年第 12 卷。

第三章　南京政府时期土地征收的
立法与实践

# 第一节　土地征收的立法

1928 年，南京国民政府中央政治会议在第 146 次会议上，通过了新的《土地收用法》。嗣后，部分委员建议予以修改，重新颁布。最重要的是名称的变换："凡本法所有收用字样俱改征收。"[1] 也从此诞生了《土地征收法》。

## 一、1928 年《土地征收法》

### （一）总纲

#### 1. 征收目的与公共事业类型

关于公共利益的界定，世界各国当时多用"公共事业"替代。又按照各国土地征收的立法例，设定公共事业的范围大概采用两种方式：一是认定制度。何种公共事业能成立征收，归主管官署认定，如法国。二是指定制度，有特别指定制度，即无一般征收法，特事特办，如奥地利；还有一般指定，在公用征收法上列举公共事业种类，如普鲁士。南京政府时期的土地征收立法，在公共利益的界定上采一般指定的列举式。[2]

1928 年《土地征收法》明确了"兴办公共事业"与"调剂土地之分配以发展农业、改良农民之生活状况"都可以征收土地（第 1 条）。关于"公共事业"的类型，采取了列举式的表达：（1）关于创兴或扩充公共建筑物的事业；（2）关于开发交通的事业；（3）关于开辟商港及商埠的事业；（4）关于公共卫生设备的事业；（5）关于改良市村的事业；（6）关于发展

---

① 《土地收用法之修正》，载《银行周报》1928 年第 12 卷第 27 期。

② 孟普庆：《中国土地法论》，南京市救济院 1933 年版，第 462 页。

水利的事业；（7）关于教育学术及慈善的事业；（8）关于创兴或扩充国营工商业的事业；（9）关于布置国防及其他军备的事业；（10）其他以公用为目的而设施的事业（第2条）。

从规定征收目的的条文看，将"兴办公用事业"与"调剂土地之分配以发展农业改良农民之生活"并列，突破了公益征收的"公用性原则"，也就是，为了财产的公用性才可以侵犯私人财产权。这种规定，实是迎合当时国民党"平均地权"的土地思想。在公用事业的类型上，还有"关于创兴或扩充国营工商业之事业"的规定，将公益事业的范围延伸到"营利性"的工商业。这些都可以看出，当时想改造农业、发展工商业的政策性规定，影响了土地征收立法。

2. 土地征收的关系主体

首先是"兴办事业人"，就是需要通过征收取得土地办理公共事业的主体。兴办事业人，如果将事业移转于他人时，权利义务一并移转（第3条）。又第4条规定"征收"的定义："本法称征收者，谓收买或租用。"要注意的是用词，即征收是"收买或租用"，此处保留着古典土地征收"价值交换"的概念。

哪些可以作为"兴办事业人"？说是以兴办公共事业为目的，需征收土地的主管官署、地方自治团体或人民，即地方政府、地方自治团体与人民都可以成为兴办公共事业的主体。第5条接着解释："本法称地方行政官署者，在县为县政府；在市为市政府；在特别市为特别市政府。市，谓依法律直隶省政府之市行政区域。称地方自治团体者，谓县、市、特别市所属之各自治团体。"

再是土地所有人，指的是被征收土地的所有人。还有土地关系人，是指被征收土地的有他项权利的人，即土地利益的相关人。

可以被征收的土地类型，包括宅地、田园、矿山、沙地、荒地、街市道路、河川沟渠、池沼、葬地等。

**（二）征收准备**

1. 土地勘测与调查

在征收土地前，兴办事业人要对土地进行勘测和调查。兴办事业人如果是政府机关，通知地方行政官署、土地所有人或占有人，方可进入该土地测量、绘图及调查。但兴办事业人为地方自治团体或人民时，先呈请地方行政官署核准后，才能施行该程序（第6条）。也就是，政府机关的收用本身是行政行为，履行通知义务，地方自治团体或人民收用时，需要向地方政府进行申请，核准后赋予权力，才可以进行程序。

在测量、绘图、调查过程中，兴办事业人可以去除土地上的障碍物。但是，兴办事业人是地方自治团体或人民时，需要先呈请地方行政官署，获得核准后，才可以进行。障碍物拆除前，提前三日通知土地所有人或占有人（第7条）。

2. 征收土地计划的核准与公告

兴办事业人只是从事公益的主体，并非具有土地征收的行政权力。从土地征收的核准机关可以看出土地征收行使权力的主体。

第8条规定："征收土地计划确定后，应由兴办事业人拟具计划书并附地图，分别呈经左列机关核准：一、国民政府直辖中央各机关、省政府、特别市政府征收土地时，由国民政府内政部核准。二、县或市征收土地时，由省政府核准。三、地方自治团体或人民征收土地时，由县或市转呈省政府核准。其在特别市者，由特别市政府转报国民政府内政部核准。"也即，具有土地征收行政权力的主体有"内政部"和"省政府"。

核准后是公告程序。核准机关核准后，将兴办事业之人的名称、事业之种类，及兴办事业之地域，进行公告（第9条）。

3. 土地租用和收买

第10条规定："土地之租用，其期限在十年以内，及土地之收买为扩展公共道路而无须拆毁人民之房屋者，若系国家、省或特别市事业，得省略第八条核准手续，由兴办事业之主管官署自行决定之。"简言之，如果是短期租用或者土地收买，可以不经过审批核准程序。

本条实际是区分"租用""收买"和"收用"。租用有期限，且不是永租，对土地所有权不存在剥夺和永久限制。"收买"是业主与兴办事业人进行交易，权利人取得了对价，且是自愿，也不是对土地所有权的剥夺。而收用，是行政主体认为公益优于私益，行使行政权力对土地所有权的强制剥夺。

但是需要进行公告和备案。该条第 2 款规定，租用或收买后，由兴办事业的主管官署在决定后，将兴办事业人的名称、事业种类，及兴办事业的地域公告，呈报国民政府内政部备案。

### 4. 征收的效力期限

征收的效力有期限。兴办事业人在国民政府内政部、省政府或特别市政府核准公告后一年内，不通知地方行政官署、土地所有人及关系人，该项核准失效。如果是租用和收买，兴办事业的主管官署在决定后二年内，不进行通知义务，核准也失去效力（第 11 条）。也就是，"核准"产生征收的权力效力，"通知"是兴办事业人将此行政权力进行传达的义务行为，如果不履行，即核准的征收效力失效。

### （三）征收程序

#### 1. 征收公告与通知

征收准备阶段的公告与通知，是为调查是否可以征收作准备的。进入征收程序后，需要再次公告与通知。

第 12 条第 1 款规定："第八条核准机关为核准后，若系国家或省事业，应由兴办事业之主管官署通知地方行政官署，由地方行政官署公告所征收土地之详明清单，并通知土地所有人及关系人；若系特别市或县、市事业，即由该地方行政官署自为公告及通知；若系地方自治团体或人民之事业，应呈请地方行政官署行之。"因为兴办事业人不同，公告与通知的程序有所差异。但是，都是由地方行政官署进行公告和通知。这也符合兴办事业的地域性特点。

第 2 款又规定："兴办事业之主管官署于为第十条之决定及公告后，应通知地方行政官署，由地方行政官署公告所征收土地之详明清单，并通知土地所有人及关系人；其属于特别市事业者，由特别市政府自为公告及通知。"由于有租用和收买的情况，即兴办事业人与业主之间进行了协商程序，所以少了上级机关的审批程序，由兴办事业地的地方行政官署进行公告和通知。"特别市"是 1930 年以前的一级行政区划名称，由国民政府直接管辖的"市"，所以在法律地位和程序上有所不同。

### 2. 兴办事业人的权利与土地相关人的义务

对于兴办事业人而言，在地方行政官署公告及通知后，方可进入该土地内测量、绘图及调查（第13条）。此处的测量、绘图及调查，是征收阶段的工作。

对于土地所有人或关系人而言，在地方行政官署公告或通知后，不得以不当方法妨碍征收（第14条）。征收对于土地所有人或关系人，是具有强制性的行政行为，所以不能妨碍。

这两条的规定，实际上赋予了兴办事业人权利，同时也让土地所有人及关系人负有义务。

### 3. 协议收买与强制征收

兴办公用事业取得土地的方式有两种：一种是与业主协议，采取交易的方式收买；另一种是，在与业主协议不成立的情况下，通过强制征收来获得土地。

第15条规定："国家或省征收土地时，兴办事业之主管官署于有第十二条之公告及通知后，为取得关于该土地之权利，应与土地所有人及关系人协议之。协议无结果或不能为协议者，应嘱托地方行政官署组织征收审查委员会议定之。特别市、县、市征收土地时，准用前二项之规定，但得自行组织征收审查委员会。"

本条的程序是，先应与土地所有人及关系人进行协议，如果协议达成，进入收买程序。如果协议不成立，则进入征收程序。手续是，组织征收审查委员会。此处的征收审查委员会并不审查是否可以征收，按照第23条的规定，只能审查："（一）征收土地之范围；（二）补偿金额；（三）收买时期或租用之期限。"所以，能够推知协议的时候主要是围绕此三问题进行。

地方自治团体或人民为兴办事业人的程序相仿。在公告及通知后，应与土地所有人及关系人协议。协议无结果或不能为协议的情况，申请地方行政官署召集征收审查委员会议定（第16条）。

### 4. 嘱托书或申请书的记载事项

提交给征收审查委员会的文件，需要记载相关信息。第17条规定："依第十五条、第十六条，嘱托或申请召集征收审查委员会，召集者关于嘱托书或申请书上记载左列各事项提出于地方行政官署：

（一）土地所有人及关系人之姓名、住址，或其名称、事务所；

（二）所征收土地之坐落、四至；

（三）所征收土地之面积及其附着之种类、数量；

（四）补偿金额；

（五）收买时期；

（六）租用时期。"

从内容上看，再次说明征收审查委员会只是征收阶段的"协调"组织，并不能起到第三方监督行政行为的作用。

5. 通知土地所有人及关系人

地方行政官署在接受上级机关的委托书，或者接受兴办事业人的申请书后，应公告或通知土地所有人及关系人。如果是地方行政官署兴办事业，自行公告所列各项事业，并通知土地所有人及关系人（第18条）。

土地所有人或关系人如果有任何异议，在公告后，二十日内，提出意见书给地方行政官署（第19条）。

6. 召开征收审查会

公告期限届满后，如土地所有人或关系人不同意协议收买，即召集征收审查委员会（第20条）。征收审查委员会从开会之日起算，七日内议定。但地方行政官署认为有必要，可以延展期限（第21条）。

征收审查委员会议定后，附议定书报告给地方行政官署。地方行政官署在接受报告后，将议定书送达兴办事业人、土地所有人及关系人（第22条）。

**（四）征收审查委员会**

1. 审议事项

第23条规定："征收审查委员会得就左列事项为议定：（一）征收土地之范围；（二）补偿金额；（三）收买时期或租用之期限。兴办事业人之主张违反本法或其他法令之规定者，征收审查委员会得驳斥之。"

征收土地的范围，是审议兴办事业的目的地与落实地的比例问题，并不审议必要性。补偿金额，是审议被征收土地、土地附着物的补偿价格高低问题。收买时期或租用期限，针对的是有期限的获得土地使用权的问题，并不涉及剥夺土地所有权。

2. 组织构成

第 24 条规定："征收审查委员会置委员长一人、委员四人或六人。委员长由地方行政官署之长官充任。委员为四人时，由地方行政官署之代表指派一人；为六人时，指派二人。其他半数委员员额，由地方行政官署所指定之工、农、商等法定团体选派代表充之。"并且，征收的土地跨连两个以上的地方行政区域时，征收审查委员会由各地方行政官署联合组织（第 29 条）。

所以，征收审查委员会有两种规模：一种是五人制，由地方长官任委员长，委员由地方官署代表一人，工、农、商法定团体代表各一人组成。一种是七人制，由地方长官任委员长，委员由地方官署代表两人，工、农、商法定团体代表各一人组成。

3. 运作机制

由于是奇数制，采取多数决。在议决的过程中，征收审查委员会非有全体委员过半数以上的同意，不得表决（第 25 条）。

为配合征收委员会的审查，在必要时，征收审查委员会对于审议事项如有疑问，可指定监定人执行监定（第 26 条）。可以要求兴办事业人、土地所有人及关系人到会陈述意见，并可以要求邻近土地的所有人到会陈述意见（第 27 条）。

议定的结果，要制作成议定书，并附说明理由，由委员长签名（第 28 条）。议定的结果是最终的决定，委员长签名只是发布程序。

**（五）损失补偿**

1. 损失补偿与地价依据

第 30 条规定："土地所有人及关系人因土地征收通常所受之损失，应由兴办事业人补偿之。土地所有人已依不动产登记程序呈报其地价时，兴办事业人得照所呈报之价额给予补偿。"

本条规定了征收损失补偿的必要性，履行补偿的义务人。补偿的地价标准，依照土地所有人呈报的地价为准。

2. 附带征收

附带征收是因为征收引起的附随义务。第 31 条规定："土地除征收者外，尚有余地不能为从来之利用时，土地所有人得要求兴办事业人一并征收之。"也就是，因为征收，造成余地不能利用或者价值减等，可以请求一并征收。这也可在之前的《土地收用法》中见到相关规定。

3. 附着物补偿

一般的土地附着物有房屋、青苗树木和坟墓。此处只是区别了一般附着物和特殊附着物坟墓。

对于一般土地附着物，由兴办事业人给予迁移费，并在一定期限内迁移。但因部分征收，其附着物需全部迁移时，其所有人可以要求一并征收。土地附着物若因迁移导致不能利用时，所有人可要求全部征收（第32条）。对于特殊的附着物坟墓，由坟主迁移。贫苦不能迁移的，由兴办事业人酌量资助迁移（第33条）。我们可以看到这与之前的购地以及土地收用规定有差异，之前迁移附着物的时候，无论是房屋还是坟墓，都会给"迁移费"，此处只是资助"贫苦不能迁移者"。

4. 因征收造成的其他损失

此外，还有障碍物。兴办事业人去除障碍物时，造成他人财产损害，应给予补偿（第34条）。障碍物与附着物有区别，障碍物不一定在被征收的土地上，但因为征收工作，可能需要清除，所以会造成业主损失。

另外的损失还有征收废止或变更事业。兴办事业人在地方行政官署进行土地征收公告后，又废止或变更事业，导致土地所有人及关系人受损失，应给予补偿（第35条）。

### （六）征收效果

尽管第六章的标题是"征收之效果"，但规定的却是补偿金的给付与受领。

首先的要求是，兴办事业人应在征收土地前，付补偿金给土地所有人及关系人。在受补偿金人拒绝受领或不能受领时，或者应受补偿金人下落不明时，以及受补偿金人不服征收审查委员会关于补偿金额部分的议定时，兴办事业人应将补偿金提存。但受补偿人请求时，应给付（第36条）。这里实际规定了两个方面，一是给付补偿是征收的前提条件；二是给付补偿金后，受补偿人不受领及有其他异议情况，不影响征收的进行。

第 37 条又规定："补偿金应以现金给付。但以第一条第一项第二款或第二条第一款或第五款之目的征收土地时，得由国民政府或省政府核准发行兴办事业之公债券充给付补偿金一部之用。前项公债券至多以搭发补偿金三分之一为限。"也即，补偿金给付有两种支付方式：一是现金；二是公债搭配现金。其中，调剂土地分配以发展农业、改良农民的生活状况，开发交通事业，改良市村，由国民政府或省政府发行兴办该事业的公债券充当补偿金。但公债券只能占补偿金的三分之一。

**（七）监督、强制执行及罚则**

1. 监督

征收审查委员会受省政府的监督。省政府对于县或市征收审查委员会所作超越权限，或违反法令的议定，可以撤销（第 38 条）。再次说明征收审查委员会是协调征收的组织，并非政府与业主之间的第三方。

2. 强制执行

在土地征收中，被征收义务人拒不履行《土地征收法》或其补充法令的义务，或虽履行而不在期限内完竣的，地方行政官署可自行执行，也可以委任他人代为执行。义务人拒不履行《土地征收法》或其补充法令所规定的义务，或不能按要求代为执行时，地方行政官署可直接强制其履行（第 39 条）。

3. 罚则

土地征收是行政行为，违反行政行为，可以进行行政处罚。

一方面，在征收准备的测量、调查阶段，未经地方行政官署核准，擅自进入他人土地内的，处三十元以下的罚锾（第 40 条）。未经地方行政官署核准，违规去除土地障碍物，除照价赔偿外，处五十元以下的罚锾（即罚金。古代赎罪，用锾计算，故名）（第 41 条）。

另一方面，在征收审查委员会的调查阶段，监定人及土地相邻关系人受传唤无故不到者，处二十元以下的罚锾（第 43 条）。监定人在征收审查委员会作虚假陈述的，处三百元以下的罚锾（第 42 条）。

**（八）诉愿及诉讼**

土地征收违法，对权利人造成损害的救济手段有两种：诉愿与诉讼。

但是，提起诉愿或诉讼，不影响事业进行及土地征收（第46条）。也就是，诉愿与诉讼不是土地征收的中止条件。

诉愿，是行政机关的内部对于下级机关行政行为违法的纠偏，属于行政复议。第44条规定："对于县或市征收审查委员会之议定有不服者，得诉愿于省政府；对于特别市征收审查委员会之议定有不服者，得诉愿于内政部。"诉愿是有时效的，自收受议定书之日起算，十四日内。

接着是行政诉讼。第45条规定："对于征收审查委员会之议定，有不服者，得向该管地方法院起诉，但以未经提出诉愿者为限。"也就是，诉愿是诉讼的前提条件。行政诉讼的时效是一个月内。

我们看到，无论是诉愿或诉讼，都只能讨论征收审查委员会的议定事项，并不能对土地征收决定本身提起异议。此外，1928年的《土地征收法》，公布之日即施行（第49条），之前的中央及地方的土地征收相关法规废止（第48条）。还规定在必要时，内政部、省政府或特别市政府，可拟定补充单行章程，但需要呈请国民政府核准备案（第47条）。

### 二、1930年《土地法》的"土地征收"编

国民政府定都南京后，实行训政，并完善各方面的法律制定。1928年，立法院院长胡汉民、副院长林森，拟订了土地法原则9项，开始对已有的土地法令进行整理，着手土地法的制定。

1929年1月，中国国民党中央执行委员会政治会议通过了《土地法原则》，交付立法院拟定《土地法》。3月，中国国民党"三大"通过决议："总理所著三民主义、五权宪法、建国大纲及地方自治开始施行法，为训政时期中华民国最高之根本法。"当时有人认为："自国民政府奠都南京以后，中央为谋实现平均地权和耕者有其田的土地政策，秉承总理遗教，制订土地法规，设立地政机关，实行土地测量、土地登记，征收地价税，统制土地使用，办理地价申报，创设土地金融制度等。"[1]也就是说，民生主义的"平均地权"和"耕者有其田"，是南京国民政府所遵循的土地立法

---

① 朱子爽：《中国国民党土地政策》，国民图书出版社1943年版，第69页。

思想。

孙中山平均地权的方法，主要是规定地价、照价征税、照价收买、涨价归公四大措施。首先是"规定地价"，此是实现"平均地权"的重要前提。先由国家调查地主所有的土地，地主报价，国家再根据地价，登记在户籍下，自行报价就转变为规定的地价。二是"照价征税"，即按土地价格由国家征收百分之一或百分之二的土地税。三是"照价收买"，经过核定地价和实施照价征税后，国家对私人土地拥有随时照价收买的权力。四是"涨价归公"，地价定了后，土地"所加之价完全归为公有"。① 孙中山认为："这种把以后涨高的地价收归众人公有的办法，才是国民党所主张的平均地权，才是民生主义。"② 简单一点，这种报价与征税相对应，价越高，税越重。如果低报价值，也不合适，如果被"照价收买"，低报的土地所有人利益将受损。如果地价定了，涨价又归公，这就限制了土地的涨价。

1930 年 6 月 30 日，《土地法草案》由国民政府正式公布。《土地法》分为五编，分别为总则、土地登记、土地使用、土地税和土地征收，共 397条。该法绝大多数条款是关于土地行政法规和土地税征收的财政法规，其中只有第 63 条是土地征收的法规。③

在第五编，规定的是"土地征收"，具体内容如下：

**（一）土地征收的目的、核准与类型**

1. 土地征收的目的

关于土地征收的目的，第 335 条规定："国家因公共事业之需要，得依本法之规定，征收私有土地。"此与 1928 年《土地征收法》的规定差异不大，直接将"公益征收"中的"公益"概念转化成了"公共事业"。

具体的"公共事业"仍然采列举式的表达，但是规定更加宽泛。第336 条规定："前条所称公共事业，以适合于左列之各款之一者为限：一、实施国家经济政策。 二、调剂耕地。三、国防军备。四、交通事业。五、

---

① 罗旭南、陈彦旭：《民国十九年土地法研究——以民生主义为视角》，载《广东社会科学》2012 年第 5 期。

② 孙中山：《孙中山全集》（第九卷），中华书局 1986 年版，第 389 页。

③ 《土地法》，载《三民半月刊》1930 年第 5 卷第 1—2 期。

公共卫生。六、改良市乡。七、公用事业。八、公安事业。九、国营事业。十、中国国民党部，政府机关，地方自治机关，及其他公共建筑。十一、教育，学术及慈善事业。十二、其他以公共利益为目的之事业。"

这十二种公共事业的类型，有类型具体的事业，比如调剂耕地、国防军备、交通事业、公共卫生、公安事业、国营事业、政府机关建筑、教育与慈善事业等；也有宽泛的规定，比如实施国家经济政策。还有兜底条款，"其他以公共利益为目的之事业"。总体来说，与1928年《土地收用法》相比，《土地法》概括程度更高。

2. 协议收买

协议收买是土地征收的先行程序。第337条规定："依前条规定，需用土地时，需用土地人与土地所有权人不能为直接协订，或协订不成立者，得为征收土地之声请。"土地征收是行政强制行为，如果需要土地兴办公共事业，先应该与土地所有人进行协商，如果业主愿意达成协议，则无需以公权力剥夺土地所有权，进行土地征收。

3. 土地征收的核准机关

1930年《土地法》继承了1928年《土地征收法》中央和地方两级核准的机制。不过，中央的核准机关有所不同，由"内政部"改成了其上级机关"行政院"。地方的征收还是由省政府核准。

（1）国民政府行政院核准

第338条规定了国民政府行政院核准的类型：①需用土地人为国民政府直辖机关，或不属于省政府管辖的市政府；②兴办事业属于国民政府机关直接管辖或监督；③土地面积跨连两省以上的情况；④土地不属于省政府管辖的市区域的情况。

（2）省政府核准

第339条规定属于省政府核定的情况：①需用土地人为地方各级政府，或其所属机关，以及地方自治机关；②兴办事业属于地方政府管辖或监督。

4. 征收限制、附带征收与区段征收

此时期，征收保留、附带征收与区段征收等制度被引入，分别用于区分征收过程中遇到的特殊情况。

（1）征收限制

第340条规定："征收土地，遇有名胜古迹，应于可能范围内避免之，名胜古迹已在被征收土地区内者，应于可能范围内保存之。"名胜古迹，是文化遗产，属于公共利益。征收的前提是因为公益优于私益，但是公益之间如何选择，需要作出权衡。征收保留即是考虑了此种情况创设的制度。

（2）附带征收

所谓附带征收，是因为兴办事业，将所需土地范围外的连接土地一并征收的情况。原因是，征收本身会导致连接土地的功能或价值受影响，所以请求一并征收（第342条）。具体的兴办事业类型有，公用事业、公安事业、国营事业，以及政府机关、地方自治机关及其他公共建筑，还有教育、学术及慈善事业征收土地等。

土地上的定着物一并征收，也属于附带征收。第344条还规定："征收土地时其定着物应一并征收，但该定着物所有权人要求取回并自行迁移者，不在此限。"

（3）区段征收

所谓区段征收，指在一定区域内的土地，重新分段整理，进行全区土地征收的情况。具体的事项是，实施国家经济政策、调剂耕地、国防军备、交通事业、公共卫生、改良市乡，以及其他以公共利益为目的的事业征收土地。必要时，可为附带征收及区段征收（第343条）。这种规定，实际上是为了满足实际国家经济政策，调剂耕地，践行"平均地权"的思想。

5. 征收的影响及处理办法

首先，征收造成的邻地价值减损处理。（第345条）因征收土地造成接连土地不能如从前利用，或减低利用效能时，接连土地所有权人可要求需用土地人补偿。补偿价格上，以不超过减低地的价值为准（第346条）。征收土地的残余部分，面积过小或形式不完整，不能使用时，所有权人可要求一并征收（第347条）。

其次，附带征收与区段征收的限制。除有法律规定，一般只限于政府机关作为需用土地人时适用（第348条）。并且，政府机关与他人合股兴办的事业，所有因附带征收或区段征收获得的土地，利益只限于政府享有（第349条）。

再次，调整土地时赋予原土地所有权人及相关人优先权。政府区段征收的土地，重新分段整理后，将土地出卖或租赁时，原土地所有权人或他项权利人有优先承受权（第350条）。

然后，征收失效后，原土地所有权人也有优先购买权。征收的土地，不依核准计划使用，或在征收一年后不使用，原土地所有权人可以照原征收价额买回土地（第351条）。

最后，征收土地的税赋处理。被征收土地的负担，其款额计算以该土地所有应得的补偿金额为限，由地政机关于补偿地价时为清算结束（第353条）。

另外，对于新旧公共事业之间的选择问题，有征收限制规定。第352条规定："现供第三百三十六条各款事业使用之土地，非因兴办较为重大事业无可避免者，不得征收之；但征收只为现供使用土地之小部分，不妨碍现有事业之继续进行者，不在此限。"未明言的意思是，一般情况下，公共利益之间并没有轻重大小之分。

**（二）征收准备**

1. 征收调查

需用土地人在申请征收土地前，应拟具详细的计划书，附征收土地的图，依规定分别向国民政府行政部或者省政府申请核准和办理（第354条）。如果需用土地人为拟定计划书和土地图说，需要预调查土地，可以请求管理该土地的地政机关代为调查或协助调查。预调查的请求，地政机关非有充分理由不得拒绝（第355条）。地政机关因调查或协助调查，可以向需用土地人收取必要费用（第356条）。

2. 征收计划书

第357条规定了征收计划书的记载事项，具体为："（一）征收土地原因。（二）征收土地所在地及范围。（三）兴办事业之性质。（四）需用土地人所拟兴办事业之法令根据。（五）申请为附带征收，或区段征收者，应细述理由并说明，其为公共之需用。（六）土地定着物情形。（七）土地使用之现状，及其使用人之姓名、住所。（八）四邻接连土地之使用状况及其定着物情形。（九）土地区内有无名胜古迹，并注明其现状及沿革。（十）曾否与土地所有权人经过协定手续及其经过情形。（十一）土地所有权人之姓名、住所，所有权人不明时，其管有人之姓名、住所。"

3. 土地征收的核准

第 358 条规定："国民政府行政院，或省政府，于核准征收土地后，应将原案全部令知该土地所在地之地政机关。"行政院或省政府的核准属于行政许可行为，核准后，向该土地所在地的地政机关下达行政命令。

如果是两个以上兴办事业人申请需用同一土地，需要权衡事业性质的轻重（第 359 条）。此属于特殊情况，需要对公共事业的轻重缓急进行考察。

**（三）征收程序**

1. 公告与通知

首先是公告土地征收，通知相关权利人。地政机关在接到国民政府行政院或省政府核准征收土地的指令时，应及时公告。并通知土地所有权人及土地他项权利人（第 360 条）。公告届满期限是三十日（第 364 条）。

第 361 条规定了公告与通知的内容："应备载补偿地价及其补偿费额，并依左列规定为之：（一）公告标贴于主管地政机关门首，及被征收土地之显著地方。（二）被征收土地已登记者，应依照土地登记簿记载之土地，所有权人及土地他项权利人姓名、住所，以书面通知。（三）被征收土地未经登记者，应将通知书于被征收土地所在地之市、县内发刊之日报，登载广告三十日。"

2. 权利登记

其次是进行权利登记。第 362 条规定："被征收土地之所有权，未经登记完毕者，土地他项权利人，应于前条公告后三十日内，向主管地政机关申请，将其权利备案；但所有权已经登记完毕之土地，以公告届满之日土地登记簿所记载权利为准。"因为，如果土地所有权有登记，一般会考察土地上的抵押等情况。此处的规定，是针对未登记的情况，为了避免征收后的纠纷，土地的他项权利人需要申请备案。如果未进行所有权登记的土地，他项权利人也不依规定申请备案的，不视为被征收土地应有的负担（第363条）。

3. 进入征收土地考察与施工

再次是考察与去除土地障碍物。需用土地人在公告发出后，才可以进入征收土地内，为察勘或测量工作。必要时，通知土地所有权人或土地他项权利人，除去土地障碍物，或代为除去。特殊情况，需经国民政府行政院或省政府许可（第366条）。

然后，进入土地施工的前提条件是发放补偿金。需用土地人在补偿地价和其他补偿费额发给完竣后，方可进入征收土地内实施工作。特殊情形，也要经国民政府行政院或省政府许可（第365条）。

最后是对土地定着物（附着物）的处理。对于土地所有权人与他项权利人，在土地征收公告后，不得在该土地上增加定着物（第367条）。公告发出时在建定着物，即刻停止工作。但主管地政机关认为对于征收计划不发生妨碍的情形，可以依关系人的申请特许。

4. 发给补偿金与征收完毕

发放补偿金的期限是，征收土地公告完毕后的十五日内。补偿金包括地价和其他补偿费额。其中，地价含有定着物应受的补偿价值（第368条）。被征收土地的使用人，在补偿金未全部发放前，有继续使用该土地的权利（第369条）。在一切补偿金发给完竣后，为征收完毕（第370条）。被征收土地的所有权人因土地发生的权利义务终止（第371条）。

这几条规定指出了两点：一是土地征收完毕条件是补偿金发放完毕；二是征收完毕以后，原土地所有权人的土地所有权利、义务终止。

**（四）补偿地价**

1. 补偿的种类

征收土地，需要对土地所有人及土地他项权利人进行补偿。补偿的价值包括地价、土地定着物价值与迁移费。

第372条言简意赅："补偿地价，指土地因被征收所得之补偿金而言。"补偿的地价由需用土地人负担（第373条）。这里的地价说的是土地本身的总价值，按照规定，应该是土地登记的价值。

此外，是土地定着物的补偿。植物类的土地定着物被征收时，在孳物成熟时期相距一年以内的，补偿价值。补偿价值视作已成熟的孳息估算（第374条）。严格来说，土地上的障碍物也是定着物，对于除去土地障碍物，致被征收土地以外的土地受损时，应补偿相当损失（第375条）。

2. 补偿价值的估算

被征收土地，其所有权已经登记而未转卖的，照申报地价额补偿。其已经转卖的，照已登记的最后卖价补偿（第376条）。未经依法申报地价的土地，其应补偿地价额，由主管地政机关估定。地价的估定，准用《土地法》关于地价估计的规定（第377条）。

也就是，一是按照申报地价补偿；二是未申报地价的，按照土地法规定的地价评估进行评估。

3. 补偿金的交付与提存

关于补偿金事项，由主管地政机关办理（第380条）。补偿金由需用土地人将应补偿款额上缴于主管地政机关。地政机关在清偿该土地应有负担后，将余款交付被征收的土地所有权人（第378条）。这里先清偿土地应有的负担，是指清偿土地所负担的债务，也就是土地他项权利人的权利。

如果补偿金不能受领，则需要提存。地政机关交付补偿金，遇有特殊情形时，将补偿金提存待领。情形包括：（1）应受补偿人拒绝受领，或不能受领；（2）应受补偿人下落不明；（3）应受补偿人对于补偿金额有异议的（第379条）。

**（五）迁移费**

1. 迁移费的类型

迁移费也是针对土地上的定着物的，按照以前的做法，主要包括房屋、青苗树木和坟墓等。但是，1930年《土地法》只是区分了一般定着物与坟墓。

因征收土地，致土地上的定着物迁移时，由需用土地人给予相当迁移费（第381条）。即使是征收部分土地，导致土地上的定着物要全部迁移的，可要求给予全部的迁移费（第382条）。

关于坟墓的迁移，第383条规定："征收土地须将坟墓迁移者，其迁移费与定着物同。无主坟墓，应由需用土地人妥为迁移安葬，并应由主管地政机关，将其情形，详细记载，列册备案。"要注意的是，在迁移费的价额上，与其他定着物相同，并无差异对待。

2. 迁移费受领

受领迁移费人，在迁移费受领完竣后，需要在指定期限内迁移完竣（第384条）。如果出现特殊情形，地政机关可将定着物代为迁移或一并征收。具体情形包括：（1）受领迁移费人于交付迁移费时，拒绝收受或不能收受的；（2）受领迁移费人下落不明；（3）受领迁移费人不依定限迁移的（第385条）。如果一并征收，对于定着物可能需要补偿。

3. 迁移费异议与处理

第386条规定："受领迁移费人，对于迁移费额有异议时，应将其定着物依限迁移，始得要求公断。"也即，异议不影响征收的进行。

并且，第387条规定，经特许，不待补偿完竣后，兴办事业人即可进入征收土地实施工作。但是，需用土地人需给予在该土地住居人或工作人一个月租金的迁移费。此外，工作人必须迁移。

### （六）诉愿与公断

对于土地征收的违法或不当行为的救济方式，1930年《土地法》只规定了诉愿与公断，并无行政诉讼。第388条规定："诉愿，于征收土地有违法或不当之处分时，依法为之。"提起诉愿的主体可以是土地所有权人及土地他项权利人。但是，诉愿并不影响土地征收的进行（第389条）。

公断，类似仲裁。第390条规定，对于征收中造成邻接土地效能减低，区段征收和附带征收中补偿有异议，不服主管地政机关的决定时，可要求召集公断员公断。公断适用关于地价公断的规定。

### （七）罚则

1. 违反征收避开名胜古迹的处罚

如若违反征收土地应避开名胜古迹的规定，除责令该需用土地人将名胜古迹妥为保存外，并处一百元以上，一千元以下的罚锾（第391条）。

2. 补偿金全部发放前进入土地施工的处罚

需用土地人，应在补偿地价及其他补偿费额发给完竣后，方可进入征收土地内实施工作。若违反规定，又未经特许，而在补偿金发给完竣前擅入土地工作的，除勒令停止外，并处二十元以上，二百元以下的罚锾（第392条）。

3. 除去障碍物违反规定的处罚

因执行工作，对于土地障碍物的去除，要通知土地所有权人或土地他项权利人除去，或代为除去。若违反规定，未经通知手续，擅行除去障碍物的，处十元以上，一百元以下的罚锾（第393条）。

4. 违反规定增加定着物的处罚

土地征收公告后，土地所有权人及土地他项权利人不得在该土地增加定着物。其在公告发出时，已在建筑中的定着物，应即停止工作。违反规定者，处五元以上，五十元以下的罚锾（第394条）。

5. 违反无主坟墓迁移登记规定的处罚

无主坟墓应由需用土地人妥为迁移安葬，并由主管地政机关将原有的情形详细记载，列册备案。违反规定者，处五十元以上，五百元以下的罚锾（第395条）。

6. 受领迁移费后违反规定的处罚

受领迁移费人，在迁移费受领后，应在指定期限内迁移完竣。违反规定者，处三十元以上，三百元以下的罚锾（第396条）。

此外，受处罚人为政府机关时，由该机关的主管人负其责任（第397条）。

### 三、1946 年修正《土地法》的"土地征收"编

1934 年 10 月，中国地政学会在南京召集各地代表和地政专家会议，对 1930 年《土地法》进行研究，形成了六条基本原则，后据此拟定了《修正土地法意见书》，呈交全国经济委员会、土地委员会和立法院。这是土地法修改的开始。[1]

至 1935 年年底，又有多个地方经济委员会、土地委员会提交了修正意见。土地委员会将这些意见整理，报送中央政治会议。之后，中央政治会

---

[1]　叶以强：《土地法之制定及其修正经过》，载《财政评论》1946 年第 15 卷第 5 期。

议委任萧铮主持，成立土地专门委员会，负责土地法的修改工作。经过多次会议，逐条梳理，拟出《修正土地法原则草案》24 项。1937 年，中央政治会议召开，并就《修正土地法原则》草案讨论，除地价税率采用累进制，认为技术和配套法规等方面还未成熟，应待议外，其他项决议全部通过。①立法院根据此修正原则和修改意见，在 1946 年完成对 1930 年《土地法》和 1936 年《土地法施行法》的修改，草案经立法院三读通过，由国民政府于 1946 年 4 月颁布施行。②

可以看到，《土地法》的修改和完善经过了大约十年的时间，这里面也包括对"土地征收"编的修订，条文精简到只有 39 条。

**（一）土地征收的目的与概念**

1. 土地征收的目的

第 208 条规定："国家因左列公共事业之需要，得依本法之规定征收私有土地。但征收之范围，应以其事业所必需者为限。"这一条与之前相比，对"征收范围"作了强调，实际上贯彻了征收必要性原则。

接着是公共事业类型：（1）国防设备；（2）交通事业；（3）公用事业；（4）水利事业；（5）公共卫生；（6）政府机关地方自治机关及其他公共建筑；（7）教育学术及慈善事业；（8）国营事业；（9）其他由政府兴办以公共利益为目的之事业。第 209 条规定："政府机关因实施国家经济政策，得征收私有土地。但应以法律规定者为限。"如果与 1930 年《土地法》的规定比较，去掉了"改良市乡"，将"实施国家经济政策""调剂耕地"合并成为了第 209 条。这一改变还是在"平均地权"的背景下立法，只不过对实施国家经济政策、调剂耕地作了更严格的限定，需要专门的法律规定才可以进行征收土地。

2. 古迹避免征收、区段征收与保留征收

与 1930 年《土地法》的规定不同的是，明确了名胜古迹避免征收。第 210 条规定："征收土地，遇有名胜古迹，应于可能范围内避免之。名胜古

---

① 杨士泰：《抗战前南京国民政府土地立法的进程》，载《廊坊师范学院学报》2006 年第 2 期。
② 《中央法规：土地法》，载《上海市政府公报》1947 年第 7 卷第 11 期。

迹已被征收土地区内者，应于可能范围内保存之。"为了保护古迹，在征收土地时遇有名胜古迹，首先是避让，尽量不要选择该区域，如果避让不了，则在可能的范围内保存。这实际是确定了名胜古迹不可征收。

在这之后，才规定需用土地人如果需要土地兴办事业，需要法令许可（第211条）。再次突出了名胜古迹不在征收的许可范围内。

接下来是区段征收的规定。所谓区段征收，是为了将一定区域内的土地重新分宗整理，而进行的全区域土地征收。具体的目的为：（1）实施国家经济政策；（2）新设都市地域；（3）兴办国防建设和公用事业（第212条）。

还有保留征收，也就是预征收。为将来兴办事业需用土地，预先申请，核定公布其征收的范围，并禁止妨碍征收使用。具体的事业目的：（1）开辟交通路线；（2）兴办公用事业；（3）新设都市地域；（4）国防设备（第213条）。保留征收的期间不得超过三年，逾期不征收，视为撤销。但是，开辟交通路线或举办国防事业，可以申请核定延长保留征收期间至多五年（第214条）。

### 3. 附带征收

附带征收主要是针对征收造成的影响的处理，比如土地改良物、邻接土地、剩余土地等。

一般来说，征收土地时，其改良物应一并征收，但该改良物所有权人要求取回，并自行迁移的不在此限（第215条）。这里说的"改良物"主要是指地上建筑、青苗树木等。

征收土地，因其使用影响连接土地，导致不能如从前那样利用，或减低利用的功能时，连接土地所有权人可要求需用土地人相当补偿。补偿金以不超过连接地因受征收地使用影响而减低的地价额为准（第216条）。征收补偿邻接土地的做法，在之前的土地征收立法中就有规定，基本与1930年《土地法》的规定相当。

此外，对征收剩余土地可以要求一并征收。征收土地的残余部分面积过小，或形势不整，导致不能为相当的使用时，所有权人可要求一并征收（第217条）。要求一并征收的前提是，面积过小不能使用，或形势不整不能使用。所以，不能使用是重要的条件。

4. 原土地权利人的优先权与收回权

在调整土地的征收中，原土地权利人有优先购买或租赁权。政府区段征收的土地，在重新分段整理后，将土地放领出卖或租赁时，原土地所有权人或土地他项权利人有优先承受之权（第 218 条）。

如果征收计划搁浅，原土地权利人有收回权。征收私有土地后，不依核准计划使用，或在征收完毕一年后不实行使用，原土地所有权人可照原征收价额收回其土地（第 219 条）。

5. 征收限制与土地负担处理

对于已经被利用的公共事业用地，是要尽量避免征收的。现供公共事业各项事业使用的土地，非因举办较为重大事业无可避免的，不得被征收（第 220 条）。但征收只是小部分，不妨碍现有事业继续进行者，不在此限。也就是，对于已是公共事业用地的征收尽量要限制，不是万不得已，不能征收。此条规定与名胜古迹不可征收的规定有区别，名胜古迹是绝对的不可征收，或者兴建公共事业也要保存。

再就是，被征收土地税赋的清算。被征收土地的负担（税赋），其款额计算以该土地所应得的补偿金额为限，由该管市县地政机关在补偿地价时清算结束（第 221 条）。

**（二）征收程序**

1. 核准

第 222 条规定了征收土地由行政院核准的情况："征收土地为左列各款情形之一者，由行政院核准之：一、需用土地人为国民政府五院及其直辖机关省政府或院辖市市政府者。二、举办之事业属于中央各院部会直接管辖或监督者。三、土地面积跨连两省以上者。四、土地在院辖市区域内者。"

第 223 条规定了省政府核准的情况："征收土地为下列各款情形之一者，由省政府核准之：一、需用土地人为省政府各厅、处、县、市政府，或其所属机关及地方自治机关者。二、举办之事业属于地方政府管辖或监督者。省政府为前项核准时，应即报请行政院备查。"

这两条规定了国家与省级两级征收土地的行政审批权。行政院的审批权，主要覆盖的是突破省级管辖范围的用地情形。省级的审批是省行政范围内的情况，并且省级的审批需要到行政院备案。也就是，行政院对省级审批有最终的监督权力。

2. 审核征收计划书

审核的内容是征收计划书。由需用土地人拟具详细的征收计划书，并附具征收土地图说，以及土地使用计划图，按照需用地人的不同，分别申请核办（第224条），即参考行政院审批与省级审批的规定。

作为审核机关的行政院或省政府，在核准征收土地时，应将原案全部材料通知该土地所在地的该管市、县地政机关（第225条）。如果同一处土地有两人以上申请征收时，以其兴办事业性质的轻重为核定标准。性质相同者，以申请的先后为核定标准（第226条）。此处确定了同地竞争申请的评判规则，即先评判事业轻重，再评判先后顺序。

3. 公告

公告是市、县地政机关在接到上级机关的征收指令以后履行的行政责任。市、县地政机关，在接到行政院或省政府通知核准征收土地案时，应立即公告，并通知土地所有权人及土地他项权利人。公告的期间为三十日（第227条）。

4. 被征收土地权利登记

经过土地陈报，有些地方已经完成了土地权利登记。但是，由于当时战乱，也有很多地方未有完成。所以第238条规定，被征收土地的所有权未经登记完毕的，土地他项权利人应在公告期满后三十日内，向该管市、县地政机关申请将其权利备案。土地所有权已经登记完毕者，其他项权利以公告届满之日土地登记簿所记载为准。

并且第229条规定，所有权未经依法登记完毕的土地，土地他项权利人不依规定申请备案者，不视为被征收土地应有的负担。

此两条，基本上继承了1930年《土地法》的规定。

5. 土地察勘与施工

首先是对土地障碍物的处理。需用土地人在公告发出后，可进入征收土地内勘察或测量。执行此工作，应通知土地所有权人或土地他项权利人除去其土地障碍物，或代为除去（第230条）。

进行工作前，需要补偿完毕。在补偿地价及其他补偿费发给完竣后，需用土地人方得进入被征收土地内实施工作（第231条）。但，因实施国家经济政策，或举办国防建设、交通事业、水利事业，经行政院特许先行使用，不在此限。特许先行使用的土地，如使用人不依规定补偿地价者，所有权人可依法诉愿。特许政策看似便利征收土地，但负面影响是放大了公权力征收私产的行政行为。

6. 土地权利人的义务

土地征收的指令公告后，土地权利人负有一定的义务。第232条规定，在公告后，土地权利人不得在该土地增加改良物。在公告发出时，正在建筑的改良物，应立即停止工作。该市、县地政机关认为改良物的增加或继续建筑，不妨碍征收，可依关系人的申请特许。

7. 补偿与征收完毕

补偿全部发放表示征收完毕。第235条规定："被征收土地之所有权人，对于其土地之权利义务，于应受之补偿发给完竣时终止。在补偿费未发给完竣以前，有继续使用该土地之权。但合于第二百三十一条但书之规定者，不在此限。"一般来说，补偿发放完毕，土地权利人的权利义务终止。但是，又有例外的"特许"规定，所以例外会破原则，也会导致土地权利人权利受到影响甚至损害。

发给时间和方式上，应补偿的地价及其他补偿费，在公告期满后十五日发给。但因实施国家经济政策，或举办国防建设、交通事业、水利事业征收土地，可呈请行政院核准，以土地债券补偿（第233条）。此条也延续了1930年《土地法》的规定，按照常规是发给现金，但是，因为某些事业，可以用债券补偿。

对于改良物需要迁移的，市、县地政机关所有补偿发给完竣后，可规定期限令土地权利人或使用人迁移完毕（第234条）。

（三）征收补偿

1. 补偿类型、规定机关与负担人

第236条规定："征收土地应给予之补偿地价、补偿费及迁移费。由该管市县地政机关规定之。前项补偿地价、补偿费及迁移费。均由需用土地人负担。并缴交该管市县地政机关转发之。"也就是，征收土地补偿的类型是：地价、补偿费及迁移费。规定机关是征收所在地市、县地政机关。费用的负担人是需用土地人，款项需要上缴该管市、县地政机关转发。

2. 补偿金提存与迁移费拒领处置

在市、县地政机关交付补偿地价及补偿费时，受补偿人拒绝受领或不能受领，或者应受补偿人所在地不明，将款额提存待领（第 237 条）。

对于地上的改良物，遇特殊情况，市、县地政机关可将改良物代为迁移或一并征收。情形包括：（1）受领迁移费人在交付迁移费时，拒绝收受或不能收受的；（2）受领迁移费人所在地不明的；（3）受领迁移费人不依限迁移的（第 238 条）。

3. 补偿的评定标准

第 239 条规定："被征收土地应补偿之地价。依左列之规定：一、已依法规定地价，其所有权未经移转者，依其法定地价。二、已依法规定地价，其所有权经过移转者，依其最后移转时之地价。三、未经依法规定地价者，其地价由该管市县地政机关估定之。"此地价评定标准，与 1930 年《土地法》规定的不同之处在于，增加了第二种。实际上，考虑了土地交易过程中的价格变动。还有保留征收的地价，因为是预征收，所以土地应补偿的地价依征收时的地价（第 240 条）。

另外，改良物有可能被征收或迁移。土地改良物被征收时，其应受的补偿费，依该管市、县地政机关估定的价额（第 241 条）。被征收的土地农作改良物，如被征收时与其孳息成熟时期相距在近一年以内者，其应受补偿的价值，按成熟时的孳息估定（第 242 条）。因征收土地导致改良物迁移时，给以相当迁移费（第 244 条）。如果是土地部分征收，而导致改良物全部迁移的，该改良物所有权人可请求给以全部的迁移费（第 245 条）。

4. 补偿清除障碍物的损害与坟墓迁移费

对于土地上的障碍物而言，需要清除或迁移。在公告发出后，需用土地人进入征收土地内工作，执行工作中，因除去土地障碍物，导致被征收土地以外的土地受损害时，给予相当的补偿（第 243 条）。

如果是坟墓等纪念物，应将坟墓及其他纪念物迁移，其迁移费与改良物同。无主坟墓，由需用土地人妥善迁移安葬，并将其情形详细记载列册，呈报该管市、县地政机关备案（第 246 条）。

5. 补偿异议的处理

第 247 条规定："对于第二百三十九条、第二百四十一条，或第二百四十二条之估定有异议时，该管市、县地政机关应提交标准地价评议委员会评定之。"也就是，对于地价的评定、改良物的迁移费，或土地农作改良物孳息估定有异议时，提交标准地价评议委员会评定。

此条可以看到，与 1930 年《土地法》最大的不同是，没有土地征收审查委员会的规定，并且将征收审查或者说异议只是限定在"地价"上，由"标准地价评议委员会"进行评定。

## 第二节　各省及地方土地征收立法

在 1928 年《土地征收法》颁布以后，有些省份及地方根据需要，颁行土地征收的单行章程，它们多是《土地征收法》的下位法，一般针对具体的公共事业，配合《土地征收法》的适用。

但是，也有省份及地方根据自己的需要，延续之前购地或者土地收用的规则习惯。比如 1928 年 7 月 28 日，湖北省第三十一次政务会议议决公布的《湖北省道收用土地条例》①。还有 1929 年 11 月 25 日，广东省为了应对公路交通建设，颁布《广东建设厅建筑公路收用土地暂行章程》②。以及 1928 年的《广西全省筑路收用土地条例》③。这种情况可能与当时的政治时局有关。

### 一、1928 年《江苏省修筑公路收用土地章程》

1928 年，在《土地征收法》颁布不久，江苏省政府委员会通过了《江

---

① 《湖北省道收用土地条例》，载《湖北建设月刊》1928 年第 1 卷第 3 期。
② 《广东建设厅建筑公路收用土地暂行章程》，载《广东省政府公报》1929 年第 46 期。
③ 《广西全省筑路收用土地条例》，载《广西建设月刊》1928 年第 1 卷第 2 期。

苏省修筑公路收用土地章程》①，在呈请国民政府备案中提到："查此项征收土地法令范围广博，条文周密，自应遵照办理。惟本省修筑公路正在积极进行，因筑路而收用土地，事甚繁颐。按诸本省情形，尚有补充手续法之必要。似宜另订单行章程，以便与本法相辅而行。"②此章程依据《土地征收法》第47条制订（第1条），要求全省修筑公路收用土地时，除遵照《土地征收法》的规定外，还需依此章程办理（第2条）。本章程由江苏省人民政府委员会议决公布施行，并呈报国民政府备案。

（一）征收申请立案及征收土地类型

第3条规定："凡修筑公路，应先由主管机关将路线详细察勘，绘具图说，呈准建设厅立案后，依土地征收法及本章程收用土地。"此处的"主管机关"，应该是收用土地修筑道路的机关，参考其他地方修路征地章程来看，有各县地方官署，或建设厅所管的各公路处、公路局，以及人民合办的车路公司等。③

可收用土地的类型有：（1）官有，指土地属于官厅者；（2）公有，指土地属于地方公共团体者；（3）民有，指土地属于私人者。其中，教会所置或承租人之地，参照民有产办理（第4条）。此处已明确教会产业的性质是租赁。官有、公有、民有的规定，以及对教会产业的处置，是沿袭民初以来的购地规则和习惯。

第8条又规定："修筑公路，如遇有古迹名胜，应相机绕越。但遇有多数民房之处，亦应设法避免，于必要时，方得收用之。"本条是1928年《土地征收法》的补充规定，对于名胜古迹进行征收限制，并且选择了避让多数民房区域，尽量做到符合"最小损害"的原则。

（二）核准与公告

修筑公路的主管机关，需要将收用土地计划书呈送建设厅立案。该过程中，（第5条）收用机关要竖立标帜，并准备好征收计划图和说明，呈送建设厅，建设厅核准后，转呈省政府备案，并由省政府饬令县政府颁布收

① 《江苏省修路收用土地章程》，载《道路月刊》1928年第24卷第3期。
② 《江苏全省修筑公路收用土地单行章程》，载《江苏省政府公报》1928年第49期。
③ 《广东建设厅建筑公路收用土地暂行章程》，载《广东省政府公报》1929年第46期。

用公告，然后通知业主。

### （三）给价

第6条规定了官地不给价："修筑公路，如须收用官地时，应由县政府呈请建设厅核准，转呈省政府行文主管机关拨用，概不给价。"第7条规定了公有和民有地的收买："收用公有或民有土地时，由县政府查明，向业主收买，但以持有印契、单照、粮串确有证据者为限。"并且第11条规定："收买公有或民有土地，应依土地征收法第十五条之规定，给予相当之价额。"也就是，官地不给价，公有地、民有地先收买，达不成收买协议，即按照《土地征收法》第15条的规定组织征收审查委员会，对价格进行评价确定，给予相当的价格。如果公有和民有业主，自愿将土地或连同建筑物捐助，收用机关报建设厅，依照《江苏省人民赞助建设事业奖励条例》奖励（第16条）。

### （四）业主的权利与义务

业主接到征收通知后，不得将标识界内的土地售与他人，或建筑、埋葬及其他（第9条）。原有道路修筑公路时，如道路两旁业主侵占官道，呈请建设厅核准后，将所占土地收回（第10条）。土地收用后，土地的一切权利义务，归收用机关承继（第12条）。此外，被收用的土地，原业主担负的租税划除（第13条）。

### （五）土地附着物处置

收用土地如有建筑物或坟墓须迁移，除依照《土地征收法》的规定核准手续外，由县政府在两个月前通知业主，限期迁移，并由收用机关与业主协议，给予相当的迁移费（第14条）。应迁移的坟墓或建筑物，需要在预定期限内实行交地或迁让。如果逾期不交，收用机关会同县政府执行（第15条）。

### 二、浙江省《浙省公路收用土地办法》

1928年，浙江省为了修筑公路收用土地，颁布了《浙江省公路收用土地条例》①。这部法规也是延续以前土地收用规则的习惯规定，大致内容如下：

---

① 《浙江省公路收用土地条例》，载《浙江省建设厅月刊》1928年第14期。

### （一）收用土地的目的、种类及办法

第 1 条首先规定："浙江省修筑公路，如须收用土地时，应按照本条例办理。但以必需应用者为限。"以"必需应用"为收用前提，强调征收的必要性。

收用土地的种类有官产、公产、民产三种（第 2 条）。这里的种类并非指的是土地类型，而是土地产权性质种类。收用的办法是，官产由县政府查明后，呈请省政府转令主管官厅拨用（第 3 条）；公产及民产，由县政府查明后，向业主收买。如有愿捐助者，视其捐助多寡，斟酌给予名誉奖励（第 4 条）。

### （二）收用准备

首先是除去土地障碍物。为准备收用，施行测量或检查，如有必要除去土地上障碍物时，由县政府提前十日通知业主（第 5 条）。确定土地应收用的，由主管或指导工程人员绘具图说，通知县政府将业主姓名、应用亩分，即行发榜公示，并通知业主（第 6 条）。业主在接到通知后，不得将土地售与他人，或用为建筑、埋葬及其他用途（第 7 条）。

### （三）定价及评价会组织

收买土地的地价，由县政府组织评价委员会分级拟定，呈请省政府核准，但最高级每亩不得过 50 元（第 8 条）。

评价委员会的委员，由县政府遴选本地公正人民六至十人充任（第 9 条）。开会时，以县长为主席（第 10 条）。评价委员会的议决，以出席委员过半数定可否，同数取决于主席（第 11 条）。并且，业主或关系人可以到会陈述意见（第 12 条）。

### （四）土地赋税及建筑物处理

土地收用后，其粮赋税由收用者负担（第 13 条）。收用土地内的建筑物需要迁让的，由县政府提前一个月通知业主迁让，费用及损失由收用者酌量支付。但业主愿作为捐助者，按照奖励办法处理（第 14 条）。收用土地内的建筑物如果是官产，适用官产收用办法处理（第 15 条）。

### （五）1930 年修改为《浙省公路收用土地办法》

两年后，为了遵照中央 1928 年的《土地征收法》，将《浙江省公路收

用土地条例》废止，又出台了《浙省公路收用土地办法》：

> 浙建设厅对于《浙江省公路收用土地条例》，现既遵照中央令颁《土地征收法》，该项条例理应即废止，以符法案。惟该厅为救济筑路经费困难，求全省交通普遍起见，昨饬公路局，嗣后收用土地应遵照第四条规定："土地所有人愿将土地捐助者得视其捐助之多寡，酌加名誉之奖励。"第十四条规定："土地所有人愿将土地上建筑物之迁让费用及损失捐助者得适用第四条之规定。"又第八条规定："土地价格最高级不得过五十元"各等语。

> 查本省修筑公路经费，按照本省财政状况编订预算支配权感困难，是以收用土地，其价格不能按照普通地价计算，且公路为便利民行而设，沿路人民得利盛大。他省每以债券、股票折价，且地价亦规定甚低，比较之下，本省此项办法亦极优待。

> 该条第四、第八各条，或因奖励人民协助筑路，或因规定价格避免居奇，但规定除修筑公路外，无论何项公家兴筑，不得援以为例，以免发生流弊云。①

这个办法，主要是在协调《浙江省公路收用土地条例》与中央令颁《土地征收法》，在给价的问题上进行说明。也就是，主体上遵行 1928 年《土地征收法》，不过在给价问题上，仍旧可以继续使用 1928 年《浙江省公路收用土地条例》的部分条文规定。

### 三、1929 年《上海特别市征收土地取缔规则》

1929 年 11 月 21 日，上海公布了《上海特别市征收土地取缔规则》②。并且，该规则在 1931 年 3 月 11 日奉令修正，将"上海特别市"改为"上海市"，又将第 1 条"会同主管局转呈市政府核准"，改为"会同主管局呈请市政府，转报国民政府内政部核准"。由于改变了行政区划设计，法规的效力等级也发生改变。依据新的土地征收规定，核准机关提高至国民政府内政部。

---

① 《浙江省收用土地办法》，载《道路月刊》1930 年第 31 卷第 3 期。
② 《上海特别市征收土地取缔规则》，载《工商半月刊》1929 年第 1 卷第 21—24 期。

从整体上看，该法规极其简略，只有 8 条，基本是强调和补充《土地征收法》的规定，大致内容如下：

**（一）核准机关、事业类型以及兴办事业主体限制**

第 1 条原先规定："凡在上海特别市区域内兴办公共事业征收土地者，除政府机关外，均应遵照《土地征收法》，呈由土地局会同主管局，转呈市政府核准。"后核准机关改为"国民政府内政部"，但仍有疑惑的是，如果是政府机关兴办事业，是否还符合"除外"规定。

第 2 条将《土地征收法》的公共事业类型进行了限定："兴办公共事业以合于土地征收法第二条，第一、第二、第四、第五、第六、第七及第十各款情形之一者为限。"排除了"关于开辟商港及商埠之事业"，"关于创新或扩充国营工商业之事业"，"关于布置国防及其他军备之事业"。这些事业类型，一般只有国民政府才可以兴办。

此外，对于未取得"法人资格"的团体（自治团体）作了限制请求征收的规定（第 3 条）。

**（二）征收后的搁置处理**

第一种情况是征收后的土地禁止流转。第 4 条规定："凡因兴办公共事业所征收之土地，非经土地局会同主管局转呈市政府核准，概不得抵押转卖，违者由市政府将该项土地没收充公。"也就是，兴办事业人不可将征收后的土地流转。

第二种情况是兴办事业停止的土地收回。第 5 条规定："凡兴办之事业停止后，其征收之土地得由市政府以原价收回市有。"前条规定的充公，是因为未利用土地兴办公共事业，并且利用土地流转产生了收益。本条规定以原价收回市有，说明兴办事业已经起到了支持公共事业的目的。

第三种情况是土地征收失效。第 6 条规定："因兴办公共事业请求征收土地经核准后，不依照原定计划及期限举办者，其征收之土地得照第五条办理。"也即，因为违反征收的计划，导致征收失效，此种情况由市政府原价收回。

**（三）未尽事宜的补充规定**

对于未尽事宜，规定由土地局呈请市长修正（第 7 条）。一般情况，都会在规定末尾说明，有未尽事宜或者详细的执行规定的，再制订细则。

### 四、1934 年《江苏省修筑公路收用土地章程》

1934 年 12 月 14 日，江苏省修正公布了《江苏省修筑公路收用土地章程》①，尽管 1930 年《土地法》已经制订颁布，但未施行。所以该章程首条规定："本章程依据《土地征收法》第四十七条之规定订定之。"依旧说明该章程是 1928 年《土地征收法》的下位法。

与 1928 年《江苏全省修筑公路收用土地单行章程》的不同之处在于：

#### （一）继承的规定

第 1 条立法依据、第 2 条适用范围、第 4 条收用土地产权性质、第 5 条收用官地不给价、第 7 条名胜古迹避让及民房限制征收、第 8 条收用通知后的用地禁止规定、第 10 条土地收用后的权利义务承继、第 11 条收用土地后的租税豁免，以及第 14 条捐助奖励等，基本继承了之前的规定。

#### （二）改动的规定

第 3 条规定："凡修筑公路，应先由路工人员履勘路线，竖立标帜。如使用至民地，准由业主报县呈验契纸及使用土地多寡，候查明给价，一面先行开工。"1928 年的规定是，要进行调查准备、核准、通知等程序。此处改动，主要是增加了业主呈报的手续，加快了开工。

为了便利收用土地时验契，第 6 条对之前的规定进行了修改完善："收用公有或民有土地时，由县会同公路机关派员验明业主所持之印契、单照、粮串，并确无影射纠葛者，得按当地时值给价。"主要是强调证明的材料，规避给价后的土地纠纷。

还有第 9 条对侵占原有道路的情况进行了修改："就原有道路修筑公路时，如查有两侧业主其契纸载明以路心为界者，得考据县志，推定路宽，收回侵占之部分，如不违抗，准将侵占情事，免予置议。"修改后，给出了侵占道路的标准。

另外，第 12 条将之前的"建筑物"迁移，改为"附属物（如房屋、坟墓、青苗、树木及与土地有关联之建筑物）"迁移。去掉了"与业主协议

---

① 《江苏省修筑公路收用土地章程》，载《江苏建设》1935 年第 2 卷第 9 期。

给予相当之迁移费",要求两个月内限令迁移。并且,第 13 条完善了坟墓迁移的机构和无主坟墓的处置办法:"前条规定应迁让之坟墓,如无人领迁,得由地方公益机关或慈善团体代为迁葬。至无人代迁者,得由县或公路机关给款雇工迁葬之,但事后认领祀主不得要求迁葬费。"

**(三)新增的规定**

一是新增了畸零余地请求征收的权利。第 15 条规定:"收用土地除按应用之地割收外,如尚有畸零余地,在一分以下不堪他用者,其业主得请求一并给价收用之。"此是根据《土地征收法》进行的补充规定。

二是新增了办事人员违规的处罚条款。第 16 条规定:"收用土地之在事人员,不得假公济私,自行出资添置地亩,并不准代人托买,以及授意他人暗中图买,违者重惩。"即处罚办事人员以公权谋私收买土地。第 17 条规定:"收用土地之在事人员,如有徇情武断错误等情事,被人举发查明属实者,应分别革除惩处。"即处罚办事不力的工作人员。

**五、1934 年《广东省政府建设厅开辟罗浮山公园收用土地暂行办法》**

1934 年,广东省因为要修建罗浮山公园,颁布了《广东省政府建设厅开辟罗浮山公园收用土地暂行办法》[①]。尽管此《办法》只是为了开辟特定的公园,但第 1 条明确提到:"本厅为开辟罗浮山公园起见,根据十九年部颁土地法三百三十六条,第四,第七,第十,第十二各款收用土地,其范围由本厅划定之。"也就是 1930 年《土地法》规定的可以征收土地的公共事业类型,指的是"交通事业","公用事业","中国国民党部,政府机关,地方自治机关,及其他公共建筑","其他以公共利益为目的之事业"等项。

首条的表述,实际想说罗浮山公园收用土地的办法,符合 1930 年《土地法》"土地征收"的相关规定,并且后面的第 17 条再次强调:"本办法如有未尽事宜,悉依土地法行之。"首尾呼应,说明了办法出台的合法性。

**(一)收用土地性质及收用方法**

1930 年《土地法》的"土地征收"部分,未规定征收土地的产权性

---

① 《广东省政府建设厅开辟罗浮山公园收用土地暂行办法》,载《广东省政府公报》1934 年第 252 期。

质。所以该《办法》第 2 条规定:"收用土地,分为下列三种:一、公有土地,指未经人民依法取得所有权之土地而言。二、国有土地,指(1)无人纳税之地;(2)已领开垦证书一年后,仍未从事垦辟之地而言。三、私有土地,指人民依法取得所有权之土地而言。"此处的规定,较之前"国有""公有""民有"的表达更具体,按照纳税、开垦证书作为判断标准,说明土地登记等措施已经在广泛推行。

因为土地性质的不同,收用土地方式也有差异。公有土地,由建设厅呈准政府收用(第 3 条)。国有荒地则分情况:(1)无人纳税的土地,由建设厅呈准政府收用。(2)已领承垦证书,如满一年,尚未实施开垦工事的地,由建设厅呈准政府撤销其承垦权,归公园使用;但承领人因天灾及其他不可抗力申明,并得官署许可的,不在此列。此种情况,依《国有荒地承垦条例》第 12 条办理(第 4 条)。

收用私有土地,用价收买或租用。但有人纳税,而未经开垦的土地,由建设厅呈准省政府没收(第 5 条)。这些未开垦土地的处置规定,实际是希望土地极大地利用起来,而不是囤积居奇。

**(二)收用土地的登记**

首先,收用私有土地,管理处测定收用范围,呈请广东省政府核准。核准后,由管理处公告土地所有权人来登记(第 6 条)。登记期限是三个月,但土地所有权人有特别原因不能按期登记的,说明理由,呈准管理处展期登记(第 7 条)。

其次,登记时,土地所有权人应携带契据、粮串、山帖、登记证等凭证,还有土地照片,到管理处请求登记。检验后,将凭证发还。所缴照片两份,一份存管理处备查,一份存厅备案(第 8 条)。

再次,所缴凭证以红契为准,如是白契或无契情况,应缴验粮串及其他纳税证据,还需要土地所有权人邀同地保、邻右具结,声明确无押借、典卖、伪冒等。经管理处调查明确后,在该地段公告一个月,无人申请异议,方准登记(第 9 条)。此条针对未登记的白契或者无契土地的规定,延续了之前购地的习惯。

并且,第 10 条补充规定了纳税人及承垦人的登记手续,也适用到管理处的登记规定。

### （三）评价与领价

先是收用土地登记，之后由管理处会同土地所有权人，测量收用土地的面积（第 11 条）。

测量面积后，由管理处会同县政府，以及地方最高级自治机关，组织评价委员会评定地价。还包括土地定着物的补偿价目，如房屋、植物等，也由评价委员会评定（第 12 条）。并且，收用土地内如有坟墓，由管理处给迁坟费，大坟每穴八元，小坟每穴四元，由坟主自行迁葬。若无主之坟，由管理处代为迁葬（第 16 条）。

再是领价。在地价评定后，先由管理处公告，各土地所有权人携带验讫凭证，到管理处领取地价（第 13 条）。

### （四）收用后的优先权与收回权

第 14 条规定："收用之土地经管理处重新整理后，如将土地租赁时，原土地所有权人有优先承受之权。"第 15 条又规定："收用之土地不依核准计划使用，或于征收完毕一年后不实行使用时，其原土地所有权人得要求本厅照原收用价额买回其土地。"此两条规定分别参考了 1930 年《土地法》第 350 条、第 351 条的规定，也就是调整土地的区段征收和土地征收失效的处理。

但是，兴建公园后的土地，是否能够适用第 14 条"土地租赁"的规定，还有待进一步的解释。

## 第三节　南京政府时期土地征收的实践

### 一、公共利益的认定

按照现代征收理论，因公共利益需要，才能发生土地征收。而在当时的立法中，公共利益概念替换成了"公共事业"，并采用列举式的规定，明确和限定公共事业的类型。即使如此，对于公共利益的具体认定，在实践中如何操作，还需要通过案例在实践中加深理解。

### （一）市政会议认定公共事业

尽管土地征收相关法规有征收审批机关的规定，但在实践中，公共事业的认定，市政会议发挥着作用。先来看《驻菲律宾总支部驻粤办事处请免收用法政路第五二号及平民里第四至八号产业为市场案》①。本案由广州市市长提议，设计委员会回复，交由市政会议议决审拟。内容如下：

现据设计委员会呈复称：

案奉钧府发下，广东省政府财字第五四九一号训令一件，关于驻菲律宾总支部驻粤办事处请免收用法政路第五二号及平民里四至八号产业为市场一案，饬审拟具报等因，附发原地图一纸，抄函一件。

奉此，遵经交由属会工程组审拟，并拟具意见书提出第三十次委员会议讨论，佥以市场计划，早经确定有案，自难变更，深恐其他市场被收用业主，纷纷请求免予收用，影响整个市场计划之实施。且该处业主在土地局登记时，系用张余生名义，而现时尚未建筑，给回相当产价，另择别处地段，并无困难与损失。惟查市场计划，系经市政会议通过应否免予收用，似仍应由市政会议决定为宜，当经议决，"照工程组审查意见修正通过"等词，记录在案。兹奉前因，理合具文将审拟本案情形，连同审拟意见，并检呈原附各件，呈复钧府。是否有当？敬祈察核等情。

计呈缴审拟意见一件，省府原令及原发地图抄函各一件。

据此，查小北市场位置，早经市政会议确定，现驻菲律宾总支部驻粤办事处所请免收用法政路第五二号及平民里四至八号产业为市场一节，究应如何办理？合提请公决。

附抄审查意见书一件。

《关于驻菲律宾总支部驻粤办事处请免收用法政路第五二号及平民里第四至八号产业为市场案修正审拟意见书》：

案查本市市场计划，早经市政会议通过，并由工务局将各市场地址四界，实测制图，呈府核定有案。法政路五二号及平民里四至八号产业，确在小北市场收用范围以内，亦经工务局核明属实。查该处产业，向土地局

---

① 《驻菲律宾总支部驻粤办事处请免收用法政路第五二号及平民里第四至八号产业为市场案》，载《广州市政府市政公报》1934 年第 484 期。

查明，登记时系用张余生名义，是否为驻菲律宾总支部驻粤办事处所有产业，似难悬揣。惟本府收用民业为市场，均照时值给还相当产价，有以前收用案事实，可资证明，于业主并无损失。且该处现时未建成党所，另择别处地点，并无困难。惟本市市场，系经市政会议通过，该处应否免予收用，似仍应由市政会议决定之。

出席委员：

陈达材　李枚叔　李怀霜　伍大光　黄谦益　钟耀天　陈自康　王祖辉　陈良士　关念成　黎藻鉴　利铭泽　伍伯良　金肇祖　麦蕴瑜　文树声　黄森光

（本案经第一二七次市政会议议决，仍照定案办理。）

呈省府，呈复关于驻菲律宾总支部驻粤办事处请免收用法政路第五二号及平民里第四至八号产业为市场一案审拟情形，请察核令遵由。

广州市政府呈　第六五六号　二十三年十二月十日

案奉

钧府本年十月二十三日财字第五四一九号训令开：

现奉国民政府西南政务委员会第二五四七号训令开："秘书处案呈准西南执行部秘书处函开'现准中国国民党驻菲律宾总支部驻粤办事处函，以该部前购置广州市法政路第五二号及平民里四至八号产业，系为留建党所之用，现被广州市政府收用为建筑市场，请函转饬免予收用，以恤侨艰。附绘地图一纸等由。奉谕转政委会等因。下处相应抄送原函一件，原绘地图一纸函达，即希查照，转陈核办为何'等由，检同原附函图，签请核办前来。除饬处函复外，合将原附抄函暨附图分别抄检，随文令发，仰该省政府核办具报。此令。"等因。附抄发原抄函一件，检发地图一纸。奉此，应即查明办理。除早复外，合将原件抄检，令仰该市长即便遵照查明，拟议具复，以凭核夺。此令。等因。

计检发地图一纸，抄发抄函一件。

奉此，当经饬交设计委员会详加审查，旋据呈复略称：

遵经交属会工程组审拟，并拟具意见书，提出第三十次委员会议提论，金以市场计划，早经确定有案，自难变更，深恐其他市场被收用业主，纷纷请求，免予收用，影响整体市场计划之实施，且该处业主在土地局登记时，系用张余生名义，而现时尚未建筑，给回相当产价，另择别处地段，并无困难与损失。惟建市场计划，系经市政会议通过，应否免予收用，似仍应由本市政会议决定为宜，当经议决照工程组审查意见修正通过等词记录在案。兹奉前因，理合具文将审拟本案情形，连同审拟意见并检呈原附各件，呈复钧府，是否有当？敬祈察核等情。计呈缴审拟意见一件，省府原令及原发地图抄函各一件。据此，复将此案提出职府第一百二十七次市政会议，业经议决，仍照原案办理在案。查本市市场计划，早经市政会议通过，并由工务局将各市场地址四界，实测制图，市府核定。该小北市场，收用地段范围，似未便遽予变更，致碍全部计划进行。奉令前因，理合备文，连同审查意见书，回复钧府察核。是否有当？伏候指令祗遵。

谨呈

广东省政府主席林。

附呈审查意见书一件。

本案大致是，国民党驻菲律宾总支部驻粤办事处请求避免收用法政路第 52 号及平民里第 4 至 8 号的产业，作为兴建市场之用。经过工务局调查，认为"法政路五二号，及平民里四至八号产业，确在小北市场收用范围以内，亦经工务局核明属实"。并且，"查该处产业，向土地局查明，登记时系用张余生名义，是否为驻菲律宾总支部驻粤办事处所有产业，似难悬揣"。这句话的意思，其实在区分到底是官产，抑或法人团体的产业，还是民产。因为登记在个人名下，所以确定是民产。既然是民产，后面接着说："惟本府收用民业为市场，均照时值给还相当产价，有以前收用案事实，可资证明，于业主并无损失。"也就是给了地价，业主无损失。

并且退一步讲："且该处现时未建成党所，另择别处地点，并无困难。"现在还没有建成，换地方是很容易的。再就是，程序上要符合规定："惟本市市场，系经市政会议通过，该处应否免予收用，似仍应由市政会议决定之。"到底收不收用，还需要市政会议议定。

从此案可以看到收用程序，先是兴办事业人提出市场计划，经市政会议通过，并由工务局将各市场地址四界，实测制图，送交市政府核定。此次由于国民党驻菲律宾总支部驻粤办事处提出异议，市议会再次审议，认为"该小北市场收用地段范围，似未便遽予变更，致碍全部计划进行"。

但是，国民党驻菲律宾总支部驻粤办事处并未放弃，为此请求上级机关广东省政府予以查核。

### （二）各级行政机关认定公共事业

实际上，行政机关认定公共事业是通常情况。1930年，南京市政府为了征收由京沪车站，经过护城河，及新马路至中山路一段土地，用作京沪车站到中山路的连接线路。首先，由首都建设委员会对收用计划进行审查，然后提交南京市政府，再由南京市政府呈请内政部核准土地征收。

下面来看内政部已经核准的通知说明：

内政部已核准。

内政部前准本府公告咨，以京沪车站与中山路联络路线，早经划定为交通路，拟即征收由京沪车站，经过护城河，及新马路至中山路一段土地，请求核准，以便兴工。此案业经首都建设委员会审查通过，该部复核与土地征收法第二条第二款之规定相符，当予核准，并公告周知云。①

在内政部收到呈案后，以1928年《土地征收法》第2条第2款的规定"关于开发交通之事业"进行审核，看征收的地段是否符合作为交通所用，如果符合即批准。

又1930年《土地法》颁布以后，虽说《土地施行法》还未颁行，但是有些地方政府在核准征收时，改为依据《土地法》。比如1933年，南昌市为了在城北建设新住宅区和公园，准备收用土地，呈请江西省政府依法核准公告。省政府核准后，指令财政厅、公路处、省会公安局知照：

江西省政府训令建字第二四三零号　廿二年二月廿日

令财政厅、公路处、省会公安局：

为令知事，案查本府勘定南昌城北芝麻田一带旷地，辟设新住宅区及

---

① 《征用交通路土地》，载《首都市政公报》1930年第63期。

公园一案，前经饬令该遵办，并查照征收土地法规定，咨请内政部查核备案在卷，兹准咨复内开，核与土地法第二条第一款之规定相符，除依法核准公告外，相应检同公告一张，咨复查照。饬贴征收地点，俾众咸知，仍希依法办理等由。

附公告一张过府，除咨复照办，并将原附公告张贴新住宅区，暨分令外，合行令仰该即便知照。此令。①

我们看到，在1930年《土地法》颁布后，虽未施行，可以说是1928年《土地征收法》与1930年《土地法》适用的连接时期，所以省政府的指令指出，"照征收土地法规定，咨请内政部查核备案在卷，兹准咨复内开，核与土地法第二条第一款之规定相符"。也就是，查阅了《土地征收法》，也与《土地法》"土地征收编"第2条第1款"实施国家经济政策"相符合。当然，如要辨析"实施国家经济政策"是否符合"公共利益"的界定，则属于立法层面的问题。

### 二、土地征收的程序
#### （一）征收计划书

在土地征收各类法规中，基本都提到评定兴办事业是否可行的审定依据是"征收计划书"，我们以广东南海九江市（现佛山）准备征收奇山，建筑中山公园为例来说明。

当时的九江市政局局长选定奇山风景区后，提交九江市各界代表大会议决，获得了通过。后将议案交给九江市政府，由市政府向广东省政府提供收用奇山计划书和图说。具体的计划书如下：

《九江市政局收用奇山建筑中山公园计划书》：

（一）征收之原因

查欧美各国，迩来市政，首先注重都市园林。本市辖属人口逾十余万，

---

① 《本市城北辟设新住宅区及公园收用土地经咨准内部依法核准公告分令厅处局知照》，载《江西省政府公报》1933年第43期。

商场辐辏，地狭人众。除桑地、鱼塘外，甚少空旷宏廓地方，足供市民游览休憩场所。经彭前局长择定，奇山建筑公园有案。去年九月市各界代表大会议决通过，办理在案。

（二）征收之必要

奇山为九江第一名胜，具有天然风景，地处幽静，脱闹之尘嚣，位适中之地点。清流潆绕，故山下柳堤深处，林木菁森，古刹巍峨连峙，岩石嶙峋矗立，九江中学亦设在庆云下院之侧，学子课余之暇，漱石拈花，犹能供课外矿植之研求，身体之运动，且文化园林又复有相因之处，收作公共需用为事势之必要。

（三）征收之准备

依据《征收土地法》第三百五十四条之规定，拟具计划书连同图说申请核准后，依法定程序征收需用之土地。

（四）分期的征收

察看地方情形，确定进行程序。第一期将奇山完全收用，第二期为附带征收，即收用连接奇山山下之土地。

（五）应收用之土地及范围

按照图则规定，划将奇山完全收用，该山面积约计市尺八百六十六市方尺，折合亩数为一十四市亩零。该山历来荒废，除坟墓外，并无其他定着物，故收用较易。

（六）举办之性质

本市建筑公园，用以纪念总理，故定园名中山公园，为市民游览休憩公共场所。

（七）奇山四邻连接之关系

山下有少数屋宇，四周多是鱼塘、桑地，其划入公园范围者，属第二期收用。现在照旧由所有权人养鱼、植桑，并无损害收益，亦无阻碍园务之进行。况鱼塘跃于涧、叶荫扶疏，亦足以供游人之驻足也。

（八）公园范围内之寺院

一为庆云下院，一为庆文古刹，为市内有名寺院，建筑宏伟，现仍有僧道主持谈经念佛，尚昕夕不置也，拟作古迹，例照旧保存。

（九）奇山之所权

查该山已无契据，山内向属荒废，甚少定着物，亦无其他收益。但查山上坟墓，系陈氏葬下为多，应先补偿移迁费，至其所有权，依照法定手续确定。如系属陈氏所有，并依法用价收用之。

（十）坟墓之迁移

山内有石坟及灰沙坟五六穴，草坟七百余穴。除依《征收土地法》第三百八十三条之规定办理外，并参照广东省政府第五届委员会第三十三次会议核准《建筑公路收用土地暂行章程》第二十四条坟墓迁移费之规定：石坟或灰沙坟每穴给银十元；草坟每穴给银五元。

（十一）迁移无主坟墓之办法

除有坟主者，应给费由坟主迁移，其无坟主之坟墓及枯骨，应由需用土地机关妥为葬埋，并将原葬地址及发见表记，编号列册，招人认识。此项迁移地，现已备价购得，足容一千穴骸骨，坐在本市南方鸣珂里地方。①

计划书大致交代了征收地奇山的情况，包括征收原因和用途，征收的范围，奇山的产权、山上的定着物情况，坟墓迁移及补偿等情况。

该土地征收案的审议机关是"市各界代表大会"，提到的适用法律《征收土地法》，即1930年《土地法》的"土地征收"编。对于坟墓迁移费的给价，还参照了广东省《建筑公路收用土地暂行章程》。

计划书还能看到土地征收法律的影响。比如第二期的附带征收，"即收用连接奇山山下之土地"，寺院"拟作古迹，例照旧保存"，还有对于迁移无主坟墓的办法，基本上沿用土地收用时期的做法。此外，对于"奇山"所有权的归属问题，按照山上坟地归属来进行推断，并说明依据契据等法定程序进行最后确定。

**（二）征收申请与核准**

一般来说，征收计划提出后，需要呈请上级政府进行核准。来看《警官高等学校征收御道街民地案》的核准过程：

---

① 《九江市政局收用奇山建筑中山公园计划书》，载《南海县政季报》1932年第10期。

训令土地局，为准内政部咨据警官高等学校呈请征收御道街民地等情。除核准公告外，请查照协助等因，仰遵办具报由。

训令第三六〇六号　十八年十一月二十六日

为令行事，案准。

内政部土字第二七零号。咨开，案据本部直辖警官高等学校，呈以该校南迁，须收用土地建筑校舍，查有本京御道街民地五十二亩九分八厘四毫，甚合建筑校址之用，依法拟具计划书及地图，请予核准公告，以便收用等情。①

1917年，警官高等学校在北京创办。南京国民政府成立后，在1929年将其南迁，现警官高等学校需要土地建筑校舍，申请收用御道街民地五十二亩余，并按照1928年的《土地征收法》拟具了计划书和地图，由内政部进行核准。实际上，警官高等学校直属内政部，内政部的核准是本部的审批行为。

按照法律规定，省级政府如果要征收土地，需要国民政府进行核准。我们来看广东省政府"收用河南草芳一带荒冈"建筑省政府办公楼的案例：

函复国府秘书处：

广东省政府公函建字第二九一号。二十，七，八。

迳复者：案准贵处第四五号公函，关于张举宸等呈报省府收用河南草芳建筑合署，违案病民，联恳令行取消，以维民生一案，奉谕交府查明呈复，检同副呈函达查照等由。准此。

卷查上年四月间，本府委员临时提议：改在河南基立村之南，草芳一带荒冈，建筑省府合署，先交广州市政府计划，应用土地依照《土地征收法》收用一案。当经提出，第五届委员会第七三次会议议决：通过。

迨同年九月间，建设厅呈缴省府合署地址图，并拟收用土地由市府办理。至开始建筑时，再行参加意见等情。业经提出，第五届委员会第一一三次会议议决：一，令市政府照划定范围收用土地；二，令建设厅计

---

① 《警官高等学校征收御道街民地案》，载《首都市政公报》1929年第49期。

划建筑征求图案，暨分饬照案遵办。随据广州市府呈报，经饬据市财政局会同工务局竖立界桩，估定收用各地段价格，列表呈核前来。并饬据建设厅议复：略以估定地价，尚属适合，惟发产价，收用地段，系属市府范围，似应仍由市府转饬财局办理。将来计划建筑，则由职厅设计，以规划一等情。复经提出，第五届委员会第一四二次会议议决：照办。令行广州市府转饬遵照。

嗣于本年五月间，据广州市府呈转建筑省府合署，收用草芳各地段，应发地价，及上盖价清表一份，请核行财厅照数拨付，以便转发办理等情。又经提出，第五届委员会第一六七次会议议决：关于省府合署收用土地案，由省府建厅派员会同查勘，拟订征收办法呈核，业已转行遵照。

再查前据该民张举宸等具呈，联请免予收用到府。当以该处一带荒冈，前经议决，依照《土地征收法》收为建筑本府合署之用，并将民业产价估计发还，何得谓为损失？案经核定，所请应毋庸议等词，批饬知照，前后在案。兹准前由，相应将本案办理经过情形，备函复请查照，并希转呈鉴核是何。

此致国民政府秘书处。

附国府秘书处原函

迳启者：奉常务委员发下张举宸等呈报广东省政府收地建署，违案病民，联恳令行取消，以维民生等情一案，奉谕交广东省政府查明呈复等因，相应检同副呈函达贵府查照。

此致广东省政府。

计检送副呈一件。

秘书长 陈融 ①

### 市府奉令筹建省府合署收用地段之进行

省府林主席，以省府房屋不敷办公，而且各厅不能集合一处，对于公务进行，文书往复，不免颇费稽时，建筑省府合署，实为刻不容缓。现查得东郊石牌中山公园地段内，堪为合署地址。提出省务会议议决，经建设

---

① 《收用河南草芳一带荒冈建筑本府合署案办理经过情形》，载《广东省政府公报》1931年第159期。

厅函商市府各派技术人员会同测勘，计合署范围内面积：第一期，共收用10019.71华亩，内禾田270.06华亩，山冈732.48华亩，塘11.17华亩。其禾田、水塘各地，多属民业，须先行收用，方能着手。复提经第一零八次省务会议：决交由建设厅、市政府、财政厅会同办理。市府奉令后，即日会衔布告收用民地。随分令土地、财政两局遴派委员，会同建、财两厅所派职员，筹备在石牌组织办事处，办理收用土地事宜。现已积极进行，开始测量地基，准备建筑。①

本案可见，由于广东省政府要修建办公楼，准备征收河南草芳一带，计划书已经由议会通过，并转广州市政府办理，但是张举宸等业主联名请求免予收用，省政府建设厅派员会同查勘，拟订征收办法，改以该处一带荒冈收用。

但是，国民政府秘书处的回复是，"东郊石牌中山公园地段内堪为合署地址"，提出由省务会议议决，再经省政府建设厅发函与广州市政府协商，并各派技术人员会同测勘，计算出合署范围内的面积，又提经第一零八次省务会议议决。议决通过后，省政府建设厅、财政厅与广州市政府会同办理。

广州市政府接到指令后，布告收用民地，市政府的土地局、财政局，会同省政府的建设厅、财政厅，选派办事人员，在石牌筹备组织办事处，办理收用土地事宜。

### （三）布告收用

一般是征收议案通过后，布告收用土地。来看广东省建设厅《收用河南士敏土厂西边地段》的相关布告内容。

广东省建设厅布告第五三一号。廿二，十一，廿七。

为布告事：

照得本厅现拟收用河南士敏土厂西边地段，建筑纺织工业场棉纱部，业经呈奉广东省政府提出，第六届委员会第二三六次会议议决"照准办理"在案。为此，合将收用该处地段界线图附印布告，仰各商民人等一体知照。凡对于该处有业权者，限自布告日起，一个月内，先将契据前赴河南士敏

---

① 《市府奉令筹建省府合署收用地段之进行》，载《广州市市政公报》1932年第402期。

土场申请验契登记，以凭核发产价。倘逾期不报，即作官荒收用，毋自延误为要。切切。此布。①

收用计划由广东省政府提出，交由省政府委员会审议通过。收用布告由广东省建设厅发布，说明建设厅是兴办事业者。布告的内容包括收用地段，兴办的事业是建筑纺纱工厂，并附有界线图，希望收用地段内的业主，在发布布告后的一个月内，携带土地契据申请验契登记，作为发价的凭据。并且对超越期限不申报产业的，即"作官荒收用"。

**（四）确定地价**

实践中，对于征收中的地价补偿，有两种形式：一种是协议地价，一种是评价委员会定价。

1. 协议地价

1931年，南京市政府修筑雨花路，收用附近土地，与业主达成了补偿金额协议，具体如下：

指令财政局：为雨花路土地补偿金额，既据议定，应准备案由。

指令第一八〇三号　廿一年六月十六日

呈一件：为呈送雨花路土地补偿金额议定书，祈鉴核备案由。

呈件均悉，该路土地补偿金，既据召集各业户代表议定，成立协议，应准备案，仰即遵照。此令。

市长　石瑛

附原呈

呈为呈报事：查开辟雨花路，协议拆让土地补偿金额一案。业经本局于六月三日，召集各业户到局协议，以人数众多，意见不一，未有结果，当经各户推举代表王树棠等十人，复于六月五日到局切实协商，经各代表同意，幸告成立，除造具分户计算表另案呈送外，理合抄具签字议定书一纸，备交呈报仰祈鉴核备案。

谨呈

市长　石瑛

① 《收用河南士敏土厂西边地段》，载《广东省政府公报》1933年第243期。

附呈雨花路补偿金额议定书抄件一纸。（附后）

暂代财政局局长  程远帆

廿一年六月八日

议定拆让雨花路土地补偿金额如下：

第一段，自长干桥南一号，至南山门口七十五号止，每方洋二十元正。

第二段，自南山门口七十六号，至郭家巷口一百三十一号止，每方洋十五元正。

第三段，自郭家巷口一百三十二号，至南门冈一百八十二号止，每方洋十元正。①

补偿标准的协商有个过程。最初，南京市财政局召集所有业主到财政局开会协商，但是人数众多，意见难以统一，未有结果。不过确定了一个协商方法，即由业户推选代表参与谈判。两天后，各户推举代表王树棠等十人，再到财政局协商，后经各代表同意，补偿标准达成一致，提交南京市政府备案核查。

从该案例也可以看到，补偿经费由财政部门负责。

2. 土地评价

在 1928 年《土地征收法》颁布后，若按法律规定，各地需要组织"土地征收审查会"接替之前"土地评价委员会"的工作。比如，时任上海土地局局长的朱炎向上海市政府呈报，"土地评价委员会"已无存在的必要：

为呈报事，准土地评价委员会顾委员履桂、赵委员锡恩、管委员义华函开。履桂等前经依照土地收用暂行条例，由市参事会选任评价委员，兹市参事会依制结束，所选任之评价委员，自应解除职务，相应函达，至祈查照，并希贵主席转呈市府为何等因。

查《土地评价委员会暂行条例》第二条，有本委员会定为七人，以土地局局长、工务局局长、财政局局长、农工商局局长及由市参事会全体参事互选三人组织等语。现在市参事会既依制结束，由市参事会选任之土地评价委

---

① 《收用雨花路土地补偿金额协议成立案》，载《南京市政府公报》1932 年第 110 期。

员即失其委员之资格，土地评价委员会亦从此不能开会。再查国民政府颁布之《土地征收法》第十五条，有组织征收审查委员会之规定，嗣后凡关于征收土地审定价格事项，应由征收审查委员会办理，至将来开征土地税及土地增加税，均应由人民于土地登记时，自报地价，土地评价委员会已无存在之必要，似可就此结束，所有市参事会选任之土地评价委员函请解职，及土地评价委员会似可结束各缘由，理合备文呈报，仰祈鉴核，谨呈市长张。

　　土地局局长　朱炎

　　中华民国十七年八月二十九日 ①

　　从呈文可知，土地评价委员会的委员需要市参事会推选三名代表，但是上海市参事会"依制结束"，在人员上难以达到要求。对于土地评价委员会发挥的功能，是征收土地评价和土地税评价，以后由土地征收审查委员会完成征收评价，土地税评价则由业户土地陈报。

　　而地方政府组织土地征收审查委员会，一般是根据《土地征收法》第15、16条。我们以上海、南京两个特别市为例，将土地征收审查委员会的职责与组织规则概括如下：

　　（1）审查委员会的职责。审查事项有：征收土地的范围；征收土地的补偿金额；收买的时间及期限，或租用时间及期限。对于兴办事业人的主张，如果违反《土地征收法》或其他法令的规定，土地征收审查委员会应驳回申请。

　　（2）人员构成与组织规则。依照《土地征收法》第24条的规定，以市长为委员长，并设置委员六人。土地征收审查委员会开会时，委员不得缺席。遇有事故，可以委托本委员会的委员一人代表，但需要提前以书面声明。土地征收审查委员会的委员均为无给职。另外，设秘书一人，由市长从市政府职员中选派兼任。

　　南京特别市土地征收审查委员会还明确了人员构成，"暂定为六人，由市政府指派财政局一人，社会局一人，并分别指定农、工、商等法定团体，

---

　　① 《土地评价委员会成立及结束情形案》，载《上海特别市土地局年刊（中华民国十七年）》1928年。

选派代表四人充任之", ① 即财政局与社会局各一人，农、工、商等法定团体选四人。

（3）会议规则。土地征收审查委员会开会不定期，由市长提前一星期通告召集。委员会所议事项，按照全体委员过半数以上同意表决。议定事项依照《土地征收法》的规定制作成议定书，并附理由，由委员长签名。必要时，可以指定鉴定人执行鉴定，也可以请兴办事业人、土地所有人及关系人到会陈述意见，还可以要求邻近土地所有人到会作咨询。

### （五）定着物的迁移

定着物迁移中，以坟墓占多数。中国人"事死如事生"，对于坟墓保护尤为重要。一般来说，法律规定有主坟墓的迁葬给迁移费，无主坟墓则指定相关机关迁葬，并详细登记坟墓情况，以备以后坟主查找。我们以《粤汉铁路株韶段工程局收用土地内坟墓迁移简章》的规定为例：

十九年四月二十一日呈准，并送内政部备案。

第一条　凡粤汉铁路广韶段工程路线，及办公场所所需收用之土地内，如有坟墓，应由坟主照本简章之规定迁移之。

第二条　本局为工程上之必要，对于前条坟墓，得公告或通知坟主限期迁移。

第三条　本局圈定收用土地后，当将界内坟墓分别编号代签，以为应行起迁之标志。

第四条　本局开始登记时，各该坟主应即拔签，带同保证亲赴本局指定之登记处申报登记，并具限迁葬。

第五条　凡已登记之坟主，经本局查明属实，应给予迁移费，以示体恤。

第六条　给予迁移费标准：

（一）石坟或灰沙坟，每穴给毫银十元；（二）草坟，每穴给毫银五元。

第七条　凡已领迁费之坟主，如经过具限日期，仍未起迁，除追缴并督迁外，仍分别送交地方官厅究惩。

---

① 《修正土地征收审查委员会组织章程案》，载《南京市政府公报》1933 年第 133 期。

第八条　凡经过本局公告登记限期后，尚有坟墓未据坟主申请登记者，即由本局觅地代为迁葬，免误路工。

第九条　本简章俟奉铁道部核准即发生效力。①

章程内容写明了因兴办铁路而收地，对于沿线迁坟的相关事项说明，有登记、做标记，要求坟主申报，坟墓迁移费标准，以及无主坟墓如何处理，等等。主要是登记和做标记，比如对坟墓"杙签"，也就是使用小木桩在坟头标识。还有迁移费的标准，按照坟墓的质地进行区分。

### 三、土地征收的补偿

### （一）定价

在土地征收过程中，补偿是最重要的环节。一般涉及地价和定着物的补偿。定着物又包括房屋、坟墓，以及农作物。这些补偿类型，在每个征收案例中都不同，但是，有些城市会出台统一标准。我们以《重庆市收用民地、定着物、迁移农作物补偿及搬家经费标准》为例：

行政院三十年四月六日勇壹字第五三八八号指令核准。

1. 建筑改良物拆迁费

甲，西式水泥钢骨房屋，每方（平方市丈）300元。

乙，西式砖墙房屋，每方100元。

丙，中式砖墙房屋，每方80元。

丁，西式木墙或泥墙房屋，每方60元。

戊，中式泥墙或木造房屋，每方40元。

己，草房棚屋，每间30元。

房屋每加楼一层加拆迁费1/2。建筑时间在10年以上者，九折。20年以上者八折。其坍塌、破烂不堪居住者，三折。不足半方或半间者，以半方或半间计。半方或半间以上者，以一方或一间计。

2. 农作物改良物补偿费

甲，竹、木、花、果依照《土地法》第374条之规定，得按当时市价

---

① 《粤汉铁路株韶段工程局收用土地内坟墓迁移简章》，载《广东省政府公报》1930年第97期。

给与补偿。

乙，菜园除依《土地法》第374条之规定办理外，业、佃间有特殊规定者，其补偿金应从其规定分配给予之。

丙，谷类（粮食）青苗费，每亩15元至50元。

上项青苗费，以下种未久之青苗为准，所给补偿金仅给佃户。据成熟期一个半月以内者，所给补偿应照当时收获利益及纳租比例业、佃分摊。青苗已完全成熟，照例应收获者，概不给补偿。但因使用迫切，不待收获即须动工者，应照收获利益分配，给与业、佃补偿费，不足半亩者以半亩计，半亩以上者以一亩计。

3. 搬家津贴费

甲，居住在一年以内者，每户30元。

乙，居住在一年以上两年以下者，每户50元。

丙，居住在两年以上五年以下者，每户70元。

丁，居在五年以上者，每户90元。

4. 墓坟迁移费

甲，石坟，每枢20元至35元。

乙，土坟，每枢10元至20元。①

按理说，像《重庆市收用民地、定着物、迁移农作物补偿及搬家经费标准》这样规定细致的规范，实践中应该比较好实施，这取决于它的统一性。但是，正是由于这种统一性，在具体的案例中，仍会产生争议。

另外，官方定价在财政不足的情况下，往往会大打折扣。来看1932年《实业部收用草鞋峡官地案》：

公函实业部：为准函商购草鞋峡官地一案，经饬局提会复议，将地价核减为每亩四百元，仍予折半收价，惟捐助八千余元一节，未便照办，希查照拨给地价由。公函府急字第四五零三号。二十一年九月二十日。

---

① 《重庆市收用民地、定着物、迁移农作物补偿及搬家经费标准》，载《重庆市政府公报》1941年第18—19期。

迳复者：案准。

贵部土字第四四四九号及四九三一号公函，以中央机器厂，选择草鞋峡毗近金固村荒、熟官地，现愿酌量增加至每亩二百元，需用地面二百四十二亩有奇，共计价洋约四万八千余元。惟该厂预算，早经确定，仅能拨用四万元，其余之数，无法筹措，拟即以此四万元购买该项地亩，所差地价八千余元，嘱由本府捐助，借利进行等由。准此，当经先后饬交本市财政局核复去后，兹据复称："查该地地价，前曾评定每亩六百元，兹奉前因，当经派员调查，并提请土地评价委员会第三十七次常会复议，经议决草鞋峡滨江地形低洼，地价核减为每亩四百元，如因实业部创办机器厂，系为国有营业，且于首都建设不无裨益，应仍请折半收价。惟查该地内有草房一百十间，瓦房十一间，均系市民自行搭盖，并未缴过地租，如须发给拆迁费，应由实业部负担"等情。据此，查该项地价，既经土地评价委员会议决，减为每亩四百元，仍请折半收价，应予照办。惟此次评定之价，既较原价减少三分之一，又复折半收价，已属格外协助，所嘱捐助八千余元一节，未便照办，准函前由，相应函复，即希查照办理，并盼迅将该项地价，扫数拨给为何。此致实业部。

市长　石瑛[①]

实业部准备收用南京草鞋峡滨江一带土地，兴建机器厂。但是限于财政不足，地价进行了折扣处理，即土地评价委员会评价是每亩六百元，"减为每亩四百元，仍请折半收价"，也就是两百元每亩。即使如此，预算总额"差地价八千余元"。实业部希望南京市政府发起捐助，南京市政府认为地价一减一折，再捐助，实在难以进行，回复实业部实在不便，望能够照数拨付。

**（二）发价**

发价是土地征收中，业主领款的程序。我们以《铁道部收用民地发价情形案》为例来说明：

---

① 《实业部收用草鞋峡官地案》，载《南京市政府公报》1932 年第 116 期。

指令土地局，为奉令呈报铁道部收用民地发价情形候函转查照，仰即知照案由。

指令第一六零七号。十八年四月二十七日。

呈一件为奉令呈报铁道部收用民地发价情形由。

呈暨单、表等件均悉，候函转铁道部查照见复，一俟复到，再行饬遵，仰即知照。此令。单、表一并检送。

附原呈：

呈为呈复事，窃于本月十五日奉钧府第一二一零号令开案准铁道部公函第七二四号开迳复者：

接准第三九四及四一四号公函，以收买萨家湾民地建筑部址一案，业经饬由土地局依照中山路收用民地办法，切实核计，共应拨各户地价及青苗、拆房、迁坟等费，大洋四万七千九百零八元三角零一厘，造具审查单一本呈府，特予转送查照等由。准此。查前项圈用之民地，本部业于日前派员会同工程司，将该处四周界线钉竖木桩，并招商投承建筑工程，不日即须开工兴筑。兹准前由，相应将前项价款共银四万七千九百零八元三角零一厘，如数提出，备函解送贵府。希即查收给据，将款转拨土地局，按户清发，取具领据，列表汇呈贵府转送过部备案，并一面先行布告周知，庶使各业户得以早日到领用，昭大信，仍希见复，至级公谊。

计送地价及青苗、拆房、迁坟等费，共大洋四万七千九百零八元三角零一厘，中央银行支票一纸等因。准此。除暂将该款交由市金库照收并函复外，合行令仰该局长即便准照，先行布告周知，一面具领，转发列表呈报，以凭核转此令等因。奉此。查是案前据萨家湾被征收土地之各业户来局，声称地价业经铁道部拨付钧府转发财政局，经派员前往询明，实已拨到。职局因各业户纷纷催领，遂备具领款通知书，于本月十三日函知市农民协会，请即转知各业主，携带前次呈验契据时之收据来局，换取领款通知书，迳赴财局具领。

十五日钧府训令下局时，各业户已纷向财局具领，不及遵办，一俟发清地价，当会同财局具报。现截至十八日止，尚有张之栋等数户未来局领取通知书，拟即遵令布告催领。

惟前次呈请核转之审查单内，有三户地价数目略有讹误，应为更正如下：

（一）蒋静妹，单列二千八百九十三元四角九分五厘，实为二千八百四十三元八角一分五厘。

（二）体善泽骸会，单列二千八百三十九元一角一分九厘，实为二千八百二十九元一角二分五厘。

（三）张成云，单列八十八元七角六分，实为四百三十七元六角。

除蒋静妹、体善泽骸会二户，应拟存五十九元六角七分三厘，尚欠发二百八十九元一角六分七厘。

今谨将应行更正之三户审查单三纸，暨此次应发地价之一览表一并附呈，伏乞钧长鉴核转函铁道部补发，俾便结束，实为公便。

谨呈市长刘

附呈审查单三纸、地价表一份。

土地局局长　杨宗炯

四月二十三日。①

铁道部为了修建部址，准备收买南京萨家湾民地。铁道部指令南京市土地局，依照中山路收用民地的办法进行补偿。经计算，应发各户地价及青苗、拆房、迁坟等费，共计大洋47908.301元。土地局填写了审查清单，呈送南京市政府。铁道部又派员会同工程司，将该处四周界线钉竖木桩，并招商投承建筑工程，不日即须开工兴筑。开工前，铁道部将全部价款如数提出，备函解送南京市政府，希望市政府查收给据，将款项转拨土地局，按户清发，取具领据。款项到达市政府后，先由市政府金库收存，财政局负责管理。后由土地局发布告，请业户携带契据来领款。几天后，仍有部分业户未领价，以及有三户的补偿数额计算有误。

土地局将发款的执行情况请示南京市政府后，南京市政府再向铁道部发函：

---

① 《铁道部收用民地发价情形案》，载《首都市政公报》1929年第35期。

公函铁道部，为据土地局呈，奉令呈报铁道部收用民地发价情形，请查照见复由。公函第五五三号。十八年四月二十七日。

迳启者：案准。

贵部公函第七二四号函送收买萨家湾民地，价款共四万七千九百零八元三角零一厘，请转拨土地局，按户清发给据，并希见复等由过府。当经令饬土地局遵照办理，并函复在案。兹据该局复称：奉令遵即函知市农协会，请即转知各业主携带前次呈验契据时之收据来局，换取领款通知书，迳赴财政局具领。现截至十八日止，尚有张之栋等数户未来局领取通知书，拟即遵令布告催领。

惟前次呈请核转之审查单内，有三户地价数目略有讹误，应为更正如下：

（一）蒋静姝，单列二千八百九十三元四角九分五厘，实为二千八百四十三元八角一分五厘。

（二）体善泽骸会，单列二千八百三十九元一角一分九厘，实为二千八百二十九元一角二分五厘。

（三）张成云，单列八十八元七角六分，实为四百三十七元六角。

除蒋静姝、泽骸会二户应扣存五十九元六角七分三厘，尚欠发二百八十九元一角六分七厘。今谨将应行更正之三户审查单三纸，暨此次应发地价之一览表一并附呈，伏乞鉴核转函铁道部补发，俾便结束，实为公便。附呈审查单三纸、地价表一份等情前来。除指令外，相应检同单、表等件备函转达，请烦查照补发，并希见复为何。

此致铁道部。

计送审查单三纸、地价表一份①

南京市政府的发函中，更正了三户的补偿信息，经过计算"尚欠发二百八十九元一角六分七厘"，希望铁道部补发款项，让整个发价程序完结。

从整个发价程序可见，基本上是兴办事业者征收计划确定后，按照一

---

① 《铁道部收用民地发价情形案》，载《首都市政公报》1929 年第 35 期。

定的补偿法，可以是征收先例，确定补偿标准。再由被征收地的土地局计算补偿的总数额，包括地价及定着物价款。兴办事业者按照总数额拨付款项给当地的市政府，市政府收到款项后，进入市金库，交由财政局管理资金。之后，土地局向被征收土地的业户发领价通知，业户携带契据领款，填写领款单据。这个过程中，可能会发现土地面积或价格核算上的误差，再进一步修订补偿金额，申请经费重新补发。

### 四、土地征收的税赋豁免

土地征收的过程中，田地的赋税，会按照法律规定进行豁免。我们来看广西的情况：

指令一：

指令贵县县府，饬知建筑贵桂路，收用梁福祥户田亩，准免粮由。

财字第九三四八号。二四、七、六。

呈附均悉。

该县建筑贵桂路，收用梁福祥户田亩，每年应纳粮额国币一元二角七分七厘。既据查明属实，准予豁免，仰即转谕知照，并于粮册内注销。兹将印单随发，着即查收更正发还。此令。

计发还印单一纸（略）①

指令二：

指令苍梧县府，据呈该县建筑西河碉楼及操场，收用民田，图结准予免粮由。

财字第二五九九号。廿四、二、廿。

呈及图结均悉。

该县建筑西河碉楼及操场，占用李全朝田地，每年应纳粮银二角九分四厘。既属公用，准予豁免，仰即转饬知照，并于粮册内注销，仍将遵办

---

① 《指令贵县县府饬知建筑贵桂路收用梁福祥户田亩准免粮由》，载《广西省政府公报》1935年第78期。

情形具报备案。此令。①

指令三：

指令龙茗县府，核饬该县关仁小学收用民地，准予免粮由。

财字第二八二二号。廿四、二、二五。

呈悉。

该县属桥皮乡士林村，村民黄同瑛承领关仁庙前地段，既经查明，被关仁小学校收作体育场，所拟酌免田赋一角五分，应予照准，仰即转谕知照，并于粮册内注销。此令。②

三个指令，都是广西省政府颁布，对于收用民田的税粮进行豁免。指令一、二中，收用民户田亩，每年应纳粮额豁免，以后不用再缴纳，并在粮册注销户头。指令三只是"拟酌免田赋一角五分"，说明可能是征收了部分田地，但是，也要在粮册内进行登记注销。

---

① 《指令苍梧县府据呈该县建筑西河碉楼及操场收用民田图结准予免粮由》，载《广西省政府公报》1935 年第 60 期。

② 《指令龙茗县府核饬该县关仁小学收用民地准予免粮由》，载《广西省政府公报》1935 年第 61 期。

第四章　**民国时期土地征收的
诉愿与诉讼**

## 第一节　土地征收的诉愿

### 一、请求免于征收的诉愿

坐落在武昌珞珈山的武汉大学，现在是东湖边的明珠，建筑古朴，环境优雅，是读书治学的好去处。但在 1929 年，修建武汉大学时，并非一帆风顺，征收土地的过程中，遭到当地居民的抵制。

1929 年 9 月 16 日，武昌陈家湾村民陈正忠等，以武汉大学建筑校舍征收土地，坟墓无相当安置地点为由，恳请湖北省政府撤销原案。来看诉愿书的内容：

> 呈为武汉大学建筑校舍，征收地区，无必要理由，庐舍、坟墓，无相当迁移地点，舆论或惶，群情悲愤。谨依法诉愿，恭恩鉴情撤销核准原案，以免流离暴露事。
>
> 窃民等于武昌东湖滨珞珈山、狮子山、团山、廖家山、郭家山等处，或历代祖茔在所，或屡世蜗庐所居，人安其宇，鬼凭其墟，由来已久。不料上月十五日奉读钧府布告，将上列一带地区，并行核准征收为武大校址，法令所在，民等曷敢故违？惟按诸征收土地原理，似有疑义，综以市政关系，尤有窒碍，揆之人情习惯，更难缄默。谨为钧座一详呈之。
>
> 查土地征收法，总纲第一条："国家依左列情形，有征收土地之必要时，得依本法行之。"依文解释"必要"起因，或属于事务，或属于地区，其起因于地区者，亦必其事务所必要，起因于事务者，亦必其地区所必要，乃谓有征收土地之必要。详言之，某事务于某地区有必要，得行征收，某地区于某事务有必要，得行征收。此本文正当解释也。反言之，某地区有被征收必要，而某事务非某地区必要，不得征收。某事务有征收土地必要，

而某地区非其事务必要，亦不得征收。又为本文之相当解释，皆本法施行之原则也。武大校属国立，址定武汉，以武大教育事务，有征收武汉土地必要，但不知具何原因，有在珞珈山地区之必要，就珞珈山地区言，有被武昌市征收必要，但又不知具何原因，有建筑武大之必要。

据武大原函，谨谓："该地段确合建筑校舍之用"。何、王两委员会堪呈文，亦仅谓"清幽僻静，景物绝佳，设学育才，诚得其所"等语。其实，洪山东麓农林隙地，南湖营田，及徐家棚以内丙段旱田，清旷空阔，何所不宜？必以幽僻为佳，则豹子海以内地区，山环水抱，视珞珈山更为清丽，是则武大圈划该区作校址，不为必要之理由，至为显著。且珞珈山密迩省市，以言荒山旱地，是为林圃之必要，以言水田池塘，是为农渔之必要。

若规划武昌市之土地分配，则该地适为武市农区。该地民舍，适为市政乡村，绝不涉及教育，即将来武市教育区，应划何地？此时万难预定，更何能预为教育之建设。可见珞珈地区，不但自具有必要之建设，兼且明示无教育建设必要，而就其被圈作武大校址，又不为必要之理由。

征收土地，以必要时为条件。必要时之意义，以事务、地区双方具相互之必要为原则。今武大校址非该区为必要，该区地段非教育为必要，征收之适用与否，于本法实有疑点，此在法令，应请遵重法理，审详核准者一也。

更以市政关系言之。市政范围日广，组织日繁，行政、教育、农工商业，各有定区，划为制度。武市虽无完全计划，终须次第进行，征收珞珈山地区，果属整个市政计划所定？区区一地关系，万不能变更全市定案。民等当然遵从，无所规避，而全市规划既详，则坟墓迁移有定域，房屋迁移有定所，一劳永逸，民等亦将乐于从事，无所顾虑。至于此征收，仅属武大一部建设计划，在武大校址，舍去该区，尽多选择之地。民等祖茔、居社，舍去该区，即更无安稳之场。总计该区民舍，棋布星罗，不下数十间，该区坟墓，鳞次栉比，何止千余穴，一行起拆，势必仍在就近埋葬，就近建筑，纵然略有分布，大概不能离洪山前后一带，将来市政规划就绪，难保不在征收建设之列，若谓市政改革无期，而计划尽可预订，即在被征收迁移之前，不能不有迁移后再被征收之虑，此该区征收对市政关系应请通筹统计，审详核准者二也。

　　上之所述，并属政治观念。民等杌隉之形，恐惶之状，尤在人情习惯问题。窃民等居于是者，为农为圃，土著穷苦可知。坟茔于是这，为宦为商，客产萧条可想。而多者数百年，少者数十年，其死其生，各安其所，一旦土地失业，房守失楼，转从流离，不能以短时间复业成室，感有生之痛苦，而此累累千百冢，退还未完，犹可检点成殓，形消已久，从何收拾改殡？纵一律可棺可殓，而费用匪轻，或一棺，或数棺，嗟咄间，将从何处安埋？城外隙地有限，又将如何容纳？其结果不免厝诸风露之下，委于郊原之中，白骨有知，宁无成灰之痛，迁居迁葬，感事实之困难如此，若言心理之痛苦，则困难尤甚。

　　民等营居该区，非以择邻，营葬该区，非以择地，习之久，则居之安，死有所凭，则生得所安，皆恒情也。一行征收，生离其居，死离其穴，死者无知，生者何堪。且为子若孙者，又宁忍其亲骨腐朽之日，复有暴露之时。开之黎蒙民族，至今尚以死者，异诸兽食，谓其升天，与上世不葬者同。其事固酷，惟其人以不知葬死者，故习于不葬，而心安。国人既以习于葬，而复安，则凡后人于葬而不得其安者，无宁有上世狐狸之葬于前，不忍使盗贼暴露之见于后也。可知迁居者，情必苦，迁葬者，情必由苦。苟非迫切万分，有生决不忍轻易其居，于死更决不忍使轻离其土地也。

　　若谓武大原拟山林征收作校园，坟墓尚不迁，在达观言，生原是寄，何况于死，不过流风习惯。不孝之人，犹私其亲，一抔未干，地属公有，祭扫不能周，经营不能及，此心此情，无由自尽，窃以人无贤愚，宁将拾骨而葬，万不忍捐弃如遗也。此则该区征收，居必迁，终必移。人民流离颠沛之事，悲痛愤懑之情，必所不免。应请准酌人情，审详核准者三也。

　　总之，人情不远，夺情拂性，想亦当道所不忍，政治与人情相通，民等于法理疑点，不敢不争，市政趋势，不能不顾，爰对该区征收，依法诉愿，伏维俯赐矜怜，准酌情理，撤销核准原案，俾得安居、安葬，死生同戴，沾恩上呈，敬乞鉴核施行。

　　谨呈湖北省政府兼代主席方○○

　　武昌公民：

　　陈正忠，武昌城外陈家湾。

陈启发，同。

陈麟五，汉口特一区永盛里三号。

陈达五，汉口特一区永盛里三号。

陈云五，汉口日界志强里九号。

陈可坚，武昌莺坊巷二十一号。

徐笙阶，汉口永盛里七号。

徐嗣彭，武昌候补街六十八号。

徐善诚，汉口法界满沙街三号。

徐云卿，武昌粮道大巷三十一号。

吴淑章，同下。

吴仲新，汉口模范区蔼吉里十号。

段家驹，武昌莺坊巷二十一号。

薛祖功，武昌城外严家湾。

薛祖德，同上。

崔有桢，武昌小东门正街。

崔有干，武昌小东门正街。

崔蓉轩，武昌小东门正街。

万兴仁，武昌陈家湾。

吴幼帆，同上。

吴少霭，同上。

任秋涛，汉口蔼吉里一号。

任佑明，武昌三道街四十八号。

任汉生，武昌三道街四十八号。

高晴峰，汉口界义和里三十七号。

高笏之，武昌龙神庙五十号。

高训之，武昌宜凤巷二十三号。

高佩之，武昌教家巷十四号。

张渭舟，汉口市卫生局。

张阴之，武昌土司营八号。

丁梅生，汉口蔼吉里一号，候补街十九号。

王成章，衡荣里十六号。

代表通讯处：武昌敖家巷拾肆号高寓；汉口日界中小路三十号陈寓。

铺保，（盖印）住通德里美丰钱庄，在汉口。①

这是陈家湾村民对于武汉大学修建新校址征收珞珈山的诉愿。整个诉愿读来，可谓言词恳切，悲天悯人。在未修武汉大学校址前的珞珈山，有坟茔千座，民居十数间。村民为了能让祖先和自己有安身之所，"人安其宇，鬼凭其墟"，恳请湖北省政府不要征收此地。

尽管本诉愿动情，多半却是人情世故。针对为何不该征收此地，援引法律也只有1928年《土地征收法》第1条："国家依左列情形，有征收土地之必要时，得依本法行之"。村民的理由是征收土地需有"必要"。兴办教育造福人民，符合公益，是有必要，不一定就有必要征收珞珈山。这个道理，初看有些"刁难"，仔细琢磨，实是公益的判定与落实问题。教育是利国利民的事情，公益性质无可辩驳，但公益如何落实，在何处落实，则是一个公益与具体实施地的联系问题。

为了证成"珞珈山"不是"必要"之地，村民还提到武昌市政计划，希望武昌市政对于农、工、商、教育等建设蓝图应有计划。如果依据《都市规划法》，经过合理程序，定此处为教育区，征收此地的合法性将大为提高。如果仅以"清幽僻静，景物绝佳，设学育才，诚得其所"，只能说明此处是"风水宝地"，征收的必要性就难以明确。

但当时民国湖北省政府的回复是：

湖北省政府批，政字四二七六号。

原具呈人陈正忠等：

呈一件，为恳撤销原案，免于收用武昌东湖滨珞珈山等处土地由。

呈悉。

查圈定武昌东湖滨珞珈山等处地亩为武汉大学校址一案，前经本府全体委员亲往查勘，认为适当，并提出政务会议议决，暨出示公告在卷，所

---

① 《关于武汉大学函请修洪山至珞珈山马路及征收地亩为武大校址问题的指令、公函、呈文》，湖北省档案馆，档案号：LS1-5-1182。

请撤销原案免于收用各节，着无庸议。此批。

兼代主席方〇〇
中华民国十八年九月 ①

征收珞珈山是否必要？在民国湖北省政府看来，也很难以详细量化，只得率全体委员亲往查勘，并提出政务会议议决，全体人员都认为适当，驳回诉愿。实际上，还是代议制判定了行为的正当性。

本案反映了征收中一个不可回避的问题，即公益的必要性与落实征收目的地的必要性是否相符合的问题。此问题，涉及法律规定的完善与实际操作限制，处理得当与否，关系到土地所有权人的权益保障。如果放在现代的行政法理中，有"比例原则"一说，比例原则又包含三个子原则：适当性原则、必要性原则、狭义比例原则。适当性原则，是指行政行为应有助于实现行政目的；必要性原则意味着在所有能达到行政目的的手段中，应选择对人民权利侵害最少的方式；狭义比例原则，则强调行政行为应衡量目的达成利益与侵犯相对人权益之间的比例关系。② 陈家湾村民诉愿论证的问题，就是比例原则中必要性原则的实施问题。也就是，武汉大学建筑校址应该选择对人民权利侵害最少的方式。

不过，诉愿中提到的其他地方与珞珈山比较，也很难说侵害就会小。所以，关于公益实施时，对于私益侵害，如何选择最小原则，是行政行为执行中"比例原则"运用的具体问题。

## 二、关于未登记业权的诉愿

1942 年，刘义和等四户不服万载县政府收用麦李洲的土地作为农林场址，提起诉愿至江西省政府。江西省政府的决定书如下：

江西省政府指令，秘建一字第零五三四九号。

令万载县政府：

本年七月十六日咏建字第 13329 号呈一件：

为对刘义和等不服本府收用麦李洲土地为农林场址一案，附具答辩书，

---

① 《关于武汉大学函请修洪山至珞珈山马路及征收地亩为武大校址问题的指令、公函、呈文》，湖北省档案馆，档案号：LS1-5-1182。

② 参见刘权：《比例原则》，清华大学出版社 2022 年版。

并检同原卷，请鉴核决定由。

呈件均悉。查此案业经本府依法决定，咨检发该项决定书二份，送达证书一纸，暨发还原卷，仰即查收，并将该项决定书一份连同送发证书转送原诉愿人，仍将送达证书由送达人签名盖章，及填具送达日期后，呈缴备查为要。

此令。

附发决定书二份，送达证书一纸，及发还原卷一宗。

中华民国三十一年十月七日

主　　　席　曹浩森

建设厅厅长　杨绰庵

江西省政府决定书：秘建一字第零五三四九号

诉愿人：万载城郊江口村二十八户业主代表

　　　　刘义和，男，年五八岁，万载人，住江口村，业农。

　　　　辛文彬，男，年三八岁，万载人，住江口村，业商。

　　　　刘清瑞，男，年五九岁，万载人，住江口村，业农。

　　　　刘五妹，男，年六十岁，万载人，住江口村，业农。

上列诉愿人，不服万载县政府收用麦李洲土地为农林场址之处分一案，本府依法决定如下：

主文：诉愿驳回。

事实：见诉愿原案。

理由：

查土地法第三百三十五条规定："国家因公共事业之需要，得征收私有土地。"该万载县政府因兴办县农林场之需要，征收麦李洲土地为场址，依法尚无不合，县府处理此案之经过，先由县政会议决定征用，继则布告当地农户携带契据，依限登记业权，以凭核给地价，再饬该场前往圈定面积，实施工作，核与土地法第三百六十六条暨江西省征收土地补充章程第二条之规定，尚无抵触，原诉愿书所称各节，自不得以强制收用论。该诉愿人等既称该洲熟土为其私有，应即依照本省征收土地补充章程第八条，及土地法第三百七十四条之规定，提出合法证据，依限登记，听候政府发给地价，及其他植物类之土地定着物补偿金，以另行买受土地耕种，或照县政府招垦办法，承垦附近余地，未尝不能延续生活资源，乃该民等不愿登记，迄未提出契据等件，自不能确定业权。又查土地法第三百四十三条及三百四十八条载明："需用土地人为政府机关时，得为附带征收及区段征收。"嗣后，县政府对此案批饬暂缓全部收用，仍应补行登记或承垦荒地等语，于法于情，均能顾及。

综上各节，该诉愿人等既不明政府收用土地推广农林事业之本意，复不遵照法令，呈检证据，领受地价及补偿金，以另辟生活资源，更不照章领垦。本府认为，所提诉愿无理由，合依诉愿法第八条第一项前段决定如主文。

主　　　席　曹浩森

建设厅厅长　杨绰庵

中华民国三十一年十月七日 ①

本案中，万载县政府为了推广农林事业，征收民户土地开发农林场。从诉愿书可知，征收适用的法律是《土地法》第 336 条所称公共事业的第 1 款"实施国家经济政策"和第 9 款"国营事业"。但是，四户坚持不登记，不领地价和补偿金，向上级政府提起行政复议。江西省政府认为，收用刘义和等四户土地没有问题，依据合法，并且程序上按照《土地法》第 366 条、《江西省征收土地补充章程》第 2 条的规定，符合程序。此外，省政府说《土地法》第 343 条及第 348 条，有关于附带征收和区段征收的规定，暂缓征收，照顾到未登记的业权，并且安排重新承垦，对四户的诉愿驳回。

### 三、诉愿与行政诉讼的连接

1948 年，重庆的江聚源，因为土地征收，不服行政院再诉愿决定，提起了行政诉讼，并附带请求损害赔偿。从判决书可知，江聚源的土地被军

---

① 《万载县民刘义和等为不服万载县政府收用麦李洲土地为农林场址提起诉愿一案本府决定书》，载《江西省政府公报》1942 年第 1266—1271 期。

工厂征收，向军政部先进行诉愿，军政部修改决定后，江聚源不服又向行政院进行诉愿，行政院补了决定后，江聚源仍不服。在诉愿未实现救济后，选择了司法救济的行政诉讼，向行政法院起诉。具体案情如下：

行政法院判决：三十七年度判字第六十八号

三十七年十月三十日

原告：江聚源，住四川重庆市鸡冠石十八区二十二保。

被告官署：联合勤务总司令部兵工署第五十工厂（系前军政部兵工署第二工厂承受诉讼之机关）

上原告为征收土地事件，不服行政院于中华民国三十六年六月十四日所为再诉愿决定，提起行政诉讼，并附带请求损害赔偿，本院判决如下：

主文：再诉愿决定及诉愿决定均撤销。

事实：

缘前军政部兵工署第二工厂，于民国二十八年十二月间，勘定重庆新市区内纳溪沟一带土地，约计面积三千市亩，为建筑厂房之用，依据当时之土地法第三百六十五条后半段之规定，呈经行政院核准"特许先行进入被征地内实施工作"。并经行政院令，由重庆市政府于民国三十一年五月十九日公告征收，嗣由前军政部以"该厂呈请征收时之计划书，所载约三千市亩，仅列田土，未计荒山，亩数虽有出入，界址并未变更，实征八千余市亩"等语，呈经行政院于三十三年三月间令准照实征面积更正。原告向重庆市财政局请求豁免地税时，以该局通知所征地业主册内并无原告江聚源姓名在内，遂于同年四月间，以坐落重庆鸡冠石镇三保一甲田土被第二工厂侵占，主张恢复原状赔偿损害等情，向军政部提起诉愿，经军政部批示，略谓"该厂因军事建设征用土地，核属需要，所征土地内有江少香一户，查系具呈人（即原告）粮名，计被征土地约91.741市亩，该具呈人所称不无子虚，仰即遵照协议决定之地价具领"等语。原告不服，提起再诉愿，经行政院令由军政部补作决定书后，遂以决定驳回再诉愿。原告仍不服，提起行政诉讼到院，兹将原、被告诉辩意旨摘叙如次。

原告起诉意旨：

略谓原告所有重庆市十八区二十二保地名鸡冠石之田土房屋，所遭第二兵工厂于国战发生该厂迁渝之际，蒙请行政院先后核准征用人民土地至八千亩之多，心尤不足，反强占民之田土，迄今尚无市行政长官片纸只字令文，只有该厂一纸公函请民前往办理租用手续，依照该函，民之田土确实不在行政院核准该厂征用之列，该厂大辟农场开设煤窑，种植烟草，设厂卷烟，故强占民土建筑房屋三十九栋，为其私营各项业务之工人宿舍，可查可勘。第二兵工厂早已解体，厂址改为学校，该厂强占民田所建之房屋，现租与他人居住，害民生活断绝，民自该厂强占田土以来，至今八年，每年损失租谷五十老担，损害赔偿法有明文，该厂长实应负赔偿损失全责，行政院决定之事实理由，均不在民诉愿请求之列，如上述征用土地之范围，租用之公函，强占之确据，均皆抹煞，只字不提，足见违法，万难甘服，诉请依法核办，并附带请求赔偿损失等语。

被告官署答辩意旨：

略谓卷查前第二兵工厂征收该民土地时，系以其户籍名字江少香列载业户册内，江少香与原告确系一人，曾经重庆市警察第十一分局鸡冠石分驻所具函，证明征收九十一亩七分四厘一毫之土地，确在行政院三十三年三月三十一日义壹字第六九六九号训令核准之计划征收范围以内，又二十九年十月十六日协议地价时，该民曾与会商讨四至界址征用面积，绘制图册，函经重庆市政府于三十一年五月十九日公告，所称无市行政长官片纸只字令文一节，显非事实，该民被征土地系前第二厂建筑职工住宅及子弟学校之用，移交本厂接收后，原有建筑仍作为本厂员工住宅，并未租与他人，原状所称辟设农场煤窑设厂卷烟各节，均无其事，又称前第二厂曾有公函通知该民前往办理租用手续，经查接管之土地卷宗内，无此函稿，无论有无该件，自应以市政府之公告为确属征用之合法决定，若该件发文日期系在三十一年五月公告征收以前，则更不能引为征收以后为租用之口实，请求驳回原告之诉等语。

理由：

按诉愿于征收土地有违法或不当之处分时，依法为之，此为当时有效之土地法第三八八条所明定。本件征收土地，前军政部兵工署第二工厂，曾拟具计划图说，声请行政院核准征收土地后，经行政院将原案令由该土地所在地之重庆市政府公告在案（卷查第二工厂抄呈军政部之文件，系重庆市财政局公告），原告对此公告征收之处分，如认为违法有不服时，自得依诉愿法规定向该管上级官署提起诉愿，至于该第二工厂为本案之需用土地人，无论其声请征收土地是否违法，然并未对于原告有若何之处分，原告乃以该工厂侵占其土地请求恢复原状赔偿损害等情，误向军政部提起诉愿，依上开说明，本属于法有违，诉愿决定未指示其依照上述法定程序进行，乃迳行受理，由实体上审究，再诉愿决定未就程序上予以纠正，亦从实体上审查，于法均难谓合，应行一并撤销，原告虽非就此论点以为主张，而其请求撤销诉愿及再诉愿决定之意旨则一，不得谓无理由。再该第二工厂既未对于原告有若何之处分，则本件即不发生处分违法之问题，因而原告附带请求损害赔偿亦应毋庸置疑。

据上论结，原告之诉为有理由，合依行政诉讼法第二十三条判决如主文。①

大致案情是，军政部兵工署第二工厂，于 1939 年 12 月间，勘定重庆新市区纳溪沟一带土地，约计面积三千市亩，为建筑厂房之用，准备征收，后又实际征收扩大到八千余市亩。行政院在 1944 年 3 月间照实征面积更正了审批。原告向重庆市财政局请求豁免地税时，该局通知所征收地业主册内并无原告江聚源姓名，也就是漏掉了业户信息。所以，江聚源诉愿请求赔偿。

本案中，军政部兵工署第二工厂系需用土地人，征收土地实施是重庆市政府，如果认为违法，应该对其上级机关提起诉愿，但原告将需用土地人当作征收行政行为的施行者，向其上级机关军政部提起诉愿。这在程序上发生了错误，但军政部未进行说明，而且，行政院再诉愿也未进行更正。行政法院在判决中指出了程序上的问题，撤销了诉愿与再诉愿的决定。

_____

① 《行政法院判决：三十七年度判字第六十八号》，载《总统府公报》1948 年第 179 期。

# 第二节 土地征收的行政诉讼

## 一、关于公共利益认定的行政诉讼

### （一）公益的必要性与征收目的的落实

1927 年，福建龙岩的胡文虎捐资兴建新罗中心小学校舍，县政府召集龙岩县党部、县商会、教育会的代表开会，议决在城区北平路前公民学校原校址和附近公地建筑校舍。

建校的管理委员会派员实地察勘后，1929 年 3 月 14 日动工起建。业主陈文汉以该新建校舍界址内的部分基地系其家族的祠基，呈请县政府将侵越部分停止建筑，批还基地。县政府未准，只是答应补偿。原告不服，提起诉愿至福建省政府，省决定："由县依土地法征收程序估价征收"。原告仍不服，提起再诉愿。经内政部决定，再诉愿又被驳回。原告只能寻求司法救济，提起行政诉讼。具体案情与判决如下：

行政法院判决：三十三年度判字第六号

原告：陈文汉，住福建省漳平县第二保第三甲永福里。

被告官署：福建省政府

上原告因祖祠基地被征收事件，不服内政部于中华民国二十九年八月十六日所为再诉愿决定，提起行政诉讼。

本院判决如下：

主文：再诉愿决定、诉愿决定及原处分均撤销。

事实：

缘龙岩县政府以胡文虎捐资兴建新罗中心小学校舍，于民国二十六年二月间召集龙岩县党部、县商会、教育会代表开会，决议建筑校舍于城区北平路前公民学校原址及其附近公地。

迨经函请胡文虎捐建小学百所，管理委员会派员实地察勘，即于二十八年三月十四日动工起建。原告以该新建校舍界址内之一部分基地，系其族有祠基。呈请县政府将侵越部分停止建筑，批还基地。经县政府以

"本府奉令在城区北平路建筑新罗中心小学校舍，该废圮之祖祠及祠前空地，皆在征用之列。业经电奉省政府教育厅核准有案，所请停止建筑，批还祠地，未便照准。惟本府为体恤起见，姑准照契面原价给予补偿"等语，批示在案。原告不服，提起诉愿。经福建省政府决定："原处分变更之，由县依土地法征收程序估价征收。"原告仍不服，提起再诉愿。经内政部决定，再诉愿驳回。原告又向本院提起行政诉讼。兹将原、被告诉辩意旨摘叙如次。

原告起诉意旨：

略谓胡文虎捐建龙岩新罗中心小学校舍，经县党部、县政府、县商会、县教育会决议，以北平路公民学校遗址建筑，既有一定之地点，可资应用，而面积广大，又无不敷情形。试问原处分县政府究以何种理由舍而不用，反将整个校舍，改移在原告祖祠内占建。如此而谓为有征用必要，实令人莫解。而诉愿决定、再诉愿决定，又均未认明事实，一误再误。奚期裁判允当，均请予以撤销等语。

被告官署答辩意旨：

略谓本府以兴办学校，系属公共事业。依照土地法第三百三十五条之规定，固可征收私地。惟本案本府仍饬县依法先行协议收买，收买不成，再依法征收。迨原告不服原处分县政府批示"照契上原价给价"，提起诉愿，并经本府决定变更原处分，令县依法估定地价补偿。是本案祠基之征收，自始至终，均系按照实际需要及依法办理，所提行政诉讼，实不能认为有理由等语。

理由：

按人民财产，因公共利益之必要，得依法律征用或征收之。又按国家因公共事业之需要，得征收私有土地。此为训政时期约法第十八条及土地法第三百三十五条所明定。本件原告起诉有无理由，即视其祖祠基地是否有征收之必要以为断。卷查本案龙岩县政府，因胡文虎捐资兴建新罗中心小学校舍，召集该县党部、商会、教育会代表开会，决议于城区北平路前公民学校原址及其附近公地建筑校舍。其决议之时，对于上项建筑校舍之地址，并未提及有不敷用之情形。而原告又于再诉愿书内声明："新建校址，直深不过一十六公尺，横阔不过三十八公尺。而龙岩各界指定之公民学校公地，面积广大，计纵长有三十七公尺，横宽六十公尺。不但足够建筑校舍，且尚有余地甚多"等语。再诉愿官署，对于此点，亦未加以否认，足见上项决议建筑新罗中心小学校舍之地址，并无不敷情事，即无再行征收原告祖祠基地之必要。原处分官署，既未能举出必要之确切理由，乃认为原告之祖祠及祠前之空地，皆在征用之列，已属不合。诉愿决定，虽变更原处分，仍不外饬县依土地法征收程序估价征收。再诉愿决定对于诉愿决定未为纠正，仍予维持，于法均难谓合，应予一并撤销。又查本件原告之诉愿书内所具理由，不仅对于原处分批示照契上原价给价一节声明不服，且对其祖祠基地不应征收之点，亦斤斤置辩。答辩意旨认为，原告仅对于原处分县政府照契上原价给价提起诉愿，未免误会。起诉意旨主张其祖祠基地无征用必要，自属正当。

据上论结，原告之诉应认为有理由，合依行政诉讼法第二十三条判决如主文。

中华民国三十三年二月二十九日 ①

本案也是建筑学校征收土地的案件，只是征收不是坟山，而是祠产。因胡文虎捐资建龙岩新罗中心小学校舍，征收漳平县陈文汉祖祠基地。陈文汉不服，一再诉愿，最后诉至行政法院。陈文汉所列理由，不仅对于原处分批示"照契上原价给价"一节声明不服，且对其祖祠基地不应征收斤斤置辩。从陈文汉的理由可知，最大的质疑是征收祖祠基地修建学校是否有必要。又是公益的必要性与征收目的地是否吻合的问题。如果议及法理，还是行政行为是否符合比例原则。

判决理由指出，政府已经批给老校（公民学校）原址及一块公地建筑新罗中心学校，面积经过计算，完全符合修建，且有剩余。此种情况，再征收陈文汉祖祠基地，未免牵强。按照必要性原则，在所有能达到行政目的的手段中，应选择对人民权利侵害最少的方式。所以，从可用地的面积足够兴建学校来说，足以证明无征收其祖祠基地的必要。反过来看县政府、

① 行政法院编：《行政法院判决汇编》，上海法学编译社 1948 年版，第 1 页。

省政府的处分，都是认为业主在纠结征收的补偿价值，认为只要达到补偿，征收就是可行的。

这种用量化的方式来证明征收土地必要性的案件仍有，如南京袁仰佛等不服土地征用的案件①，被告南京市政府以南京市立第一中学兴建操场为目的，决定征收原告袁仰佛等业户的土地。就目的来看，兴办教育事业征收土地，符合土地法的相关规定。但原告证明，南京市立第一中学现有操场已能满足学生之需，兴建新操场并非出于必要，最后也认定南京市政府征收原告袁仰佛土地的决定存在不合法之处。

可以看出，由于公共利益的宽泛性，对于征收必要性的考量是土地征收合法性的重点，也是衡量公益的必要性与征收目的地落实是否吻合的必须。而实践操作中，唯有运用量化的标准，去衡量使行政行为损害最小，才是有说服力的判断标准。

**（二）公益机构可否征地兴办经营事业**

1947 年，广东蕉岭县私立镇南中学因为经济困难，想申请征收土地，兴修菜场。大致案情是，学校在蕉岭新铺镇，穷乡僻壤，地瘠民贫。现在学生数量增加，开支越来越大，已经难以维系。以前学校有菜场一座，可以作为用度，但是最近毁弃，所以希望征收土地，再次兴建菜场。具体案情与判决如下：

行政法院判决：三十六年度判字第三四号<br>三十六年九月三十日

原告：广东蕉岭县私立镇南中学

代表人：陈汉生，住未详。

被告官署：广东省政府

上原告为征收土地事件，不服地政署于中华民国三十五年十月二十二日所为之再诉愿决定，提起行政诉讼，本院判决如下。

主文：原告之诉驳回。

---

① 中国第二历史档案馆，全宗号 29，案卷号 89。转引自郭腾云：《论民国行政法院土地案件的裁判》，载《沧桑》2010 年第 4 期。

事实：

缘原告于民国二十二年间，呈准蕉岭县政府征收坐落该县新铺圩背石路以西公有义冢及毗连公荒、私荒地段，辟为菜市，藉收租息，以裕经费，因利害关系人陈韵琴（现已身故）之诉愿，经广东省民政厅决定，将原处分撤销。饬依当时有效之土地征收法各规定办理，原县政府乃遵令另行组织征收审查委员会，于二十四年十二月二十七日开会，将征收土地范围及补偿金额议定，作成议定书，分别送达，陈韵琴不服，向广东省政府提起诉愿，诉愿决定认为诉愿逾期，不予受理，复由陈韵琴之子陈家桂继受诉讼，向地政署提起再诉愿，再诉愿决定则认诉愿并未逾期，将诉愿决定予以撤销，另由广东省政府重为诉愿决定，将征收土地之原处分撤销。原告又不服，向地政署提起再诉愿，因被驳回，乃向本院提起行政诉讼。兹将原、被告诉辩意旨摘叙如次。

原告起诉意旨：

略谓本校设立于蕉岭新铺镇，穷乡僻壤，地瘠民贫，近以学生日增，需费益巨，早已罗掘俱穷。若谓请求政府补助，则政府对于公教人员已无法维持其生活，遑论其他。若谓请私人捐赠，纵有可能，亦非长久之计，现本校所赖以维持者，仅此菜市租金一种而已，菜市朝毁，学校夕废，岂能谓非供自建校舍之用，即无征收之必要。且建筑菜场为公共事业之一，关系市容与卫生者，至巨且大，亦无既成而毁弃之理。地政署未能注意及此，显属错误。又地政署三十二年七月十三日之决定书，以陈韵琴之子陈家桂向广东省政府提起诉愿，省政府决定不予受理为不当，亦属错误。查当时有效之土地征收法第四十四条明白规定，诉愿应自收受议定书之日起算，于十四日提起之等语，乃地政署决定书不依照上述土地征收法规定之十四日法定期间，而援引诉愿法三十日期间之规定，尤属违法，为此状请撤销再诉愿决定及诉愿决定，维持原处分，以重市政而维教育等语。

被告官署答辩意旨：

略谓土地征收，依土地征收法，限于兴办公共事业，而公共事业之范围，该法第二条已明白规定。本件勿论该私立镇南中学经费是否不敷，能否另筹，要不能藉经费不敷而征收私人之土地。今原告竟以征收土地建筑菜市藉筹经费，为属于公共事业，显无理由，应请依法驳回。

理由：

按政府或自治团体或人民征收土地，须为兴办公共事业而有征收土地之必要时，始得为之，此在当时有效之土地征收法第一条有明文规定，本件原告因校款支绌，呈请征收土地，开辟菜场，藉收租息，以裕经费，是原告之目的显属牟利，而非兴办公共事业，即无征收土地之必要，至所称建筑菜场为公共事业之一，关系市容卫生者甚大等语，纵属实在，亦系地方行政事宜，应由地方政府主持，非原告以私立学校之资格所得藉口兴办，蕉岭县政府所为征收土地之原处分，显非合法，诉愿决定予以撤销，再诉愿决定亦予驳回，均属允洽。又地政署因陈家桂之再诉愿认为诉愿并未逾期之决定，无论是否正当，要之原告未于法定期间内提起行政诉讼，其决定已经确定，亦无再行争辩之余地，原告起诉意旨殊不足采。

据上论结，原告之诉为无理由，合依行政诉讼法第二十三条判决如主文。①

本案虽涉及学校，但并非建筑学校征收土地。缘由是镇南中学因教育经费不足，希望政府能够批地给学校修筑菜场，用菜场的租息营利，供给镇南中学的教育经费。此案关系到公益的界定。办学校是为了教育，有利于全民素质的提高，对社会与国家的发展有益，符合公共利益。而修建菜场，收取租金，是一个经营行为。虽说菜场的营利是供给学校的经费支绌，最终的目的是服务学校，以服务民众。这个目的看似合情合理，但是要区分经营和公益。

本案发生时间是1933年，援用的法律是1928年的《土地征收法》②，此法对于兴办公共事业的规定在第2条。查条文可知，修筑菜场唯一能够牵扯一些关系的是第八项"关于创新或扩充国营工商业之事业"，第十项"其他以公用为目的而设施之事业"。而仔细甄别，首先菜场并非创新，亦非国营事业。然后，修菜场是营利行为，并非免费公用提供给商户。如若

---

① 《行政法院判决：三十六年度判字第三四号》，载《国民政府公报（南京 1927）》1947 年第 3006 期。

② 1930 年《土地法》虽颁布，但直至 1936 年《土地法施行法》颁布才施行。

认为其目的是为了公益，很难自圆其说。

《土地征收法》虽规定了符合公益的公用事业，但对于公益的延伸范围，却需要界定。本案中需用地人的最终目的是为了学校，从情理而言，实属应当。然满足公益应该是直接为之，这种间接公益很难把握。

以上案件的结果虽因事而异，贯穿每个案件的主线皆是公益的界定问题。土地征收法律尽管列举式地限定何种事业符合公益，在实际运作中，衡量公益的必要性与落实征收目的地，完全吻合是一个难以处理的问题。另外，公益概念的宽泛性，会导致公益的范围扩大，甚至会出现"间接"公益，即用征收土地改造经营性产业，再来完成公益事业。

实际上，由于现代的宪法思潮，公益概念与社会利益开始混淆。例如，对国民中少数的社会弱者予以特别的扶助行为，亦可认为是合乎现代公益概念的。因此，关于公益概念的认识，最好是由量（受益者之数量）转向对质（公益的性质）的方向之上。公益概念尽管有其抽象性，并非缥缈不可及，因为是价值问题，就可以诉诸宪法理念及法理，在不同情况取得某些程度的具体结论。[①] 当然，这种情况只能在现实案例中去实践运用了。

### 二、关于征收程序违法的行政诉讼
### （一）桂林市政府设置广场征收土地案

除公益的界定是问题外，征收的程序违法，也可以造成权利侵害和影响。1941 年 8 月，桂林市政府依据《都市计划法》，拟规划桂林市区。广西省政府核准后，次年十月间，政府因人口增加，交通殷繁，拟先在十字街口，即桂东路、桂西路、中北路、中南路之交叉处，设置圆形广场，并绘具了该路口周围最后需要退缩的房基图，呈明省政府。计划中，拟将广场内桂东路、中北路转角处之残破矮屋，一律照图拆卸、退缩。其余比较高大的铺屋，等各业户呈请改建时，再照图拆退。多次通知后，唐敬轩等户并不拆退，一再提起诉愿。经广西省政府及内政部先后决定驳回，原告仍不服，提起行政诉讼到行政法院。具体情况如下：

---

① 陈新民：《德国公法学基础理论》（上册），山东人民出版社 2001 年版，第 206 页。

行政法院判决：三十五年度判字第十一号

三十五年九月八日

原告：唐敬轩，住广西省桂林市三多路五三号。

蒋绍琳，住广西省桂林市中南路一九三号。

李绰余，住广西省桂林市中北路一号。

被告官署：桂林市政府

上原告因桂林市政府设置广场征收土地事件，不服内政部于中华民国三十二年十一月二十日所为再诉愿决定，提起行政诉讼，本院判决如下：

主文：再诉愿决定、诉愿决定及原处分，除设置广场部分外，均撤销。原告其余之诉驳回。

事实：

缘民国三十年八月间，桂林市政府依据都市计划法，拟具桂林市中心计划图，呈由省政府核准后，于三十一年十月间，因该市人口增加，交通殷繁，拟先在十字街口，即桂东路、桂西路、中北路、中南路之交叉处，设置圆形广场，绘具该路口周围最后退缩房基图，并呈明广西省政府，拟将广场内桂东路、中北路转角处之残破矮屋，一律照图拆卸、退缩。其余比较高大铺屋，则俟各该户呈请改建时，再饬照图拆退。当经令准照办，遂于同年十一及十二两月，先后令知中北路及桂林东路各户业主，将该处房屋依图拆除，因未遵办，乃又于三十二年四月十五日，以"桂市人口增加，交通殷繁，该处广场，实有全部完成之必要，业经本府订定分期拆建办法，呈请省政府核备，而仍以广场之桂东路、中北路转角处为第一期，首先拆建，合再令仰该业主遵照，限于本年四月三十日以前，务将该号门牌房屋拆除，逾期即由本府饬派工兵代为拆卸，用费仍由该业主负担"等语，令知在案。原告不服，一再提起诉愿，经广西省政府及内政部先后决定驳回，原告仍不服，提起行政诉讼到院。兹将原、被告诉辩意旨，摘叙如次。

原告起诉意旨：

略谓民等在桂林十字街口住居，或开设店铺，或将房屋出租他人而为工商营业场所。桂林十字街口为桂东、桂西、中南、中北四路之交叉处，亦即桂林全市最繁荣之商业中心区域。桂市人口现未达到百万，前市长所拟设置广场，系为人口百万以上之设计，此时设置广场，实为不急之务。市府训令民等，限定期日，拆卸房屋，开辟广场，于人民有形产业损失之数字，为国币数千万元，至商务营业上积日累年之损害，更不可以数字计算。又查新市区中心计划图，桂林市政府未能依照都市计划法第六条规定，先事公布，且于征收土地前，既未与土地所有权人为直接协定，又无公断人之公断，后不为若何之补偿，而以命令限于十五日强迫拆卸房屋，自与土地法所规定之征收程序不合。又土地法施行法第七十六条末句，"应就受损害最少之土地为之"，其所谓最少之土地，系指征收之某一面积土地与其他同一面积土地之损害价值而言，市府拆毁铺屋，征收十字街价值最高之土地，自属违法。又内政部再诉愿决定主文，固为再诉愿驳回，而其内容则谓："惟该市新市区中心计划图，既经国民政府核准，该市政府未能依照都市计划法第六条之规定，先事公布。又关于地价补偿及应发迁移费用，该市政府虽经规定有案，而未能于拆让布告同时宣布，致启再诉愿人有强迫没收之误会，其手续欠缺，要属无可否认，关于此部分，应由该市政府依章另行处分。"是已说明原处分之违法，既须另为处分，即当然不能执行原处分，亦即原处分已失其效力。民等依行政诉讼法第十一条但书之末句，"或以原告之请求停止之"，于本年（三十三年）三月二十一日，呈请原处分之桂林市政府停止执行，而市府明知违法，且故意于同年四月二十九日布告，仅限五日，即于五月四日，将十字街东北角民等铺屋砖石墙壁，概行拆毁，夷为平地，其以强暴胁迫，毁坏他人建筑物，是与刑法第一百三十四条规定，公务员假借职务上权力，故意犯罪之意旨相合。总之，桂林市政府原处分既系违法，且法定手续又未具备，请求依法为废弃原处分之判决，并依照诉愿法第十二条之规定，将桂林市市长应负之刑事责任及应付惩戒各部分，送交主管机关办理，至于损害赔偿部分，暂为保留，俟民等清理概要后，再为补呈等语。

被告官署答辩意旨：

略谓本案事实及法律理由，分别答辩如次：

（甲）事实部分。（一）查开辟十字街广场，为本府建设新市区计划之一，业经呈奉核准备案，并经本府于三十年十二月十三日，将新市区中心计划图公布在案，原卷俱在，可以覆按。此次开辟广场，计全部收用民地二市亩六分强，全部应拆房屋计十八间，一部被拆房屋仅十四间，以收用二亩余之地，拆卸十余间之铺屋，何至损失财产数千万。（二）查设置广场，并非系为人口百万以上之设计，原状所称系为人口百万以上之设计，已乏根据。况查设置广场之目的，原在便利交通，以保安全，要不以人口之多寡为设置标准，且桂林市因抗战而人口激增，交通殷繁，广场开辟成为当务之急，实不容以私人权利攸关，藉词反对。（三）开辟十字街广场，迭经本府限期劝谕被拆各户自动拆卸，乃被拆各户，以私利攸关，诸多阻扰，因之再行布告，限被拆各户，于布告后五日内，先将东北角各铺屋拆卸，其余各路转角处铺屋，则订定分期拆建办法。讵料期限届满，而应拆各户，仍不遵从，依土地法第三八五条规定，本府自得代为拆卸，被拆各户，其货物并无若何损失。

　　（乙）法律部分。（一）查本府开辟十字街广场，原诉人既加以反对，自不能与其直接协定，依土地法第三三九条规定，申请省府核准征收，自属合法。至本府征收土地之情形，既与同法第三九零条规定意旨不符，自无令公断员公断之必要。又关于补偿地价一层，业经本府于三十二年四月十七日，附具广场第一期工程计划图、说明书、工程估计表、征收预算表、补偿费预算表，呈奉省府核准在案，并迭经令催被拆各户来府领取补偿费，迄未遵照来领，乃自行放弃权利，原状谓本府未有补偿地价之办理，更非事实。（二）按土地法施行法第七十六条，所称土地征收应就受损害最少之土地为之者，以不妨害征收目的之范围内为限，否则即不在适用之列，本府征收十字街土地，既在开辟广场，如不将其铺屋拆卸，则开辟之目的显不能达，因之本府拆卸是项铺屋，自不能谓非合法。（三）查本府于民国三十年十二月十三日，曾将新市区中心计划图公布有案，则再诉愿决定书所称"须依章另行处分"云云，事实上已无另行处分可言，矧其所谓依章另行处分者，按之前后文义，不过为办理手续欠缺，须即另行补正之意，讵能以此遂认原处分为无效，观其决定书主文，称为"再诉愿驳回"，更可了然。原处分既尚有效，本府据以依法执行，有何违法之足述。又查本府拆辟十字街广场，系属适法行为，并经呈奉核准备案，已如前述，则依刑法第二十一条第一、二两项规定，自在不罚之列，从而对于刑事及惩戒之责任，自不构成。至民事损害赔偿行为，依民法第一八四条规定，以不法侵害他人之权利为构成要件，本府对拆辟广场事宜，既非违法，其不应负担损害赔偿责任，亦不待言。原诉人提起行政诉讼，显无理由，应请驳回等语。

理由：

按市区主要道路交叉处，车马行人集中地点，应设置广场，此为都市计划法第二十一条所明定。如因设置广场而征收人民土地者，自应适用土地法关于土地征收之规定。本件桂林市十字街口为市区主要道路交叉处，乃该市最繁荣之商业中心区域，已为原告所自承，被告官署因桂林市人口增加，交通殷繁，认为该处设置广场实有必要，自无不合，而原告乃主张该市人口未到达百万，设置广场实为不急之务，未免于法无据，其理由自难认为正当。惟查被告官署因设置前项广场而征收人民土地，并未依照当时之土地法第三百六十条及第三百六十一条规定之公告等程序办理，遽行令知桂东路及中北路转角处各业户，限期将该号门牌房屋拆除等情，自属于法有违，诉愿及再诉愿决定，对此部分之原处分，先后予以维持，于法亦难谓合，应行一并撤销。又按都市计划法第六条第一项载，都市计划拟定后，应送由内政部会同关系机关核定，转呈行政院备案，交由地方政府公布执行等语。查桂林新市区中心计划图，已由广西省政府咨经内政部核定，转呈行政院递奉国民政府三十一年九月一日渝文字第一四零九号指令核准备案在卷（见再诉愿决定书），桂林市政府对于上项核准后之中心计划图，并未事先公布，已为再诉愿决定所认定，而答辩意旨谓，于三十年十二月十三日，曾将新市区中心计划图公布有案，此种计划图，系经广西省政府核准，纵使有公布之事实，然并未经过上开法条中关于核定及备案程序，其公布亦难认为有效。又据原告诉称，依照诉愿法第十二条规定，请将桂林市市长应负刑事责任及应付惩戒各部分，送交主管机关办理等情。查诉愿法第十二条所谓由最终决定之官署于决定后送主管机关办理等语，乃指公务员因违法处分或不当处分，应负刑事责任或应付惩戒者而言。本件桂林市政府之拆毁铺屋，发生于三十三年五月间，已在三十二年十一月再诉愿决定以后，并非因本案原处分所发生之事实，自系另案问题，不在本院审查范围以内，原告请求送交主管机关办理，未免误会。再行政诉讼法第二条第一项规定，提起行政诉讼得附带请求损害赔偿者，依同法第一条第一项规定，须人民因中央或地方官署之违法处分，致损害其权利者，始得为之。本件被告官署之拆毁铺屋，并非因原处分所发生之事实，已如上述，故原告对于损害赔偿之部分申请暂为保留，亦应毋庸置疑。

据上论结，本件原告之诉，一部分为有理由，一部分为无理由，合依行政诉讼法第二十三条，判决如主文。①

本案主要围绕征收程序问题展开。1939 年的《都市计划法》第 21 条规定："市区主要道路交叉处，车马行人集中地点，及纪念物建筑地段，均应设置广场，并应于适当地点设置停车场。"桂林市政府在繁华路段设置广场，符合《都市计划法》。市政府在制订规划后，准备让桂东路及中北路转角处各业户，限期将该号门牌房屋拆除。但是，桂林市市政府并未依照 1930 年《土地法》第 360、361 条的规定，进行公告等程序办理。也就是，未先将土地征收令通知土地所有权人及土地他项权利人。此外，也未依照《都市计划法》将桂林新市区中心计划图送交内政部核定，转呈行政院备案等。这就导致计划本身的效力受到质疑。

原告业户认为计划图无效，征收程序上又违法，征收合法性就难以认定。但是，在再诉愿驳回以后，政府凭借其公权力，强制拆除，直接损害了土地所有权人等的利益。之后，原告进行司法救济，到行政法院诉讼。

### （二）王则时承买城墩基地被征收保留案

1934 年前后，业户王则时等取得了浙江永嘉县城墙北门左城墩基地一块，因政府一直保留未拆城墙，理由是拆除旧城墙影响防务和防止春潮，他们便不能正式管业。至 1940 年左右，王则时继续申请拆除城墙，建筑市店。县政府请示省政府的民政、财政、建设三厅，得到的指示是继续保留。但是建议县政府进行征收。县政府并未走征收的程序，而是直接要王

---

① 《行政法院判决：三十五年度判字第十一号》，载《国民政府公报（南京 1927）》1946 年第 2671 期。

则时呈交契约，发补偿款。为此，王则时提起诉愿、再诉愿，驳回后，提起行政诉讼。具体如下：

行政法院判决：三十五年度判字第二十三号

原告：王则时，住浙江省永嘉县经历司巷四号。

王尚德，住同上。

被告官署：永嘉县政府。

上原告为承买城墩基地被征收保留事件，不服地政署于中华民国三十三年十二月五日所为再诉愿决定，提起行政诉讼。本院判决如下：

主文：再诉愿决定、诉愿决定及原处分均撤销。

事实：

缘原告王则时等，在先报领永嘉县北门左城墩基地三分四厘五毫，及城梯下太平坞基地四厘五毫，合计面积三分九厘，业已取得所有权。旋因奉令保留未拆城墙，迄未管业。迨民国二十三年间，原告呈请先拆城墙一部分，建筑市店。永嘉县政府恐因城墙拆除，影响防务，并为防止春潮，勘留北门沿江一带城墙。呈奉浙江抗敌自卫团总司令部核准，免拆有案。嗣原告等复于二十九年间，续请拆除。由县政府转请浙江省民政、财政、建设三厅核示，旋奉指令略以原保留部分，既经奉准免拆，应仍保留。惟该地产权，已由原告等取得，应即由县依法征收，俾归公用。该县政府奉令后一再通知原告，呈验部照，以凭发还价款。原告不服，先后提起诉愿、再诉愿于浙江省政府及地政署，均被驳回。原告仍不服，遂向本院提起行政诉讼。兹将原、被告诉辩意旨摘叙如次：

原告起诉意旨：

略谓地政署所为决定，驳回再诉愿之唯一理由，系以城墙城墩因防务与防止春潮泛滥，经呈准免拆保留各案为依据。惟查本县北门沿江一带城墙，曾于二十七年及三十一二年间先后拆除。此项未拆除之城墙，容或有防务与防止水患之必要，近则俱为一片平地，仅留城墩土泥基地，有何防务价值及水患可防。原处分官署，只按照二十九年以前未拆城墙情形，而忽略二十九年以后已拆除城墙之实际变迁状态，处分殊觉欠当。且按土地法第三五一及三五二各条规定，本县既不依核准计划使用其征收之土地，复因变更其计划而中途拆除城墙，对于城墩弃置勿用，自应发还归民等管业。而原决定官署，率予处分，致使民等遭受损害。应请指定法院或专属派员查勘，废弃原决定，更为裁决，以维产权等语。

被告官署答辩意旨：

略谓关于城基之征收保管及城墙拆除，依照土地法第三三五条："国家因公共事业之需要得依本法之规定征收私有土地。"第三三六条："前条所称公共事业以适合于左列各款之一者为限"，其第三款："为国防军备"；第八款："公安事业"；又第十二款："其他以公共利益为目的之事业"等规定。政府自可因适合该条各款公共事业之需要，依法征收私有土地。本府前因防务及防止春潮，奉令征收保留是项城基，与土地法第三三六条自属相符。又本府勘留是项城墙，呈准免拆。随又奉令饬征收，与同法第三三九条及第三四一条之规定，亦属符合。若谓拆除净尽及不依核准计划使用各节，县政府在此久长期间勘留城基，以为防务及防止水患，即系依照核准计划使用征收之土地。迨后变更计划，拆除城墙，则属于行政上之权宜措置。如使用数年，而仍拆除，殊与土地法第三五一条要求买回之条件不合，应请维持原案等语。

理由：

按国家因公共事业之需要，固可征收私有土地。然须依照土地法规定之土地征收程序，始得为之。本件原告前所报领永嘉县北门左城墩基地，及城梯下基地，共计三分九厘，业已取得所有权。如认为有因公共事业之需要时，尽可依照当时土地法规定之征收程序进行。乃被告官署，因奉有本省民政、财政、建设三厅："应即由县依法予以征收，俾归公用"之指令。并未依照法定征收程序办理，遽以行政职权，一再通知原告呈验部照，以凭发还价款，自属于法有违。所谓业经征收，尤为误会，诉愿决定维持原处分，再诉愿决定，既认该县政府并未依照土地法关于征收各条款之规定办理，征收补偿地价为不合法，乃未撤销原处分及诉愿决定，而又以决定驳回再诉愿，于法亦难谓合，应由本院一并撤销。原告以为上项基地已被征收，请求发还管业，固属误会。而其请求撤销原决定之意旨，不能谓无理由。

　　综上论结，本件原告之诉为有理由，合依行政诉讼法第二十三条判决如主文。

中华民国三十五年十二月三十一日 ①

　　可以看出，永嘉县政府长期占有城墙基地，虽认为有国防与公共安全之需，但其并未按照征收程序征收。按照程序，应先做好征收准备，备好征收计划书，进行申请，由地政机关调查是否属实，是否符合公益。符合公益后，由行政院或省政府批准，并向土地所有权人及相关权利人公告。在补偿后，方可以征收土地。但永嘉县政府以行政职权，一再通知原告呈验部照，以凭发还价款，程序上已经违法。

　　虽然永嘉县政府在答辩意旨中提到征收保留，而 1946 年《土地法》第213 条规定："前项保留征收，谓就举办事业将来所需用之土地，在未需用以前，预为呈请核定公布其征收之范围，并禁止妨碍征收之使用。"本案中，保留城墙意在国防与防止春潮之用，理属符合。但是，发生时间在1946 年《土地法》颁布以前，法不适用。当然，征收保留也有时间限制，不可一直处于征收保留状态。

### 三、关于征收补偿不合理的行政诉讼

#### （一）南昌德外关帝庙土地补偿金及拆迁费案

　　清初年，南昌德外后街建有关帝庙，后因为美以美会以德外正街基地与关帝庙互换基地，关帝庙该在德外下正街。1935 年 12 月间，因建设南昌市水电厂，由南昌市政委员会征收德外下正街及帅家坡附近土地为厂址，关帝庙基地也在被征收之列。

　　委员会一开始认为该基地为关帝庙产业，系属地方共产，其土地补偿金由关帝庙管理者七段人民所共有，可以七段人民代表名义，呈请发给该庙土地补偿金及拆迁费。但是，经查产权后，委员会又以德外关帝庙之财产所有权，应属于关帝庙本身，定性为地方公产，并非七段人民所共有，也就不给补偿金。七段人民于是进行了诉愿、再诉愿，被驳回后，又进行

---

① 行政法院编：《行政法院判决汇编》，上海法学编译社 1948 年版，第 3 页。

了行政诉讼。具体如下：

行政法院判决：三十五年度判字第二二号

三十五年十二月三十一日

原告：李甫生，住江西南昌市德外下正街十五号。

　　　郭照民，住江西南昌市德外下正街照记米厂。

　　　李贞桂，住江西南昌市德外下正街六十二号。

被告官署：南昌市政府（前南昌市政委员会之承受诉讼机关）

上原告为请求发给德外关帝庙土地补偿金及拆迁费事件，不服江西省政府于中华民国二十六年四月十二日所为再诉愿决定，提起行政诉讼，并附带请求损害赔偿。本院判决如下：

主文：原告之诉，及附带损害赔偿之请求，均驳回。

事实：

缘南昌市德外下正街关帝庙，前清初年建于德外后街，嗣因美以美会以德外正街基地与关帝庙互换，始迁移现址。民国二十四年十二月间，因建设南昌市水电厂，由前南昌市政委员会征收德外下正街及帅家坡附近土地为厂址，关帝庙基地亦在被征收之列。该委员会以上项基地为关帝庙产业，系属地方公产，其土地补偿金，曾经呈准核收作为事业费用，并通知关帝庙住户知照在卷，原告主张德外关帝庙系七段人民所共有，以七段人民代表名义，呈请发给该庙土地补偿金及拆迁费。该委员会复以德外关帝庙之财产所有权，应属于关帝庙，并非七段人民所共有，该李甫生等所请将关帝庙土地补偿及拆迁各费发给具领一节，自难照准等语，于二十五年七月二十三日通知原告亦在案。原告不服，经一再向江西省民政厅暨江西省政府提起诉愿，均经决定驳回，原告仍不服，向本院提起行政诉讼，并附带请求损害赔偿。兹将原、被告诉辩意旨摘叙如次。

原告起诉意旨：

略谓查德外关帝庙，系由德外下正街及帅家坡等七段人民集资建立而并管理，有民国二年美以美会所立换庙契约及老契为凭，且于二十四年四月间呈请土地登记，曾由被告官署给有登记第九零六三号凭单，及测字第一三四四号收据，各一纸，均载明土地所有权登记申请人为七段关帝庙，就令无前项凭证。然该庙自互换至今，历由七段人民公推首士代表管理，至今二十余年。依照民法第七百六十九条规定，其和平继续占有权，亦为法律所应保护。再退一步言，该庙确为施主捐助建立，并非七段人民集资建立而并管理，亦只应依照监督寺庙条例办理，究何有被告官署蒙请没收作为事业费用之余地，是原处分违法，损害人民权利，无可讳言。诉愿暨再诉愿决定，对原告之请求，均予驳回，自不足以昭折服，应请一并撤销，并着令被告官署发还关帝庙土地补偿及拆迁各费，俾得择地建庙，藉崇供奉。又行政官署因违法损害人民权利，依法应负损害赔偿责任，兹关帝庙财产既被该会暴力拆毁，悉数变卖，并应附带请求损害赔偿国币五千元，以维法益，而重私权等语。

被告官署答辩意旨：

略谓查本案原告主张德外关帝庙系七段人民私自建置，无非借口，持有民国二年间美以美会与该庙互换基地之契约，及二十四年申请土地登记时南昌市政委员会所给之核收书据、凭单及测量费收据。而该关帝庙实建自清初，有民国十二年德外圣帝殿重修庙宇碑记之拓本可考。在清初建筑该关帝庙时，究系国家或省、市、县地方拨款购置，或系募置，均无案可稽。既云载诸邑乘，其为公有无疑。在民国二年美以美会与该庙互换基地之契约，仅足证明此项财产系关帝庙本身所有，殊难溯断系七段人民所建置，至民国二十四年之土地登记核收书据、凭单及测量费收据，亦只能证其曾经申请为土地所有权之登记，此项单据究非业权凭证，亦与建置问题渺不相涉，是则原告所主张德外关帝庙系七段人民私自建置一节，既无丝毫证据，即根本不能成立。且关帝庙七段，并非合法法人，无当事人或代理人之资格，因之前南昌市政委员会将德外关帝庙所有土地补偿及拆迁各费核收，作为事业费用，无论是否适法，在该原告李甫生等，实无告争之权，所请撤销再诉愿决定、诉愿决定及原处分，暨附带请求损害赔偿等项，应请驳回等语。

理由：

按监督寺庙条例第三条第三款之规定，不适用本条例者，系指私人建立并管理之寺庙而言。本件原告能否请求发给德外关帝庙土地补偿金及拆迁费，即以该关帝庙是否为七段人民所建立并管理以为断。卷查原告对于本案所提证据，不外民国二年美以美会所立换庙契约，及被告官署所发给之登记凭单及收据。惟前项契约虽载有七段人等名下管业字样，然仅足证明该庙为七段人民管理，究不能证明有建立之事实。况原告亦称前项凭单及收据，均载明土地所有权登记申请人为七段关帝庙，是原告主张该庙为七段人民集资建立而并管理，显非实在情形，原处分对于原告所请将关帝庙土地补偿及拆迁各费发给具领，未予照准，自难谓其于法有违，诉愿及再诉愿决定递予维持，一再驳回诉愿，亦难谓为不合。至关于附带请求损害赔偿部分，查行政诉讼法第二条规定之损害赔偿，系指行政官署因违法处分致损害人民权利，依法应负赔偿责任者而言。本件原处分既非违法，已如上述，原告对之请求损害赔偿，显难谓为合法。

据上论结，本件原告之诉为无理由，附带损害赔偿之请求为不合法，合依行政诉讼法第二十三条，判决如主文。[①]

本案例中，行政法院认为，契约虽载有"七段人等名下管业"字样，但只能证明该庙为七段人民管理，不能证明有建立的事实，判决原告的请求不合法。现在来看，原告找寻不到建立关帝庙之契约，但有 1912 年美以美会所立换庙契约，另原告七段人民管业已达二十年以上，足见七段人民对此庙有控制权。即使不给予所有权之补偿，对于他项权利，也应给予补偿。

究其原因，被告官署答辩意旨中提到，"原告所主张德外关帝庙系七段人民私自建置一节，既无丝毫证据，即根本不能成立，且关帝庙七段并非合法法人，无当事人或代理人之资格"。也即，关帝庙不属于合法法人。查 1929 年颁布的《中华民国民法》总则，关于权利主体的规定，有自然人与法人，在法人部分，规定了社团法人与财团法人，而关于祀产等祭祀公业，并未有相应规定。这也就导致关帝庙本身难以作为主体保障其权利。

另外，1930 年颁布的《土地法》，"因未有施行命令，各省市虽先后举办土地行政，而多不能遵照土地法进行"。[②] 所以，在 1936 年《土地法施

---

①　《行政法院判决：三十五年度判字第二二号》，载《国民政府公报（南京 1927）》1947 年第 2775 期。

②　王祺：《一年来我国土地政策之推行》，载《地政月刊》1936 年第 4 卷。

行法》颁布以前，十年间施行的土地征收及补偿办法，基本上是以 1928
年《土地征收法》为根据。

### （二）补偿的执行

#### 1. 地价补偿的确定标准

1928 年《土地征收法》第 30 条第 2 项规定："土地所有人已依不动产
登记程序呈报其地价时，兴办事业人得照所呈报之价额给予补偿。"即以
申报地价作为土地征收时地价补偿的标准。而前提条件是，应完成标准地
价的评定与申报地价的登记。在实际运作中，短时间登记如此之多的地价，
比较困难。

比如在 1931 年，南京市政府成立"南京市土地评价委员会"，专门办
理土地评价的事宜。从 1933 年开始，委员会分区进行标准地价评定，至
1935 年，才基本完成全市土地登记区标准地价的评定。关于土地所有权登
记，到 1934 年 7 月，南京市才开始分区举办土地所有权总登记，至 1937
年 2 月底，核准土地所有权登记案 29866 件。[①]

但是，为了保证地价补偿公平，南京市政府在评定补偿地价时，采取
了按照土地市场价格进行补偿的办法。具体步骤为，根据所征收土地周围
的实际情形，划分地段，然后调查该地区、各地段过去数年间零星土地买
卖的价格，在此基础上，再衡量所征收土地的价值。[②]这种方式，需要大
量的工作，但可以做到根据市场价值来评定土地价格。

#### 2. 补偿金额确定方法

按照 1928 年《土地征收法》第 15 条的规定，政府收到兴办事业人及
其他机关，或地方自治团体委托申请后，先核定征收土地是否符合法律规
定的征收条件。如果符合条件，即派人对所征收的土地进行测量，核算各
户的土地面积，拟定所征收土地的详细清单，并通知兴办事业人和土地所
有权人，按时到市政府协议地价补偿的金额。

这种协议收用，在实际操作中比较困难，需要多次磋商并推选代表，

---

①　《十年来之南京市政建设》，载《南京市政府公报》1937 年第 178 期。
②　王瑞庆：《1927 年—1937 年南京市征地补偿研究》，南京师范大学 2008 年硕士学位论文，
第 17—18 页。

才可能成功。如1932年中华路收用土地案中，时任代土地局局长的邓翔海，向市政府呈文称："查修筑中华路，协议拆让土地补偿金额一案，业经本局与各业户三次协议，未有结果，兹于本月28日，复次召集各业户代表舒敦甫等十人，到局切实商议，经各代表同意，幸告成立，理合抄具签字议定书一纸，备文呈报钧府备案。"[①] 先是召集业户，进行了三次商议，未有结果，然后由业户推选代表10人，再进行协商，才达成协议。

又在雨花路收用土地案中，记录有："查开辟雨花路，协议拆让土地补偿金额一案，业经本局于6月3日，召集各业户到局协议，以人数众多，意见不一，未有结果，当经各户推举代表王树棠等十人，复于6月5日到局切实协商，经各代表同意，幸告成立。"[②] 这也是与全体业户商议后难达成一致意见，后推选10名代表，才告成立。不过，这种与全体业户商议，以致推选代表的方式，在土地征收程序中体现了一定的民主性。

实际上，地价还有一种评估方式，但是各地市执行并不容易：

地价既由官为估计，非出人民自报，则其心未必服。而一方估价人员，复以有所顾忌而估低，有所希图而估高，又或粗忽失实，甚至营私舞弊，在所难免。故有评价委员会之设，经若干委员公评，或公评后再由高级机关核定公布。如杭州市，报由市府，呈民、财两厅，转呈省府核定，发回公布。业主不服，尚可提出异议，经一次复估或公断后，始为决定。其间手续重重，极度表示办理之慎重。

然此等重重手续，皆起于报价不可靠而必官为估计之一念，若以报价为已足，则无须也。且经此等重重手续之后，利见而弊可免，虽繁犹值为之。然估价人员之以意高下其价，未能绝也。京市估价员某君，以不受业主之贿，而得市长之嘉奖。盖贿赂时行，而公务员得渔利之机，却赂者不可多得也。虽有评价委员会之公评，高级机关之核定，然委员每为高级长官或其代表，非能熟悉各区段地价，不过于百忙中根据估价人员之估计，草草以意定之，高级机关之核定，更属虚行故事而已。

---

①《协议中华路被征土地补偿金案》，载《南京市政府公报》1932年第108期。

②《收用雨花路土地补偿金额协议成立案》，载《南京市政府公报》1932年第110期。

虽间有民间代表，亦未必熟悉各区段地价情形，或未必真能代表全体业主利益，而为适当之评定。其有专家委员者极少见，有亦势孤无力，或名实不副，备员而已。恃此以求真实不虚之评价，殆不可能。虽业主得提出异议，犹有发言机会，然经一次复估或公断后，即为决定，未必遂得其平。若上海之异议人，得推举代表一人加入公断员，江西由异议人推出估价员二人呈请加入估委会复估，犹为较妥，其余各省市并无此种规定。①

这就是组织"估委会"。一般来说，政府评估地价，可能会导致民众不服，并且需办理层层手续，极为复杂。采取公断员的方式，也难以做到完善，因为地价本身受到各种情况的影响。即使是专家参与评估，也因为力量悬殊或者专家极少，而达不到效果。有些地方则采取公断员与业户代表共同组成"估委会"，尽量加强业主与政府定价之间的交流和协商。

3. 补偿金的支付形式

1928年《土地征收法》第37条规定，征收土地是用来调剂土地分配、发展农业、改良农民生活状况、开发交通事业、改良市村事业，可以用公债等形式补偿。但是，当时财政紧张，在实际补偿过程中，兴建军事国防设施征收土地时也会采取债券补偿。比如，军政部收用土地时，南京市政府规定："在已依法规定地价之处，仍以照价补偿为原则。在未依法规定地价之处，由省市政府参照市价公平协定之。但在现金给付方面，分期以现金及土地债券补偿之，但第一期至少须以现金补偿地价四分之一。"②即补偿金的支付形式难以按照法律规定而进行，可能更多的是使用土地债券补偿。

国家征收土地，是因公用或公益事业的需要，不是以营利为目的，所以土地征收虽具有"照价收买"精神，但不是全部"照价收买"③。对于某些特殊事业，南京市政府不完全以照价收买为原则，而是重新制定相应的规定。尤其是在征用土地兴办铁路、水利等公用设施时，南京市政府补偿

---

① 《各省市土地评价及土地税平议》，载《地政月刊》1934年第2卷第9—12期。
② 《军政部兴建军事设施征用民地补偿办法》，南京市档案馆藏，全宗号1001-1，案卷号200。转引自王瑞庆：《1927年—1937年南京市征地补偿研究》，南京师范大学2008年硕士学位论文，第19页。
③ 朱章宝：《土地法理论与诠解》，商务印书馆1936年版，第102页。

的地价往往比较低。如 1929 年，铁道部收用萨家湾民地，土地局议定地价为每亩 1080 元（每方丈 18 元），但是考虑到铁道部的实际情况，"酌中核定每亩以 600 元为限，即每方定价 10 元"①。并且在有些情况下，不论土地等级，采取一刀切的办法敲定补偿金。

这些都反映出在 1930 年《土地法》未施行前，尽管有《土地征收法》，但在实际运作中，仍与法律规定多有不符。法律规定，确定地价按照土地市场价格进行，补偿方案由民主方式议定，但在补偿的过程中，由于财政困难、军事紧急等情况，难以按照法律程序执行。

### （三）补偿实践中的问题

#### 1. 拖欠补偿金

因为财政的问题，补偿金经常会被催发。比如，南京修建中山路征地补偿，南京市政府催告财政部："查本市中山路征收土地补偿地价一案，本府前应民众之请，业经呈准国民政府转饬财政部照发，并由本府咨请财部，迅予拨给转发在案，迄未由财部拨交本府，刘市长为体恤民艰起见，特再咨财部，务请即日拨交，以便转发而利建设云。"②市政府受到民众的催促，只能向财政部再发函催告。

拖欠补偿现象也很严重。有研究者注意到，到 1932 年 8 月，南京市政府欠发的征地补偿地价 449222.54 元。③并且，因拖延补偿金，引起业主的不满，在 1935 年 5 月 16 日，江南铁路车站男女老幼千余人横卧铁轨上，要求发放去年征收土地的地价补偿。④

#### 2. 不依法补偿或不适当补偿

对于征收中存在的问题，行政院有训令如下：

行政院二十六年三月二十日第一五一四号训令开：

查国家因公共事业之需要，得依法征收私有土地，土地法第三百三

---

① 《核减萨家湾民地估价案》，载《首都市政公报》1929 年第 29 期。
② 《催发中山路补偿地价》，载《首都市政公报》1930 年第 53 期。
③ 王瑞庆：《1927 年—1937 年南京市征地补偿研究》，南京师范大学 2008 年硕士学位论文，第 33 页。
④ 《京芜火车昨在江宁镇被阻》，载《中央日报》第七版，1935 年 5 月 17 日。

十五条已有明文规定，施行以来，于各种建设事业，利赖颇多。但实施方面，尚有未臻妥善之处。例如：

（一）土地法第三百三十六条所规定之各种公共事业，范围极广，乃实际上征收土地之面积，仍多漫无限制，常有超过其事业需用之范围，另行建屋出租，以为牟利之具，并有由私人经营者，此不惟违背征收土地之原则，抑且易滋人民之疑虑，于国家土地征收之推行，实多妨碍。

（二）关于地价补偿问题，依土地法第三百七十六条与第三百七十七条之规定，其补偿额，依地主之申报价额，或该土地之最后卖价，未经申报地价者，依法为之估定。照此补偿办法，被征收之土地，在地主方，仍得收回相当地价，本无背于公道原则，而事实上各地方对于征收土地每多不依法补偿，或并不依适当价额补偿者，驯致各地人民，纷纷来院呈诉，请求救济之事时有所闻。

揆厥上述事项所以发生之原因：或则由于征收之先，未经核准；或则由于核准之先，未加审核；或则由于审核之际，专注重其程序上之事项，未详就其内容；或则由于执行之时，未能按照法律规定办理。亟应设法补救：

（一）关于征收土地，依法应由该省政府核准者，嗣后对于征收土地案件，务须严加审核，如事实上并无征收必要，或其征收之土地，面积过多，或与法定程序不符，均应予以驳回。或责令补正，不得率予核准。

（二）凡征收土地，除另有特别法律规定者外，均应一律依照土地法之规定，予以补偿，不得有任意短少，或延不给付情事。除分令外，合行令仰该省政府遵照等因。

奉此，除分令外，合行令仰遵照，并饬属遵照。

中华民国二十六年三月 ①

此训令提及，关于地价补偿问题，补偿额按照地主申报价额，或土地的最后卖价。未经申报地价者，依法估定。照此补偿办法，被征收的土地，

---

① 《湖北省政府、省民政厅、省建设厅关于切实办理土地征收案件及土地登记疑义、土地赋税减免规程等的训令》，湖北省档案馆，档案号：LS1-7-914。

对于土地所有权人还可以收回相当地价，不至于不公平。而事实上，地方政府对于征收土地，基本上不依法补偿，或者不依适当价额补偿，最后导致各地人民纷纷上告，请求救济。行政院希望严格把控核准手续，并要求严格按照法律来补偿。

### 3. 兴办事业人压低补偿价格

在征收中，兴办事业人的经费常常不足，但是，还是会征收土地兴办公共事业。这种情况，在教育事业中尤为突出。比如，1928年中央党校打算收买学校门口对面、后面的两块菜地，建筑校舍。6月23日，市政府派人将土地丈量结果交给土地评价委员会评定补偿价格。土地评价委员会评定的价格为："红纸廊校门对面孙姓基地合5.185亩，以每方30元左右定价；头道高井唐姓等地合8.553亩，以每方20元左右定价。"[1]

但是，中央党校以"中央财政困难"为由，并提出异议，说"收买孙、唐两姓之地"，在地理地方环境和交通情形方面，与香铺营的地差不多，应该参考定价，还提出申请："因限于建筑经费，除红纸廊孙姓基地价格较高，拟迳与该业主接洽暂先租用外，至坐落头道高井唐姓地，仍请贵府按照公用土地征收法重行估定公允价格。"[2]此种情形，由于经费困难，往往压低补偿金额。到12月18日，土地局重新估定地价："议定价格每方18元。"[3]

总之，在制度设计层面而言，土地征收补偿制度可谓完善。但在实际运作层面，由于财政紧张、时局动荡等原因，多有不按照法律规定操作之举，政府压低补偿价格，拖欠补偿金时有发生，存在很多问题。

---

[1] 《中央党校收用民地评价案》，载《首都市政公报》1928年第23期。
[2] 《中央党校收用民地评价案》，载《首都市政公报》1928年第23期。
[3] 《党校买卖民地案》，载《首都市政公报》1928年第26期。

第五章　**民国时期的土地征收理论**

## 第一节　土地征收的基础理论

### 一、征收目的中的公共利益

公共利益的字面解释可认为是"公共的利益"，即服务于不特定人，在公共领域存在的利益。公益的维护及提倡，是现代国家的积极任务，也是政治实际运作所追求的目标之一。[①]1930 年《土地法》和 1931 年《训政时期约法》都有规定，因为公共利益，人民财产，包括土地，可依法律征用或征收。但是，何为公益？标准是什么？在民国时期的土地征收制度中，是逐步发展和明确的。

关于公共利益的界定，当时世界各国多用"公共事业"代替。按照土地征收的立法例，设定公共事业的范围一般采用两种方式：一是认定制度。何种公共事业能成立征收，归主管官署认定，比如法国；二是指定制度。在公用征收法上，采取列举公共事业的种类指定，如德国。[②]从 1915 年《土地收用法》开始，到 1946 年修改的《土地法》"土地征收"篇，"公共事业"都是采取列举的范式。

这种"公共事业"列举并非不可推敲。比如 1930 年《土地法》第 336 条，用列举式的方法指明 12 种公共事业符合土地征收中的公共利益。但我们也看到，第 1 项"实施国家经济政策"，第 12 项"其他以公共利益为目的之事业"，都属于比较含混的规定。

---

① 陈新民：《德国公法学基础理论》（上册），山东人民出版社 2001 年版，第 181 页。

② "关于土地征收的立法例，设定公共事业之范围大概采用：一是认定制度。何种公共事业能成立征收，应归主管官署认定，如法国。二是指定制度：一为特别指定制度，即无一般适用的征收法，而对于各种特定事件，分别明文规定，如奥利利；一为一般指定制度，即在公用征收法上列明公共事业的种类，如普鲁士曾经施行的制度。"参见孟普庆：《中国土地法论》，南京市救济院 1933 年版，第 462 页。

当时的学者多认为公共事业列举比较合理。"认定制度"能适应时代需要，却容易发生政府专断；"指定制度"可以防止专断。如果列举不能应付新的公共事业需要，还规定有"其他以公共利益为目的之事业"，政府有自由裁量的余地。① 实际上，民国时期的"公共事业"规定，是"列举＋认定"混合模式。

对于"实施国家经济政策"的解释，学者们认为是"本编所特有精神"②。孟普庆也说："本党之土地政策，对于解决农民耕地问题，以耕者有其田为目的"，"而国内可耕之田，多已落入私人之手，为求实现此宣言之主张，政府非有征收土地之相当权力与便利不可"。③ 可见，普遍认为，土地征收是实施国家经济政策，调整土地的一个环节。这种思想的来源，是国民党"平均地权"的主张，目的是为了解决当时的土地集中问题。言下之意，因为调整土地而进行土地征收，是符合公共利益的事业。

除上述原因外，仍有原因可行使土地征收。1930 年《土地法》规定，私有土地受到最高面积的限制，不将额外土地分割出卖者；由于地段面积过小，或其形式不整，不适于建筑独立房屋者；繁华区域内的空地，经市政府规定二年以上的建筑期限，逾期而不建筑者；土地法施行后，同一承租人继续耕作十年以上的耕地，其出租人是不在地主者；编为农地的私有荒地，经由主管地政机关限令所有权人在一定期间开垦者。④ 这些情况，都存在土地利用率不高的问题。因此进行土地征收，背后的立法思维，还

① 参见陈顾远：《土地法》，商务印书馆 1935 年版，第 299 页；朱章宝：《土地法理论与诠解》，商务印书馆 1936 年版，第 265 页；朱采真：《土地法释义》，上海世界书局 1931 年版，第 240 页；孟普庆：《中国土地法论》，南京市救济院 1933 年版，第 463 页等。
② 朱章宝：《土地法理论与诠解》，商务印书馆 1936 年版，第 265 页。
③ 孟普庆：《中国土地法论》，南京市救济院 1933 年版，第 463 页。
④ 1930 年《土地法》第 15 条：私有土地受前条规定限制时，由主管地政机关规定办法，限令于一定期间内，将额外土地分划出卖。不依前项规定分划出卖者，该管地方政府得依本法征收之。第 151 条：地段面积过小或其形式不整，不适于建筑独立房屋时，市政府得不许其建筑。并应斟酌接连地段情形，准由接连地段之所有权人请求依法征收之。 前项不许建筑独立房屋之地段。其所有权人亦得请求由市政府依法征收之。第 155 条：繁盛区域内之空地，市政府得斟酌地方需要情形，规定二年以上之建筑期限。逾规定期限而不建筑者，得准需用土地人请求征收其全部或一部。第 175 条：本法施行后同一承租人继续耕作十年以上之耕地，其出租人为不在地主时，承租人得依法请求征收其耕地。第 208 条：编为农地之私有荒地，应由主管地政机关限令其所有权人于一定期间内，开垦或耕作，逾期间而不为开垦或耕作者，得由需用土地人依法呈请征收之。

是实施土地政策。

鉴于此，有学者想完善《土地法》第336条的规定。李如汉说："（第336条）独独缺乏最重要的一项，那就是国家实施土地政策，未加规定。照价收买，涨价归公，都是总理手订平均地权最重要的遗教，如何充实？均属于国家实施土地政策范围。此而忽略，土地法上土地征收的价值也就很有限。所以此项急需以命令补充规定。其内容大致如下：国家为实施土地政策得为征收私有土地，以下列各款之一者为限：（1）实施国营农场；（2）增加及集约土地之使用；（3）移民垦殖；（4）垦辟公私荒地；（5）私有土地超过最高面积或最高地价；（6）人民虚报地价；（7）人民三年不纳地价税或纳不足额；（8）人民一年不纳土地增值税或三年纳不足额；（9）人民请求政府照估定价征收；（10）农民需要土地登记超过公有土地之面积。"① 这种规定，是想进一步地将国家实施土地政策与土地征收进行联系。

现在看来，国家实施经济政策，对土地进行调剂，土地受益者为个人，并不符合公共利益的标准。立法者考虑的是当时土地集中比较严重，多数农民需要土地维持生计。所以，希望采取一种方式，将集中的土地从有地的私人手中拿出来，分发给无地、少地的农民。只是，这种做法会导致公共利益的概念无限扩大，公用征收制度也会变形。

现代行政法认为，公用事业是行政管理活动的一种形式，由公法人本身负责，或在其监督下委托他人负责，满足共同利益的需求。这种需求应该是直接满足地区所有居民的需求，如修筑铁路、公路、饮水设施等。② 而此时期公共利益的界定有两条标准：一是为公用事业，二是为国家实施经济政策。但是，国家实施经济政策的宽泛，导致公共利益概念扩大。

另外，尽管法律对公用事业作了列举式的规定，在实际运作中也有局限性。比如，如何衡量公益的必要性，征收目的地如何具体落实，以及如何界定公益的延伸范围，法律规定与实际操作存在距离，这些都是难以回避的问题。

---

① 李如汉：《地政刍议》，1936年版，版权不详，第145页。
② ［法］让·里韦罗、让·瓦利纳：《法国行政法》，鲁仁译，商务印书馆2008年版，第444页。

### 二、土地征收的法律关系

#### （一）土地征收权主体

一般来说，土地征收即是国家因为公共事业的需要，依据法律规定，征收私有土地。从定义可知，土地征收权的行使主体是国家。但是，实际的兴办事业者有政府、自治团体和个人。所以，也有观点认为土地征收权的主体不限于国家，国家可以赋予自治团体或个人征收的权力。关于土地征收权主体的两种观点，多有争论。

王效文认为："土地征收权，就一般而论，自属于国家，实则不然，盖有时公共团体事业或私人事业，于法律之一定范围内，亦得行之也。故土地征收权除属于国家外，又有属于公共团体或私人者，因此种公权，国家固可赋予其权利于他人。准是以观，土地征收之主体，并不限于国家，要以其事业为断耳。"[①] 这里是以兴办公共事业的人为基准，推定土地征收的主体，认为国家可赋予他人权力，被赋予权力的个人，有权行使征收土地的权力。

《土地法问答》进一步解释：

土地征收，除因国家事业外，有时公共团体事业或私人事业亦得行之。惟其范围之广狭，胥视其国法律之规定如何为断耳。因之土地征收权，除属于国家外，又有属于公共团体或私人者。论者有谓土地征收之主体，常为国家，而企业者只受其利益。

实属不然，盖由土地征收权之本质而论，土地征收权固为国家一种之公权，其渊源常发生于国家，然国家亦得赋予其权利于他人。由此以论，则土地征收权之性质，洽与公用使用权相同。以公用使用权，亦得赋予私企业故也。夫企业者之实行土地征收，法律上固不得以自己单独之意思为之。然由企业者呈请国家要求行政行为代为征收，则土地征收亦得发生其效果。因之多数学者每以此种行政行为之本身，为土地征收之行为。而国家即为土地征收权之主体，实则国家之行政行为，不过为企业者设定土地征收权之行为，其性质与企业者因一时使用他人土地须经行政官署许可无

---

① 王效文：《土地法要义》，上海法学书局 1934 年版，第 76—77 页。

异。行政官署之许可，当然非土地使用之行为，不过企业者使用土地之计，依许可而设定其土地使用权而已。故赋予许可者，非必即为使用权人，必为自己事业起见，得使用他人之土地者，乃始为使用权人耳。土地征收之情形，亦与许可相同，即为土地征收之特许者，非必即为土地征收权人，必为自己事业用途之计，而取得他人之土地者，始为土地征收权人耳。

学者之间，又有谓土地征收，乃国家行政处分之一种，亦非真确之论。盖国家自为企业主体而行土地之征收，固或可称之为行政处分。然使其企业之主体为私人，由私人呈请国家要求行政之行为，则无论如何，不得以行政处分目之也。实则所谓土地征收，乃通常由数个行政行为及私人之公法上行为相合而完成其效果，即由此数个行为之集合而成为一种秩序之谓也。①

这里的辨析解释，认为土地征收是国家行政许可于企业的一种行为，不是国家自身在行政处分，也就是，土地征收是政府对于需用土地人的一种设权行为，类似公用使用权让渡。所以，土地征收权的主体，应该是被赋予权力的兴办公共事业者。对于这种观点，也有众多质疑。

孟普庆认为："土地征收，为国家行政处分之一种，征收者为国家，而非新受物权设立之公共团体或兴办公共事业之人。简言之，乃为国家取诸甲而授诸乙，非谓乙有征收权，不过因国家之行为而取得物权耳。故征收之主体为国家，而原所有者与新得物权者之间，更无须何等私法下之法律行为。如所有者应引（让）渡土地，兴办事业者之应补偿给付，其权利义务关系，纯为公法之关系，与普通买卖契约关系、让渡关系等，迥然不同。故前者之丧失权利，其原因为消灭，而非让渡；后者之取得权利，其原因为设立，而非移转。盖前者之权利已被剥夺，后者之权利则属新设，新旧权利之目的物虽同，而权利自身各异。非如私法上之移转，前权即后权也。"②孟氏的意思是，土地征收是国家行政处分之一种。国家通过征收行为，新取得土地所有权，与私人之间的交易获得所有权不同。兴办事业人

---

① 上海法学编译社：《土地法问答》，会文堂新记书局 1936 年版，第 162—163 页。
② 孟普庆：《中国土地法论》，南京市救济院 1933 年版，第 459—460 页。

取得土地，也是新设物权，不是因为原土地所有人的转移产生的权利。所以，国家是征收主体，征收的功能是消灭原有物权，创设新的物权。

陈顾远则对"土地征收的主体为谁"的争议作了简单综述，并发表了自己支持的观点："征收行为是基于公法上的权力而来，应认为具有行政处分的性质，兴办公共事业的人虽不限于国家，但征收权却只属于国家所有。国家有时虽把兴办公共事业的权，特许给予自治团体或私人，而自治团体等所有的，也不过是可以为征收的请求罢了。依土地法第三百三十五条，并参照第三百三十七条至第三百三十九条的规定，自以最后一说为当，这就是说，国家是土地征收权的主体，并不包括其他需用土地人在内。"[1] 他认为，土地征收的性质是行政处分。自治团体或私人兴办公共事业征收土地，只是负有征收的请求权，并不可自行征收。采此种观点的，还有朱采真[2]。

陶惟能也认为："土地征收，系国家对于私有土地所为之处分"，"然依一般通说，则系谓土地征收权之主体，应专属于国家。申言之，征收之结果，其被征收之土地所有权，不问其归属于国家，或地方各级政府，或其所属机关，或地方自治机关，或属于私人，而其归属作用，仍系国家对于私有土地所为之处分。盖就土地征收权之本质言，不应于国家以外，尚能容许其存在也。"[3] 他的观点是，土地征收是国家公权对于私人所有权的处分。

此时期，关于土地征收权主体发生争议，归因于《土地法》关于"需用土地人"的规定。1930 年《土地法》第 337 条规定，需用土地人与土地所有权人不能直接协定，"需用土地人"需要申请才可提出征收。这也就排除了私人可以直接进行土地征收的可能。

但是，谁为"需用土地人"？第 338、339 条规定：一是国民政府直辖机关及不属省政府管辖的市政府，二是地方各级政府或其所属及地方自治机关。此说明，土地征收的"需用土地人"为拥有公权力的政府机关。并且规定，欲兴办公用事业，为社会服务，需要土地的政府机关、自治团体或个人，都可为"需用土地人"。此种广泛定义，立法者着眼的兴办公用事

---

① 陈顾远：《土地法》，商务印书馆 1935 年版，第 301 页。
② 朱采真：《土地法释义》，上海世界书局 1931 年版，第 46 页。
③ 陶惟能：《土地法》，北平朝阳学院 1936 年版，第 290 页。

业，只要是兴办公用事业服务于社会，皆可申请土地征收。

私人需用土地兴办公用事业，可以申请征收。因为兴办的事业是社会公用性质，虽由私人办理，仍不违背公共利益，给予此种便利，是对私人兴办公共事业的鼓励。[1] 在法律上，1936年《土地法施行法》第77条同样规定，需用土地人为私人时，主管机关对于征收土地的核准，应以其事业必须使用该地为限。[2] 据此，土地征收的"需用土地人"也可为私人。也有学者质疑"需用土地人"可为私人，认为私人经营不如国家经营，实践中私人难以确保事业的公共性。[3]

所以，产生争论的原因是需用土地人的多元性造成的。现在看来，土地征收权主体应是国家。争论里面一直在混淆兴办事业、需用土地等概念。私人兴办公共事业当然是可以的，要不以营利为目的，或者说兴办事业人不是以个人收益为前提。服务是面向不特定的公众，实现公共服务的，就达到目的。但是，土地征收本身是行政行为，也就是剥夺私人土地所有权的行为，如果私人有这种权力，那将可能对土地所有权产生侵害。

《土地法》第358条规定，政府对于需用土地人请求土地征收的核准，并以命令的形式告知土地所在地之地政机关。第360条又规定："地政机关于接到国民政府行政院或省政府令知核准征收土地案时，应即公告，并通知土地所有权人及土地他项权利人。"此公告即是宣示"土地所有权"的剥夺，当土地所有权在政府时，再通过交割，即转移所有权，兴办事业人才获得了新的所有权。

**（二）土地征收客体**

土地征收的客体，是土地征收主体行使征收所涉及的权利义务对象。在土地征收关系中，土地是征收客体的实体对象。

1. 土地类型

1930年《土地法》第1条对土地的定义规定："本法所称土地，谓水

---

① 吴尚鹰：《土地问题与土地法》，中国国民党广东省执行委员会党务工作人员训练所编译部1931年版，第60页。

② 《抄发土地施行法》，载《内政公报》1935年第8卷第14期，后面引用不再注明。

③ 刘毓文：《土地法》，国立北平大学1937年版，第243页。

陆及天然富原。"1946 年《土地法》第 2 条对土地类型进行了补充说明：

第一类：建筑用地。如住宅、官署、机关、学校、工厂、仓库、公园、娱乐场、会所、祠庙、教堂、城堞、军营、炮台、船埠、码头、飞机基地、坟场等属之。

第二类：直接生产用地。如农地、林地、渔地、牧地、狩猎地、矿地、盐地、水源地、池塘等属之。

第三类：交通水利用地。如道路、沟渠、水道、湖泊、港湾、海岸、堤堰等属之。

第四类：其他土地。如沙漠、雪山等属之。①

关于土地的概念，《土地法》先用具体类型进行划分，这种具体类型是以用途、样态为划分因素，进行具象的表达，明晰土地是何种物，有哪些类型。

2. 土地权属性质

征收土地，征收的是土地的所有权，也就是主体对客体的权利处置。所以对于土地的权属性质，1930 年《土地法》在"土地所有权"中有规定：

第 7 条　中华民国领域内之土地，属于中华民国国民全体。其经人民依法取得所有权者，为私有土地。但附着于土地之矿，不因取得土地所有权而受影响。

前项所称之矿，以矿业法所规定之种类为限。

第 12 条　凡未经人民依法取得所有权之土地，为公有土地。

私有土地之所有权消灭者，为公有土地。

此时期土地有两种所有权性质：第一种是公有土地，第二种是私有土地。而土地征收，本身是国家权力的行使，对于公有性质，特别是国有性质的土地，不存在自我剥夺权利的法律行为。所以，征收土地规定的是

---

① 《中央法规：土地法》，载《上海市政府公报》1947 年第 7 卷第 11 期。

"征收私有土地",公有土地不能作为征收的客体。

3. 征收土地的限制

即便如此,对于某些供给公共事业使用的私有土地,其本是为了公益或之前是因为公益,而再次被征收,是否可以。此种情况,《土地法》第352条进行了规定,现在供给公共事业使用的私有土地,也可依法征收,但是有限制。

第一个限制,兴办较为重大的事业,又无法避免征收其土地,则可以征收。例如,为了国防事业的需要,而将现供教育学术或慈善事业用地征收。但是,为了举办教育学术或慈善事业,而将现在供给同样事业所使用的土地,不考虑公共利益的程度的轻重,而加以征收,是违反法律规定的。这种解释,是在公益本身的基础上,进行优先排序。

第二个限制,如果征收现供公益使用土地的一小部分,不妨碍其事业的继续进行,才可征收。例如,政府机关建筑政府大楼,而将慈善医院的小部分空地予以征收,是可以的。但是,如果将该医院的药品室加以征收,妨碍医疗事业的继续进行,就存在问题了。这种比较,是在事业轻重程度上进行的选择,以不影响公共事业进行为标准。

此外,《土地法施行法》第77条规定,"需用土地人为私人时,主管官署对于其申请征收土地之核准,应以其事业必须使用该地者为限",即对于私人需用以行政官署进行审批为前提,判断是否要征收已经在进行公共事业的土地。

第三个限制,征收时要贯彻最小损害原则。兴办公用事业征收私有土地,是公权力剥夺私人所有权,如果不进行限制,任意扩大,对土地所有权会造成损害。《土地法施行法》第76条规定:"土地征收于不妨害征收目的之范围内,应就受损害最少之土地为之。"陈顾远对此进行了解释,比如说"在南京市内,要把京沪铁路和江南铁道接轨,自应在南京城外征收土地以供接轨之用。倘若为要繁荣市面,并乘着南京小火车道伸入城内的方便,而在城内把两路的路轨接连起来,也须避开繁荣区域内的土地而另为征收,使损害较少"。[1] 所以,在做征收计划的时候,应先考虑损害,平衡

---

[1]    陈顾远:《土地法》,商务印书馆1935年版,第304页。

利益之间的关系。

### 4. 对名胜古迹的保护

《土地法》第 340 条规定："征收土地遇有名胜古迹，应于可能范围内避免之。"陈顾远认为，所谓在可能范围内避免征收，就是以不征收名胜古迹为原则的意思。如果因为土地位置不能避免征收，则按"应于可能范围内保存之"的规定办理。如果能保存而不保存，即就应依《土地法》第391 条规定："除责令该需用土地人将名胜古迹妥为保存外，并处以一百圆以上一千圆以下之罚锾"，加以处罚。[①]

从避免征收，到征收范围保存，再到不保存的处罚措施，实际上认定了"名胜古迹"公共利益最优的位置。

### 5. 地上定着物迁移或附带征收

土地征收制度虽规定的是"征收私有土地"，但是，征收与土地上的定着物息息相关，应附带征收或迁移。由于征收土地，造成定着物需跟土地分离，其损害是征收本身所致，所以为了不致被征收人损害扩大，对于定着物有配套规定。

从整体上看，土地征收的客体是私有土地，但有一些限制性的规定。比如，公共事业的优先等级、征收中的最小损害原则、名胜古迹的避免征收与保留，以及定着物迁移费等。这些限制性规定，在一定程度上影响着土地征收。

### （三）土地征收行为性质界定

此时期，关于土地征收行为的性质有两种说法：一种认为，土地征收行为属于行政处分中的行政许可，或确认处分；另一种则认为，土地征收行为属于行政处分中的设权行为。[②] 讨论土地征收行为的性质，关系到土地征收权的行使与分配问题。此时所有权社会化之风强劲，关于征收、征用的规定已进入宪法性文件，但是，当时学者的讨论，能够帮助我们认识土地征收中的相关权利与义务。

---

[①] 陈顾远：《土地法》，商务印书馆 1935 年版，第 304 页。

[②] （征收土地核准）"其由国家有权机关之认定而准予征收土地者，谓之：征收土地之核准。此种核准行为之性质，有解为确认处分者，有解为设权处分者，有解为条件附之征收权之设权行为者"。陶惟能：《土地法》，北平朝阳学院 1936 年版，第 293 页。

　　这种研究，实际是探讨公用征收行为的性质。现代行政法，将征收归在"行政处理——依职权行政行为"中，称行政征收①。而将行政处理，又分为两种：一是依申请行政行为，包括行政许可、行政给付、行政奖励、行政确认、行政裁决等；二是依职权行政行为，包括行政规划、行政命令、行政征收、行政处罚、行政强制等。

　　民国时期，行政法学界一般将土地征收归在"行政作用"下的"行政处分"中，又将行政处分分为："一、下命处分作为令及不作为令；二、许可及免除；三、赋予及剥夺；四、裁决等。在赋予及剥夺行政行为中，又分设权行为、剥权行为等。"②

　　赵琛说："行政作用者，乃法规下行政权之公的意思表示，或类于此种意思表示之精神作用的表现，而发生某种法律的效果者也。换言之，即行政机关之一切公的行为之总称也。"③其意思实际说的是行政行为。并且，白鹏飞继承了美浓部达吉的学说，直用行政行为概括。④

　　行政处分，是"行政权一方面之行为就实在之事件，而定其法律关系者也"。⑤赋予及剥夺的行政处分，"有设权行为，又有变更或消灭既有之权利身份者，是为剥夺，如依公用征收，收用土地，限制土地所有权，停止公民权，撤销特许之类是也"。⑥据此，可以总结的是，土地征收实是行政机关变更或消灭土地所有权者既有权利，而赋予需用土地人新权利的行为。

　　也有学者认为土地征收是行政许可，如王效文指出："夫企业者之实行土地征收，法律上固不得以自己单独之意思为之，然由企业者呈请国家要求行政行为代为征收，则土地征收亦得发生其效果。因之多数学者每以此

---

①　姜明安：《行政法与行政诉讼法》，北京大学出版社 2007 年版，第 305 页。
②　赵琛：《行政法总论》，上海法学编译社 1933 年版；陶德骏：《行政法总论》，版权不详；白鹏飞：《行政法大纲》，好望书店 1935 年再版。
③　赵琛：《行政法总论》，上海法学编译社 1933 年版，第 196 页。
④　白鹏飞：《行政法大纲》，好望书店 1935 年再版，第 97 页；[日]美浓部达吉：《行政法总论》，黄屈译，上海民智书局 1933 年版。
⑤　陶德骏：《行政法总论》，版权不详，第 80 页。
⑥　赵琛：《行政法总论》，上海法学编译社 1933 年版，第 214 页。

种行政行为之本身，为土地征收之行为，而国家即为土地征收权之主体。实则国家之行政行为，不过为企业者设定土地征收权之行为，其性质与企业者因一时使用他人土地须经行政官署许可无异。"① 这里的意思是，土地征收是国家的行政许可行为。

此时，若要断定土地征收行为的性质，需要分析国家、需用土地人、土地所有权人的关系。关键在于，土地征收涉及剥夺土地所有权人的土地。而对于土地所有权的取得和丧失，民国学者多有讨论。

刘志敫说："物权之变动原因，得大别为二，即法律行为及法律行为以外之事项是也。前者如买卖、遗赠等是，后者如取得时效、继承、先占、拾得遗失物、发见埋藏物、添附、公用征收等是。"② 可知，公用征收行为是物权变动中的法律事实行为。所以，土地征收并非需用土地人与土地所有权人的买卖行为决定土地所有权的移转。朱采真也认为："土地征收完全是基于公法上的权力作用而来，属于一种行政处分的性质，虽则是有偿的剥夺私人所有权，然而却非买卖，不能和民法上的契约行为相提并论。"③ 土地征收是行为人意志以外的行为，属于事实行为。

又 1930 年公布的《民法》物权编第 759 条规定："因继承、强制执行、公用征收或法院之判决，于登记前已取得不动产物权者，非经登记，不得处分其物权。"华懋生解释说："本法采用登记要件主义，所以关于继承、强制执行、公用征收，或法院之判决，在登记前业已取得不动产物权者。虽可毋庸经过登记程序，法律即认为取得权利。但取得者如欲处分其物权，仍非经登记后，不得为之。藉以贯彻登记制度之精神。而保交易上之安全。"④ 也就是，登记只是物权取得的要件，为了保护交易相对人，才有这种规定。但登记本身不排除物权的取得。

总体来说，在公用征收后，原土地所有权人因土地征收的公告已经失去土地所有权，需用土地人由于公告而获得土地所有权。这一行政处分，

---

① 王效文：《土地法论》（下册），会文堂新记书局 1937 年版，第 413 页。
② 刘志敫：《民法物权》（上册），大东书局 1936 年版，第 68 页。
③ 朱采真：《土地法释义》，上海世界书局 1931 年版，第 43 页。
④ 华懋生：《民法物权释义》，会文堂新记书局 1936 年版，第 16 页。

正好有剥夺与赋予的效果。概言之，土地征收行为是国家行使其行政权力，对于土地所有权人的权利予以剥夺，赋予需用土地人土地所有权的行为。在这个过程中，政府是因法律规定的职权而行使其行政行为。

综上所述，在民国后期，"需用土地人"的规定甚为广泛。为了社会服务，兴办公用事业，需要土地的政府机关、自治团体或个人，都可以成为"需用土地人"。此种广泛定义，立法者着眼于兴办公用事业。但是，只有国家才是土地征收权的主体，拥有征收土地的行政权力和最终决定权。

简言之，土地征收是国家行使其行政权力，对于土地所有权人的权利予以剥夺，赋予需用土地人土地所有权的行为。过程中，政府因法律规定的职权行使行政行为，需用土地人只有申请、请求的权利。对于土地所有权人，征收是剥夺权利的公权力。面对征收，对于土地所有权而言，在此时期属于负义务，也是所有权社会化的体现。

## 第二节　土地征收程序及其完善

### 一、土地征收程序

"程序"是"事情进行的先后顺序"，① 也是"按时间先后或依次安排的工作步骤"。② 这些都是"程序"的常用之义。换言之，"程序"一般在工作、事务中体现，对工作的行为进行约束，含有主体、时间、空间、顺序等基本要素，即人在工作中，按次序地完成事务。

我们常说"程序是看得见的正义"。当"程序"与法律结合，则是"按照一定的顺序、方式和手续来作出决定的相互关系，是一种规范认定和事实认定的过程"，并"通过促进意见疏通、加强理性思考、扩大选择范围、排除外部干扰来保证决定的成立和正确性"，同时具有操作的可能性，"经过程序而作出的决策被赋予了既定力"。③ 也就是说，法律意义上的"程

---

① 《现代汉语词典》，商务印书馆 2002 年版，第 163 页。
② 《辞海》，上海辞书出版社 1979 年版，第 1752 页。
③ 季卫东：《法律程序的意义——对中国法制建设的另一种思考》，载季卫东：《法治秩序的建构》，中国政法大学出版社 1999 年版，第 12 页。

序"，不仅是一个约束行为的过程，还肩负着促成当事人交涉完成事务的功能，并产生赋予决策既定力的效力。

所以，不能简单地将土地征收程序，看作规范土地征收中行为的步骤和顺序。应该说，土地征收程序，不只具有对土地征收中行为进行规范的功能，还具有促进当事人交涉完成事务的功能，也能赋予经过土地征收程序的法律行为，既定法律效力的能力。如果程序处于失范状态，当事人事务不能完成，土地所有权人可能在被征收程序中，遭受巨大的损失。而财产得不到应有保护的社会，将是难以想象的。因此，无论从保证程序正义的法理角度，还是从土地所有权的保障方面来说，土地征收程序都是落实公益和保护土地所有权不可或缺的介质。

如果关注近代中国土地征收的程序，可以分为两大部分：一是准备程序；二是执行程序。1915年《土地收用法》有"土地收用之准备"和"土地收用之程序"，1928年《土地征收法》与1930年《土地法》的"土地征收"编，称作"征收准备"与"征收程序"。1946年修改《土地法》之后，将准备程序和征收程序合一，统称"征收程序"。

**（一）征收准备**

征收准备，即是在土地征收确定以前的程序。法律一般规定，准备征收土地，先由需用土地人拟具详细计划，并附具征收土地图说，向主管机关申请，然后根据土地的权属情况，等待不同级别的行政机关核准。

1. 填写征收计划书

征收计划书，是征收土地从事某项公用事业的规划，涉及可能因征收要注意的各种事项。

计划书要填写的内容有：（1）征收土地的原因，也就是兴办某种公共事业，实际上需用土地的原因。申请征收土地的原因合法与否，以此种记载为标准。[1]（2）征收土地所在范围及面积，指征收土地的地籍和征收土地的面积，如果牵涉多地，应分别记明。[2]（3）兴办事业的性质，事业性

---

[1]　陶惟能：《土地法》，北平朝阳学院 1936 年版，第 304 页。
[2]　陶惟能：《土地法》，北平朝阳学院 1936 年版，第 304 页。

质符合法律规定是许可征收的先决条件。① 如果以教育事业为原因征收校地或实验场所时，其所兴办的教育，不违背现行教育的法令，并已得监督教育行政机关的允许。② 也就是，即使符合《土地法》规定的兴办事业的标准，还要求其事业同时符合所兴办事业本身的法律。（4）申请需附带征收或区段征收，应详述理由，并说明其为公共事业需要。（5）土地定着物情形，表面上虽与土地征收无直接关系，但是，原土地所有权人或土地他项权利人有无利害冲突，需要辨明和记载。土地定着物情形的详细记载，对于政府参考决定是否允许土地征收很关键。③（6）土地使用现况及其使用人的姓名、住所。被征收的土地，既是破坏现在的使用状态，也是剥夺现在使用人的使用权利，这种土地使用人，即是征收上的直接利害关系人。而征收后续的使用状况，与征收前的使用状况，与土地使用的社会利益相关，所以要记录征收土地的使用现状及使用人之姓名、住所。④（7）四邻接连土地的使用状况及其定着物情形。如果准予征收，是否影响其四邻地带的使用，或有不合于土地使用的限制，均有注意的必要。⑤（8）土地区内有无名胜古迹，需要记明其现状及沿革。计划书中若无此种情形记明，核准征收后，发现有名胜古迹，仍需要责令避免或加以保存。⑥

此外，还要记载是否与土地所有权人经过协定手续，以及其经过情形。按照《土地法》第 337 条的规定，需用土地人与土地所有权人不能直接协定，或协定不成立，始得声请征收。故是否经过协定及其经过情形的记载，是土地需用人必须遵守的。⑦ 在程序上，说明征收土地以协议为前提，强制征收为补充。

还要记载土地所有权人的姓名、住所，其管有人之姓名、住所等。所有权人不明时，记载其管有人的姓名、住所。土地如果准予征收，则土地

---

① 陶惟能：《土地法》，北平朝阳学院 1936 年版，第 305 页。
② 陶惟能：《土地法》，北平朝阳学院 1936 年版，第 305 页。
③ 上海法学编译社：《土地法问答》，会文堂新记书局 1936 年版，第 184 页。
④ 陶惟能：《土地法》，北平朝阳学院 1936 年版，第 306 页。
⑤ 陶惟能：《土地法》，北平朝阳学院 1936 年版，第 306 页。
⑥ 上海法学编译社：《土地法问答》，会文堂新记书局 1936 年版，第 185 页。
⑦ 陶惟能：《土地法》，北平朝阳学院 1936 年版，第 306 页。

所有权消灭，而地价补偿，即应对于所有权人或其管有人为之，故所有权人或管有人的姓名、住所，也应记明。①

2. 绘制征收地图

地图对于土地有指示作用，为了明确征收土地的范围、面积等，征收计划书还需要附征收地图。征收地图需要绘载详明，包括：（1）征收土地的四至界限；（2）被征收地区内各段地的界限及其使用状态；（3）附近街村乡镇的位置及其名称；（4）被征收地区内房屋等定着物所在；（5）图面的比例尺等。

3. 派员勘查

实际上，有三种图表：征收的详细计划书、征收土地图，还需要详细计划图。此三种图表的作用，是为了调查土地，进行测量或查勘时提供方便。需用土地人多为国家机关或公企业，即使属私企业，其所兴办的事业，也是公共事业。自行调查多有不便，所以需用土地人只有请求征收地的地政机关，代为调查或协助调查。当然，被请求的机关在原则上不得拒绝，调查费用也由需用土地人自行负担。

**（二）征收的执行程序**

征收的执行程序，又分公告程序、进行程序、补偿程序等。处理不好二者之间的关系，土地所有权人的权益将受到侵害，公益征收土地的事业也不能完成。

1. 公告与通知

首先是公告程序，包含通知机关、通知内容及方式，还有公告后对于征收土地上他项权利的效果等。公告及通知的机关，一般属于地政机关。

公告及通知内容与方法。地政机关应按照行政院或省政府的命令，进行公告和通知。第一，公告和通知的内容，包括：（1）记明补偿地价及其他补偿价费额。（2）1936年《土地法施行法》第83条规定，有需用土地人的姓名或机关名称、兴办事业的种类、征收土地详细区域、征收土地图等。此外，还有公告和通知的机关、日期。

---

① 陶惟能：《土地法》，北平朝阳学院1936年版，第306页。

第二，公告和通知的方式。（1）须将公告标贴。征收关系到土地所有权人及他项权利人，公告是使一般土地权利关系人均有知悉土地被征收的机会。除应标贴在主管地政机关外，还应标贴在被征收地带的显著地方，让所有权利关系人都能知晓。（2）通知已登记的土地权利人。登记后的土地权利人，容易查找，按照要求，应该书面送达通知。（3）公示通知。为了防止其他未登记的权利人遗漏，应将通知书在被征收土地所在地、市、县内的发刊日报上登载广告，时间不少于三十日。

公告后对于征收土地上他项权利人有催促效果。公告后，最紧要的是被征收土地上他项权利的备案问题。也就是被征收土地上的他项权利，如抵押权、地役权、典权等，其是被征收土地应有的负担。为了保证他项权利人的利益，能够顺利清算，所以被征收土地的他项权利，在征收程序中，应有明确考查。

公告还涉及三个主要问题：第一，被征收土地所有权及土地他项权利人，未经登记完毕的，应在公告后三十日内，向主管地政机关声请将其权利备案。第二，如若被征收土地及土地他项权利人，未经依法进行权利登记，并未在公告后三十日内，向主管地政机关申请备案的，不视为被征收土地的应有负担。第三，公告及通知后，因废止或变更需用土地事业所生的效果。需用土地人，在公告及通知后，如因特殊原因废止或变更其事业时，有发生一定损害的可能。关于此种损害，《土地法施行法》第85条规定应由需用土地人负责赔偿。[1] 所以，公告对于土地权利人明确，以及征收失败负有赔偿义务，都有一定的程序意义。

公告后树立标记，还要届满三十日。需用土地人，在依法核准公告后，需在征收土地范围内树立标记。地政机关在接收政府的征收命令后，职责上即应公告，公告时间需要届满三十日，即为公告完毕。

2. 进行程序

征收程序进行中，对于被征收土地有限制义务。土地征收是国家对于私有土地的强制处分，土地所有权人不能以缺乏同意意思而拒绝征收。所

---

① 陶惟能：《土地法》，北平朝阳学院 1936 年版，第 311 页。

以土地法对于征收程序进行中的土地样态，规定了诸多限制。

（1）需用土地人在补偿费额发放前，可特许进入征收土地内实施工作。兴办事业如果属于紧急事务，需要早日完成，政府会许可需用土地人在未发放补偿费额以前，先行实施工作。但是，此项特许权并非无限制，特许必须以特许情形为理由。如果征收的核准属于国民政府行政院，则由行政院特许，属于省政府核准的，由省政府特许。在未经依法特许，不得先行进入工作。

（2）在公告发出后，需用土地人可以进入征收土地内勘察和测量，还有除去障碍物。因执行工作，在必要时，需用土地人可以通知土地所有权人或土地他项权利人除去土地障碍物，或代为除去。

（3）公告后，被征收的土地限制增加定着物。限制增加的情形有三：一是征收地带不得重新增加定着物；二是定着物如果是公告前已开始工作，应停止其工作；三是定着物如果要增加或继续工作，须有条件：先经利害关系人申请特许；再经主管地政机关认定定着物的增加或继续建筑，对征收计划不发生妨碍。

3. 补偿程序

被征收土地的所有权人虽不能拒绝征收，但因征收而发生的损失，需用土地人有补偿义务。《土地法》对于"发给补偿费额之时期"与"未发给完竣之效果"有规定：

（1）发给补偿费额的时期

征收土地的补偿，应在公告完毕后的十五日内，将应补偿地价及其他补偿费额，发给土地所有权人及他项权利人。按照《土地法》的规定，自征收土地公告发出日始，四十五日内，均是发给补偿费额的正常时间。

（2）补偿费额未发给完竣前的效果

被征收土地的使用人，包括所有权人与土地他项权利人，在其应得补偿金未发给完竣前，有继续使用该土地的权利。故对于土地使用人而言，在未受领全部补偿费以前，享有为延期移转其占有的抗辩权，并可在占有未转移前，仍享有全部使用土地的权利。

4. 征收完毕

土地征收完毕的时间界定问题。关于征收完毕,《土地法》有两条规定,第 370 条规定征收程序完毕的时期,第 371 条规定征收完毕之效果。此两条规定重在两个问题:一是补偿金的完全发放,二是土地权利移转。补偿金完全发放,其是保护土地所有权人及土地他项权利人因征收之损害获得补偿的权利。土地权利的移转,是为防止权属不清,影响公共事业之进行。

朱采真解释:"被征收土地,是在一切补偿金发给完竣以后,方为征收完毕。关于土地征收所发给的补偿金,它的性质怎样?学者间的见解颇有异同,虽则补偿金并非买卖的对价,但是它的支付是征收的条件呢?还是效果呢?补偿金既然是填补被征收人的特别负担,预先估计它的损失而定其数额,并且补偿金是要先行发给的,发给完竣以后,征收才算完毕。从事实上看来,补偿金明明是征收的条件。不过呢,土地征收一面设定新所有权,一面却剥夺被征收人的所有权。所以,补偿金的发给就是剥夺所有权的结果。因此,补偿金就是被称为土地征收的效果。"①

从解释可知,补偿金虽是征收的条件,但补偿金的发放,是填补了被征收人的特别负担,发放了补偿金才算是征收完毕。这种解释,是站在土地所有权人价值损失需要补偿的角度上而言,但是对于保障土地权利人的利益来说,是比较有效的程序。

**二、此时期有影响的国外土地征收程序及理论**

**(一)法国的土地征收程序**

法国的征收制度产生较早,对于征收程序的规定也很详细。在征收准备阶段,要完成土地征收的行政手续,对必须占用的个人产业进行确定。如若需用土地人与土地权利人能协商,则可以缔结合同,友好让与。在征收执行程序前,要对土地权利人进行通知,并订立补偿金的建议,同时组成征收陪审委员会,确定偿金,再给付补偿金,才可以执行征收。具体如下:

---

① 朱采真:《土地法释义》,上海世界书局 1931 年版,第 257 页。

1. 实施土地征收前

征收前的程序有两个阶段：一是行政手续阶段。主要是土地征收由法律和命令核准。当无法律或命令时，由省长证书指定。二是司法手续阶段：其一，由法庭主持，将土地移转于土地征收者；其二，由特别组成的审查委员会负责，确定收买价额等。

（1）行政手续

首先是事前调查和给出意见。调查必须记录工程目的、工程应得的利益、工程经费预估、工程所经的全部路线、主要工作的布置等。另外，应附法律规定的参考资料。此种调查的初稿和证明文件，应放在工程路线所经过的县、市首府，其间至少为一个月，至多为四个月，同时记录各方对此工程的意见。期限期满后，由至少九人，至多十三人组成委员会，对于采集到的各项意见进行审查。①

该调查委员会，由省长在调查开始时，就地主、森林所有权者、矿主、商人、船舶所有者，以及与工厂主等人中指定组成。审查委员会在工程路线所经省的首府开会，听取本省工程师的意见，收集必需的材料。对于工程用途，以及行政机关提出的各项问题，充分发表意见。期限为一个月。省长在审查结束后，十五日以内，将委员会审查经过以及商会方面的意见，制成证明报告，并发表意见，然后呈交上级行政机关。

若是一县范围内的工程，登记及文件放置期限缩减。调查委员会的集会地点在县城，委员人数以五至七人为限。若拟办工程在边区，或在防御工事地带内，则海军军部、陆军军部、工程部，须派代表组成混合委员会。关于不动产，因其价格增高，需要加以征收时，为确定增高价格起见，在实行行政调查时需有专家鉴定。

然后是公共用途宣告。宣告形式因拟办工程的性质不同，宣告机关则因事而异。有时以法律宣告，有时以参政院命令宣告，有时以简易命令宣告，还可以部令或省署命令宣告，以及省当局的证书宣告。②

① ［法］罗班：《土地征收之学理与实施研究》，万锡九译，商务印书馆1938年版，第48—50页。
② ［法］罗班：《土地征收之学理与实施研究》，万锡九译，商务印书馆1938年版，第50—56页。

在公共用途宣告中，通常记载实施工程所在领域与指定地点。未作公共用途宣告前，在所提的初步计划书中，要以图样说明工程实施所在区域。如若未说明实施工程所在地点，应由省长命令指定。①

（2）个人产业确定

当行政机关宣告，实施工程地点指定以后，对于占用个人产业的应记名确定。依据法律规定，为便于不动产征收关系人享有抗辩权，确定个人产业的措施，先要完成两项预备手续：

第一，部分图样绘成与公布。部分图样应包括：必须让出的地基或建筑、税册登记的每个业主的姓名等。行政机关对于其他具有各种权利的关系人，如佃农、佃客等，暂时不必列入。依法绘成的部分图样，若审查委员会无异议或保留，其无效性随即消失，表明认可部分图样。部分图样，一经制就，并经省长签字后，应即送交产业所在区的区长，区长在收到图样后，立即通知民众。该图样存放在区长办公处，可以任意索取查阅。并备有记录，以供关系人登记声明与请求。②

第二，部分调查。部分调查的目的与征收前调查性质不同。此调查在实施工程时，考察是否有占用某处产业的必要。土地关系人应在八日的期限内提出请求或意见。对于意见的审查，是确定最后图样的程序。关于审查工程性质的程序由委员会执行。③

审查委员会在县城集会，组成人数为七名，即三名行政代表（县长、省长、产业所在地的区长），担任此项工程的工程师一名，外加省长指定省参议员或县参议员四名组成。委员会集会至少须有五人出席，才能从事讨论。审查委员会，应对部分图样发表可否占用的意见。④

如果可以占用，即对私有产业指定。指定应以省令发出。无论对于国家，或区执行的工程，或高级行政机关维持最初的路线，又或是对于该路线加以修改，唯有省长有权指定执行工程所需占用的私有产业，并由省长颁布命令，也称为"让与命令"。该命令指定需要取得的产业，将每一部分

---

①　［法］罗班：《土地征收之学理与实施研究》，万锡九译，商务印书馆 1938 年版，第 75—76 页。
②　［法］罗班：《土地征收之学理与实施研究》，万锡九译，商务印书馆 1938 年版，第 78—81 页。
③　［法］罗班：《土地征收之学理与实施研究》，万锡九译，商务印书馆 1938 年版，第 82 页。
④　［法］罗班：《土地征收之学理与实施研究》，万锡九译，商务印书馆 1938 年版，第 83—84 页。

的内容、性质，以及依照捐税册登录的业主姓名逐一列出，并说明指定产业的理由，列出指定地段的"占用确期"。让与命令往往声明该地段可"立即"让与，即征收人在付清偿金后，可立即占用。①

（3）司法程序

如果实施工程或拟办工程，必须占用不动产，又不能与权利人友好协商，则由法庭通过司法程序解决。具体情况是：

其一，业主同意放弃其产业，但对于偿金数额不能接受。其二，与业主在产业让与、偿金两方面已达成协定，但实施土地征收时，对于其他不动产权利，如通过税、地税、收益权等项，不能友好解决。这些情况下，法庭只需要对既成协定予以证明，并指定受任确定偿金的审查委员主席法官审理。因产业移转已经实行，所以法庭不需要宣布土地征收，只要宣布证明判决。其三，若让与命令中，某不动产业主，或多数不动产业主拒绝出让其产业时，则由司法机关出面干预。司法机关将强制该项业主放弃其权利。这种情况的判决，即所谓宣告征收的判决，并将产业移转给实施土地征收者。②

2. 友好让与

法国征收法认为，公用征收是一种过度之举。征收是在一般情况努力获得不动产失败以后采取的办法。所以，立法者对于征收规定的设计，有友好让与的协定缔结条款。

所谓友好合同，可以在程序中任何时期缔结，不限于让与命令颁布后。友好合同可以代替公用征收判决。所以，征收法对于友好合同缔结给以各种便利。在某些条件下，为了使友好合同尽量利用，达到迅速实施工程的目的。立法者还规定友好合同的缔结，不仅代替公用征收判决，将产业移转于征收者，还可以在公用判决宣判以后，对于偿金予以确定，或对于占有时期予以确定。③

3. 评定偿金前的措施

征收无论系依据友好让与，或依据征收判决，所有权一经移转给征收

① ［法］罗班：《土地征收之学理与实施研究》，万锡九译，商务印书馆1938年版，第89—90页。
② ［法］罗班：《土地征收之学理与实施研究》，万锡九译，商务印书馆1938年版，第94—95页。
③ ［法］罗班：《土地征收之学理与实施研究》，万锡九译，商务印书馆1938年版，第138页。

者，急需解决的问题是被征收者的补偿金。对于补偿金，最重要的程序是偿金评定，但在评定过程前，是有一定措施的。

（1）对于享有偿金权利人的通知

在征收判决宣判后，征收者对于业主的认识，仅限于其名称。除该业主外，尚有享有特种偿金权利者，以及各种偿金所直接影响的第三者存在。征收者有两种方式知道其他权利人：一是业主指明各有权人，二是各有权人自动声明。此外，对于并未列明的捐税册，在有效期内声明其为不动产的共同业主人，征收者亦应将所提偿金建议予以通知。

其中，关于各有权人自行声明的时期，应在征收判决书，或代替判决书的其他文件，比如追认判决或友好让与，实行通知后的八日内。[①]

（2）偿金建议与要求

对各有权人提供偿金建议的责任，法律有明文规定。此种建议，应分别对应各有权人。因此，对于每个业主、每个房客，均要分别通知。

有资格提高偿金建议的，因事而异。若遇国家或省举办，或省与区共同举办征收时，即为不动产所在地的省长。若遇举办征收目的工程已出让与承包人时，即为享有特许权者。偿金建议的送达，由执行官员或其他行政机关人员送达。需要注意的是，偿金建议并非真实给付偿金，不过是一种建议而已。各权利人对偿金建议接受或拒绝，只能由本人决定。[②]

4. 征收陪审委员会

征收陪审委员会组成有三个步骤。首先，在每一省内，由省参议会确立一份常年名单。在一年期中，依据此名单选择陪审员，以解决省中举办各种征收所应付的偿金。然后，经被征收产业所在区内民事法庭确立开会名单，其中人员，是从常年名单中选出。他们的职责，是在开会期中裁决所遇的一切事务。最后是定名，对于审查问题，根据开会名单而组成的陪审委员会，则名曰"裁决陪审委员会"。[③]

开会名单的确立由司法当局负责。关于名单，选出十四名陪审员，姓

---

①　[法]罗班：《土地征收之学理与实施研究》，万锡九译，商务印书馆1938年版，第168—170页。
②　[法]罗班：《土地征收之学理与实施研究》，万锡九译，商务印书馆1938年版，第178—183页。
③　[法]罗班：《土地征收之学理与实施研究》，万锡九译，商务印书馆1938年版，第191—192页。

名按字母次序先后列入开会名单。开会日期是在法院确立开会名单之后确立。但征收者应在事前与征收判决委任的主席法官共同商议。根据请求颁布命令，将陪审委员会集会地点、日期、时刻一并予以确定，然后发给各当事人与陪审委员。

会务进行分四步：一是陪审委员宣誓。二是问题讨论，并应公开。三是关于评议与取决，此项可不公开。四是公开宣读委员会的决议。对于陪审委员会决议不服，可向法院上诉。

5. 偿金确定与给付

（1）偿金确定

陪审委员会有确定偿金的权力，有权决定偿金数额。偿金既不能少于偿金建议所提供的数目，也不能多于偿金要求的数目。陪审委员会在确定价金数目时，除须遵守偿金建议与偿金要求的法定限制外，有自由取决的最高权力。①

（2）偿金给付

各种偿金依照友好方式，或经陪审委员会予以确定后，即付与各有权者，并在实行占有前给付。其之所以要预先付款，一方面是给予所有权妥善的保障，另一方面则是防止行政当局延迟工程的实施。紧急情形时，另当别论。

付款方式。如征收者为私人时，付款方式按照一般手续；若征收者为行政当局时，则按照会计法的公务方式办理。如果是第二种情况，受偿者不会或不能签字时，收条以法院书记官证书或行政证书为凭。但是，一般认为，实施征收的区当局对于有权者应得付给偿金，以邮局支票支付。偿金应付给有权者手中，接受偿金应有证明，即提供产业证明书等。②

偿金存储。如遇不能付给偿金的情形时，征收者为免除义务，又为了实行占有，需要将该偿金储存。若被征收者拒绝接受偿金，或遇使付款效力有障碍时，也可储存（提存）。但存储偿金要以现金为之。关于存储或付给偿金所发生的各种困难，均由司法当局处理，行政当局不得干预。③

---

① ［法］罗班：《土地征收之学理与实施研究》，万锡九译，商务印书馆 1938 年版，第 247—248 页。
② ［法］罗班：《土地征收之学理与实施研究》，万锡九译，商务印书馆 1938 年版，第 283—286 页。
③ ［法］罗班：《土地征收之学理与实施研究》，万锡九译，商务印书馆 1938 年版，第 289—292 页。

6. 征收字据的形式通知与登记

（1）征收字据的形式

征收字据，在法院书记官前依照行政字据的形式订立。法院书记官容易接触到双方当事人，可随时请求双方进行友好协商，在此种情形下，由法院书记官协助，采取行政字据的形式订立。①

（2）征收字据的通知

法律规定，征收字据通知事项，须经产业所在地内省长的请求为之。所以，无论何种情况，征收者为谁，只有省长有资格处置关于征收手续的各种字据。但法国的判决又对此规定作了补充：一是关于国家或省举办的征收，经产业所在地的省长提出请求；二是关于纯为村利益起见而举办的征收，经村长请求；三是在享有特许权者举办征收的情形下，经该享有特许权者提出请求。②

经行政当局请求而发给的字据通知，由执行送达的官员送达。口头通知可作参考。

（3）征收字据的内容

程序复杂，征收字据则繁多。行政字据，主要是征收初步程序中的命令、省长命令、证书、布告等。送达书，即根据被征收的业主提出的请求，发出的通知书，以及与程序有关的字据；各种司法字据，即法官草拟的口供、法院院长准予占有的命令、指派陪审员的高等法院裁决、向参政院提出的上诉、陪审委员会的会务记录，以及其主席法官所颁布的命令等；偿金收据，即发给被征收者的付款支票等。这些字据都要按照法律要求，予以免费登记。③

7. 征收的特殊规则

如遇极端紧急情形，或拟办的工程极其重要，或工程具有特许性质时，法律有各种手续较为简单和经济的征收程序。

（1）紧急程序

原则上，凡是地产的取得，均在一切偿金已确定并且已付给完竣后才

---

① ［法］罗班：《土地征收之学理与实施研究》，万锡九译，商务印书馆 1938 年版，第 336 页。
② ［法］罗班：《土地征收之学理与实施研究》，万锡九译，商务印书馆 1938 年版，第 337—338 页。
③ ［法］罗班：《土地征收之学理与实施研究》，万锡九译，商务印书馆 1938 年版，第 349—351 页。

能实现。这也就意味着，在实际的征收中，必须经过相当长的时间，才可以取得地产。在法律上，法国有特别程序应对紧急需要土地的情况。

首先，是紧急宣告。这种宣告，最初是由国王以命令的形式宣告。进入共和时代后，改由普通命令宣告，再由行政当局紧急占有地产。后来为防止行政当局武断取得地产，不再规定由省长作紧急宣告，而是由征收判决确定。紧急宣告的效果，仅仅是暂时免除征收者关于确定偿金的各种手续。但是，在确定偿金以前的各种手续，比如征收判决等，均应予以遵守。[①]

然后，是临时偿金的确定与存储。当征收判决宣布以后，征收者即可以该项判决连同紧急宣告，一并通知不动产业主与现有其他权利人。同时附有宣布征收判决的初级法院（产业所在地法院）的召唤状。还有，对于征收者所提供关于不动产的各项偿金总额，予以载明。业主与其他权利人应在限定日期内声明其要求。征收者在实行占有以前，应缴纳存储款项。

若业主与其他权利人并未出庭，仍照常进行。法院院长根据缴纳存储保证金记录，在至少两日内召唤征收者。征收者取得紧急占有以后，便可立即进行工程，征收程序即按照常规进行。至于偿金的最后确定，经征收者或有权人士提出请求后，照普通方式进行。[②]

（2）军事工程

军事工程具有必需性质与紧急性质，涉及国家防卫，不容有任何讨论或拖延事实存在。所以，军事工程不论其属于陆军或海军，均产生下列效果：

第一，所有公用宣告前的各种行政手续，如事前调查与特别通告等项手续，一律取消；第二，所谓"公用"，应由普通命令宣布，关于征收地产的确定，亦由该项命令为之；第三，所有法律规定的各项手续，如所谓部分调查，调查委员会或市政参议会通告，以及让与命令等项，均在废止之列。[③]

---

① [法]罗班：《土地征收之学理与实施研究》，万锡九译，商务印书馆1938年版，第367—368页。
② [法]罗班：《土地征收之学理与实施研究》，万锡九译，商务印书馆1938年版，第368—370页。
③ [法]罗班：《土地征收之学理与实施研究》，万锡九译，商务印书馆1938年版，第373页。

关于军事工程的公用宣告，由命令宣布，与民用工程无异。宣告后，陆军部长将宣告紧急命令，连同宣告工程公用性质的命令，送交拟办工程所在处的省长。省长应立即将上述命令副本送于产业所在县内的检察官，以及有关系的各区区长。区长在收到上述文件后，以布告或其他方法公布。

对于检察官，立即请求法院指定法官与专家各一人，前往当场记录当地情况，并收集各种可以参考确定偿金的资料。法院在友好解决，或判决后，宣布征收必需的不动产，确定临时偿金。对于业主产业进行剥夺，责令占用者迁出。迁移偿金等，立即付给有权人。

### （二）德国的土地征收程序

德国 1874 年《普鲁士土地征收法》对于现代征收制度而言，比较重要，有些条文至今仍发挥着作用。本部分重点介绍土地征收程序部分，主要是第 14 条至第 18 条。

1. 需用土地人制订详细的方案

第 14 条

在实施之前，考虑到第十三条所设定的义务，经营者必须履行规划裁决程序。在方案提交并审查通过之后，经营者即可申请临时的规划裁决。①

本条提到的第 13 条指：（1）经营者同时需要提供道路、路口、草场、围栏、灌溉和排水系统等。这些设备是义务建立的，是为了邻近土地或者公共利益不处于危险或不利状态。这些设备是否需要建立，取决于周边是否已经存在负有相同义务即同类目的的设备。（2）对于经营者义务的确定，由经济与劳工部决定。

第 14 条的设计，旨在强调需要用地人，也就是经营者，在兴办自己的事业需要用地时，要制定详细的执行方案，同时提交方案并审查，合格

---

① 德语原文：Vor der Ausführung ist für das Unternehmen unter Berücksichtigung der nach § 13 den Unternehmer treffenden Obliegenheiten das Planfeststellungsverfahren durchzuführen. Nach Einreichung und Prüfung des Plans erfolgt auf Antrag des Unternehmers die vorläufige Planfeststellung.

后，经营者才可申请获得初步的规划方案。如此的程序设计与审核体系，目的是防止企业任意提起土地征收的需求。

2. 土地所有者与需用土地人之间协商移转

第 15 条

只要按照主管机关的评判此为必要者，各方就转让标的物达成一致意见时，可以进行占有转让和所有权的即时转移。随后审查确定的征收补偿，可以先行予以保留。此补偿可以按照本法有关规定，或者依照当事人的约定，立即经法律途径确定。此外，补偿是为第三方权利的，根据主管机关的评判并不涉及补偿问题的，正式征用程序之执行也可予以保留。①

本条规定的是，土地所有者与需用土地人之间协商移转土地的情况。只要双方当事人协商一致，并且主管机关评判为必要，即可以进行土地征收。这里面仍然含有主管机关审查的意味，即考察是否符合征收的必要，是否符合公共利益。同时规定了补偿的保留，也就是说，审查确定的征收补偿可以先予以保留，赋予公益先行的权利。

第 16 条

第 1 款：依照现有的对不动产所有权转移的法律规定，按照本法第 15 条所做的自愿转让，必须采取书面的方式。②

本款的表达，实际上是前条的补充，即用更为合法的书面形式，来保障不动产所有权的移转，以免产生纠纷而无有凭据。

---

① 德语原文: Eine Einigung zwischen den Beteiligten über den Gegenstand der Abtretung, soweit er nach dem Befinden der zuständigen Behörde zu dem Unternehmen erforderlich ist, kann zum Zweck sowohl der Überlassung des Besitzes als der sofortigen Abtretung des Eigentums stattfinden. Es kann dabei die Entschädigung nachträglicher Feststellung vorbehalten werden, welche alsdann nach den Vorschriften dieses Gesetzes oder auch, je nach Verabredung der Beteiligten, sofort im Rechtsweg erfolgt. Es kann ferner dabei zur Regelung der Rechte Dritter die Durchführung des förmlichen Enteignungsverfahrens, nach Befinden ohne Berührung der Entschädigungsfrage, vorbehalten werden。

② 德语原文: Für die freiwillige Abtretung nach § 15 sind die nach den bestehenden Gesetzen für die Veräußerung von Grundeigentum vorgeschriebenen Formen zu wahren。

第 2 款：为了防止对土地集合的分解或对土地的切割，法律对不动产转让做了限制，但此限制在此处不适用。①

其他法律应该是对土地的整体使用有规定，但是这一款的规定，是在用排除的形式保障公益需要零碎土地的情况。

3. 强制征收

第 17 条

第 1 款：只要业主和相关权利人没有达成一致，经营者可以申请进入，最终的规划裁决程序。负责组织听证和制定方案的政府部门是经济与劳工部。②

这一项指出了当业主和相关权利人没有达成一致，经济与劳工部需要负责组织听证和制定方案，同时经营者可以申请进入调查，目的是确定最终的方案。

第 2 款：对于规划裁决程序，《萨尔州行政程序法》（1976 年 12 月 15 日通过）第 72—78 条仍然有效，该法在 1994 年 1 月 26 日做了新的修订，其与目前的版本有以下区别 ③：

（1）经营者应提交除《萨尔州行政程序法》（SVwVfG）第 73 条第 1 款所列以外的下列文件 ④：

a. 所涉土地之公证土地簿摘录；⑤

b. 土地所有权人的姓名和通信地址；⑥

---

① 德语原文：Veräußerungsbeschränkungen, welche zur Verhütung der Trennung von Gutsverbänden oder der Zerstückelung von Ländereien bestehen, finden keine Anwendung。

② 德语原文：Soweit eine Einigung mit den betroffenen Eigentümern und weiteren Berechtigten nicht erzielt wird, erfolgt auf Antrag des Unternehmers das Verfahren zur endgültigen Planfeststellun. Anhörungsbehörde und Planfeststellungsbehörde ist das Ministerium für Wirtschaft und Arbeit。

③ 德语原文：Für das Planfeststellungsverfahren gelten die §§ 72 bis 78 des Saarländischen Verwaltungsverfahrensgesetzes (SVwVfG) vom 15. Dezember 1976 (Amtsbl. S. 1151), zuletzt geändert durch das Gesetz vom 26. Januar 1994 (Amtsbl. S. 509), in seiner jeweils geltenden Fassung mit folgenden Abweichungen。

④ 德语原文：Der Unternehmer hat neben den in § 73 Abs. 1 SVwVfG aufgeführten folgende Unterlagen einzureichen。

⑤ 德语原文：beglaubigte Grundbuchauszüge der betroffenen Grundstücke。

⑥ 德语原文：Aufstellung der Eigentümer nach Namen und Wohnanschrift。

c. 依本法第 12 条所建设施的方案；①

d. 土地上如设有他权负担，需提供该负担种类和范围之书面说明。②

（2）在谈判不涉及赔偿问题时，《萨尔州行政程序法》第 73 条第 6 款第 1 项可以适用。③

本项规定，在制定的征收方案中，应包含的内容：有土地的地籍、土地所有权人的姓名及通信地址、建立设施的平面图、土地上的他项权利及书面说明等。同时对于赔偿问题也有涉及。不过，有些是后来法律修订的程序内容。

（3）在规划裁决决议（《萨尔州行政程序法》第 74 条）中，特别确定了征收的对象、被转让的地产的大小与边界、强加限制的性质与范围、征收时间。规划决议确定的征收时间，是指可以使用征收权限的有效期间，而此期间在依据第 2 条征用条例对此未进行规定。经营者对规划决议确定、设施的建立和维护负有义务（本法第 12 条）。④

本项同样是对征收方案的具体规定，指出在规划协议中，需要写明征收的对象、地产的大小与边界、征收时间，以及强加限制的性质与范围等。这些详细的说明，对于征收主管机关判定是否应该征收，以及强加征收限制，都可以起到作用。

4. 涉及铁路建设及其相关的征地

第 18 条

第 1 款：依本法的规定，铁路建设征地权限特别地涉及以下几类

---

① 德语原文：Pläne über die nach § 12 dieses Gesetzes herzustellenden Anlagen。

② 德语原文：dort, wo nur eine Belastung von Grundeigentum in Frage steht, eine schriftliche Darstellung über Art und Umfang dieser Belastung。

③ 德语原文：§ 73 Abs. 6 Satz 1 SVwVfG gilt mit der Maßgabe, dass sich die Verhandlungen nicht auf die Entschädigungsfrage erstrecken。

④ 德语原文：Im Planfeststellungsbeschluss (§ 74 SVwVfG) werden insbesondere der Gegenstand der Enteignung, die Größe und die Grenzen des abzutretenden Grundbesitzes, die Art und der Umfang der aufzuerlegenden Beschränkungen sowie die Zeit, innerhalb derer längstens vom Enteignungsrecht Gebrauch zu machen ist, soweit die Enteignungsanordnung gemäß § 2 über diese Punkte keine Bestimmungen enthält, und die Anlagen festgestellt, zu deren Errichtung und Unterhaltung der Unternehmer verpflichtet ist (§ 12 dieses Gesetzes)。

土地①:

（1）建造铁路、火车站以及两者周围辅助铁路运行的相关设施所必不可少的土地;②

（2）安放侵蚀、切割及隧道产生的泥土和废物等所必不可少的土地;③

（3）修建所有其他必要设施所必不可少的土地,这些设施对于铁路被普遍使用,或者对公共利益而言是必要的;④

（4）建造设施所必不可少的填充材料。⑤

第2款: 与此相反,上款所列基于铁路建设而享有的征收权限不得扩展至以下设施,如建设货仓,仅与铁路承建商私人利益相关,而非上述第3项中基于公共利益考虑的建设项目。⑥

第3款: 铁路设施的建设可以暂时使用他人土地,尤其是临时道路、工地和工人宿舍等设施的建设。⑦

本条规定主要涉及铁路建设及相关建设需要征地的情况。第一款是对可以征收土地情况的说明,采用列举的方式进行限定。目的是限定公共利益需要用地的范围。但是,其中的第（3）项:"修建所有其他必要设施所

---

① 德语原文: Das Enteignungsrecht bei der Anlage von Eisenbahnen erstreckt sich unter Berücksichtigung der Vorschriften dieses Gesetzes insbesondere。

② 德语原文: auf den Grund und Boden, welcher zur Bahn, zu den Bahnhöfen und zu den an der Bahn und an den Bahnhöfen zum Zweck des Eisenbahnbetriebes zu errichtenden Gebäuden erforderlich ist……

③ 德语原文: auf den zur Unterbringung der Erde und des Schuttes usw. bei Abtragungen, Einschnitten und Tunnels erforderlichen Grund und Boden。

④ 德语原文: überhaupt auf den Grund und Boden für alle sonstigen Anlagen, die erforderlich sind, damit die Bahn allgemein benutzt werden kann, oder die infolge der Bahnanlage im öffentlichen Interesse erforderlich sind……

⑤ 德语原文: auf das für die Herstellung von Aufträgen erforderliche Schüttungsmaterial。

⑥ 德语原文: Dagegen ist das Enteignungsrecht auf den Grund und Boden für solche Anlagen nicht auszudehnen, welche, wie Warenmagazine und dergleichen, nicht den unter Nummer 3 gedachten allgemeinen Zweck, sondern nur das Privatinteresse des Eisenbahnunternehmers angehen。

⑦ 德语原文: Die vorübergehende Benutzung fremder Grundstücke soll bei der Anlage von Eisenbahnen, insbesondere zur Einrichtung von Interimswegen, Werkplätzen und Arbeiterhütten, zulässig sein。

必不可少的土地，这些设施对于铁路被普遍使用，或者对公共利益而言是必要的。"是灵活立法，没有完全限定征地需求的类型。

而在第 2 款中，用排除的方式对建设货仓仅与铁路承建商私人利益相关，而非基于普遍利益考虑的建设项目作了限制。这种补充规定，是为了防止滥用公共利益的名义而征收土地，特别是排除盈利性的行为，强调公益的普遍受益性。

仔细阅读条文，《普鲁士土地征收法》的规定，有些设计可以用复杂来形容。但有一个总目标，即防止滥用征收权力而侵害土地所有权人的利益。我们看到，无论是在主管机关评判是否属于公益，还是经营者申请征收之时，都要求有详细的计划说明，等等。其目的是，将征收权力放在监督之下，希望征收权力用看得见的方式来完成。

## 第三节　补偿优先理论

### 一、民国时期土地征收补偿理论

民国时期，对于为何征收土地要进行补偿，有几种说法：

#### （一）土地所有权侵害论

持此观点的认为，土地征收是以公共事业的需要，而侵害私人的土地所有权，是"超侵害"的发生，属于实现公益的反射作用，目的上并非为了减少私人财产。所以，对于减少财产者来说，理论上应给予补偿。因为国家公益，牺牲私人权利，是普遍现象，如果以某种特定私人土地作贡献，不给补偿，则为显失公平。在保障所有权的制度下，无论土地征收基于何种原因，为达何种目的，对于特定私人的土地，不能无偿剥夺。①

此观点表明，因为公益征收土地，实际是对私人土地所有权的侵害，但区别于私法上侵权侵害，称为"超侵害"。孟普庆对此作了说明："公用征收既为国家行政处分之一种，则土地法上之损害补偿，与私法上所谓损害赔偿者，法理上性质自异，故此之所谓损害补偿，以土地法上所规定者

---

① 刘毓文：《土地法》，国立北平大学 1937 年版，第 257 页。

为限。凡土地法规定之外，虽实际上确有损失，亦无补偿之必要。盖本法上之损害补偿，惟注重土地等物权为限，而不问所有关系者个人之特种情事及其自由之意思如何，非如私法上之损害赔偿，凡通常所受损失悉应计入也。"[1]也就是说，土地征收是国家行为对土地所有权人造成的损害，是国家补偿。但仅依土地物权为限，不关乎所有权人的意思表示，不同于私法上的损害赔偿责任。

《土地法》立法者吴尚鹰也认为："照此地价补偿办法，被征收之土地，在地主方面，得收回相当地价，无背于公道原则，不致受不当之损害。"[2]也就是说，土地征收对于土地所有权人来说，是一种损害，但补偿要依据公平原则，即国家参照私人交易的地价补偿。

**（二）土地所有权损失论**

持此观点者认为，土地征收是因兴办公共事业，强制剥夺土地所有权，再由需用土地人利用被征收土地，其结果是引起土地所有权人财产减少。为了防止土地所有权人无故蒙受现存权益损失，须以补偿方法救济。并由需用土地人负担补偿义务。[3]本观点强调的是，由于政府的行为，引起土地所有权人财产的减少，土地所有权人是无故受损，所以需要补偿救济。朱章宝也指出："平均地权政策中'照价收买'的办法，亦以补偿地价而不使地主受意外的损失为原则。"[4]他的意思是，征收土地对于土地所有权人而言是意外之损失，照价收买的平均地权政策正好符合土地征收补偿地价的原则。

以上两种说法，是此时期对于土地征收应补偿的主要说法。一则是强调侵害补偿，即是国家征收类似私法上的侵权，有将国家放在与私人平等的主体倾向；一则是强调损失补偿，对于国家来说，征收是正当的行政行为，征收补偿是救济土地所有人财产的减少。不论何种说法，补偿是土地

---

① 孟普庆：《中国土地法论》，南京市救济院1933年版，第483页。
② 吴尚鹰：《土地问题与土地法》，中国国民党广东省执行委员会党务工作人员训练所编译部1931年版，第61页。
③ 陶惟能：《土地法》，北平朝阳学院1936年版，第315页。
④ 朱章宝：《土地法理论与诠解》，商务印书馆1936年版，第282页。

征收的必要原则，这是学者间不争的事实。关于土地征收补偿的范围，一致认为，地价包括土地价格和定着物价值在内。

## 二、土地征收补偿的类型、计算与落实

### （一）补偿地价

补偿地价是征收土地的必要环节。补偿地价的意义，是衡量财产神圣不可随意剥夺的重要方面。土地权利被征收，是因为公共利益而牺牲了私有利益，所以应得补偿金。土地征收行为区别于没收、征税等行政行为，对于土地所有权人而言，是有偿的放弃土地所有权。

1. 补偿地价的范围

《土地法》第368条规定，土地征收补偿不以地价为限，对于土地定着物也应一并补偿。除此之外，应补偿因除去土地障碍物，导致被征收土地以外的土地受损时的价值。《土地法施行法》第87条规定补偿的数额由双方协定。协议不成立时，由主管地政机关决定。

对于已在建筑中的定着物，由于土地征收，会停止建筑。若地政机关许可继续建筑，其加工费也会增加。孟普庆认为，其定着物在公告后，经主管地政机关特许继续建筑者，其加工费用损失价值也应算作在内。[1] 所以，继续建造后，因征收造成的损失，也应该补偿。

在征收土地中，对于连接地有造成损害的可能。一般来说，连接征收地的土地，通常因公共事业的兴办，价值会增高。但是，也有因为兴办公益事业的必要，而附带征收的可能。还有一种可能，是因为征收导致接连土地不能与从前一样使用，也就是功能受限，法律规定可以请求补偿。比如"原依沟渠为灌溉之耕地，因沟渠之水全为征收地所使用，而接连地不能为稻田之耕作是。此时或纵能为从来之利用。而降低其效能者。如沟渠虽尚能灌溉，而有不足之情形是。此时为保护接连土地所有权人，许其要求需用土地人为相当之补偿"。[2] 至于"相当补偿"，即补偿额以未受征收

---

① 孟普庆：《中国土地法论》，南京市救济院1933年版，第483页。
② 刘毓文：《土地法》，国立北平大学1937年版，第262页。

地使用影响前的原来地价，并与影响后的地价，两者相比照，以其差额为补偿标准。

征收过程中，实际征收土地的面积可能有差别。比如，如果需用土地人所需面积比原有土地面积少，则存在征收土地残余部分的土地。因为畸零片地，对于土地所有人来说，已经难为利用，则存在损失。刘毓文认为，这种情况是残余土地所受损害，也应算作在补偿内。①

据此可知，补偿地价应包括土地本身价值、定着物损失价值、除去土地障碍物致被征收土地以外的土地受损价值、定着物经许可建筑后的加工费用损失之价值、残余土地所受损害价值、接连土地因征收造成的损失价值等。

这些补偿，皆是客观可计算的价值，至于主观上的损失并没有规定。有学者评述道：

各国立法例，亦于客观的价格补偿之外。而及于主观的之损失范围焉。如撒克逊土地征收法第二十二条规定：土地征收之损失补偿，除被征收之土地及其构成部分与附属物之价格外，被征收者之残余财产，以及职业上所蒙之损害并确定期待之利益。若因土地征收而损失者，均应在赔偿之范围内。普鲁士土地征收法第八条第二项规定：一部征收时，应依主观之标准。奥国铁道事业土地征收法第四条规定：铁道企业者对被征收者，实现与民法第三六五条相当之损害时，因土地征收引起所有之财产上之不利益，皆应补偿之。日本土地收用法第四八条以下规定之补偿。彼帮之学者亦认为采主观之见地。

我土地法规定补偿金之计算范围，虽亦不忽略土地外之定着物（第三四四条），及残余土地所蒙之损害（第三四七条）。但因土地征收职业上之损害，及失却期待之利益，则不在补偿范围之内焉。就奖励公共事业之兴办，所有权不必过度保障言。②

---

① 刘毓文：《土地法》，国立北平大学 1937 年版，第 259 页。
② 刘毓文：《土地法》，国立北平大学 1937 年版，第 259 页。

刘毓文引用了撒克逊、普鲁士、奥地利、日本等土地征收法进行论证，指出国外土地征收补偿理论已涉及主观上期待利益的补偿，特别是因为土地征收引起的职业上的损失。他也举例，若在繁华地带有一处历史悠久的炸鸡店，客源稳定，但其土地因为公共事业而被征收，店面将被拆除，这样炸鸡店损失不仅仅是该土地的价值，还涉及客源、职业等不可客观评价的损失。当时的《土地法》并未对此加以规定，刘毓文也评判道：这是因为现在"就奖励公共事业之兴办，所有权不必过度保障言"。看得出，此时期的所有权社会化思想之风，对补偿理论有深刻影响。

2. 补偿地价的负担者

土地征收的直接受益人是兴办公共事业者，也是提出征收土地的申请者，所以补偿地价应由需用土地人负担。如此规定，不仅是1930年《土地法》所独有，其他立法例，如《普鲁士土地征收法》第1条、第7条，《撒克逊土地征收法》第1条、第6条，奥地利《铁道事业征收法》，日本《土地收用法》第47条等，都有规定。[1] 这也说明，在法理上，当时主流观点是需用土地人负担征收土地的地价补偿。

3. 补偿金计算

补偿金的计算，土地与定着物不同。土地补偿金：第一种情况是，被征收土地的所有权已经登记，而未转卖者，照申报地价补偿。所谓申报地价，应为实际计算，同时参考估定（评估）地价为标准。如果有申报地价和估定地价，则选择估定地价。1936年《土地法施行法》第88条规定：

土地法第三百七十六条所称被征收土地，其所有权已经登记而未转卖者，如仅有申报地价时，依申报地价额补偿之。如并有估定地价时，依估定地价额补偿之。

前项估定地价经过五年未依土地法第二百五十六条之规定从新估计者，其地价补偿额，得由主管地政机关估定之。

前项地价补偿额之估定，准用土地法关于地价估计之规定。

---

① 刘毓文：《土地法》，国立北平大学1937年版，第258页。

《土地法施行法》的规定，实际是强调地政机关估定地价的重要性，估定地价对于申报地价有参考作用。此规定，是防止土地所有权人对地价虚报，而地政机关对于地价的估定，信息与计算都较准确，容易确定价格。

第二种情况是，被征收的土地，其所有权已经登记而又转卖者，照已登记的最后卖价补偿。此规定虽容易确定补偿价额，而所有权者有故意串通买家，提高地价的可能，所以补偿地价也可能不准确。但《土地法施行法》第 89 条对此种情况作出了限制：

土地法第三百七十六条所称之最后卖价，如超过估定地价百分之二十时，其地价补偿额，得由主管地政机关估定之。

前项估定地价经过五年未依土地法第二百五十六条之规定从新估计者，应由主管地政机关从新估定之。

第一项地价补偿额之估定，准用土地法关于地价估计之规定。

办法是，最后卖价若超出主管地政机关估定价额的 20%，则补偿价额由主管地政机关重新评估。这样就屏蔽了买卖双方恶意串通的行为。

第三种情况是，如果未依法申报地价的土地，其应补偿地价额，由主管地政机关估定。对于估定程序，准用地价估定的规定。

据此可知，补偿地价中的土地补偿金，土地估定地价是最重要的参考标准。无论是申报地价的补偿，抑或未申报地价的补偿，皆依土地估定地价为参照。

### （二）定着物（附着物）的补偿

#### 1. 植物类

1930 年《土地法》仅对植物类的土地定着物有规定，即植物类的土地定着物在被征收时，与其孳息成熟时期相距在一年以内者，其应补偿的价值，以视同已成熟的孳息计算。而对于其他定着物征收的补偿额，未有明确规定。此等规定，忽视了很重要的建筑物等土地定着物。比如房屋，是土地所有者建立在土地上重要的定着物，是不可小视的财产，重要性不言而喻。

#### 2. 房屋

对于房屋是否规定在定着物内，有学者援用其他条文解释："意者应依

第二七三条第九款定之，如无估定之价值时。再依第二六〇条及第二六一条估定之。然而土地之补偿金额，何尝不可依第二七三条第七款定之，不必为第三七六条第三七七条之规定也。"① 这两条规定，是在说明建筑改良物的价值估计方法，便于地价册登记的需要。也就是，1930 年《土地法》已经规定改良物的估定价值，这种价值会列在地价册上，所以征收导致建筑改良物损失，应计算在补偿地价范围之内。因此，如果进行土地征收，对于房屋等土地改良物可以据此索取地价补偿。

但是，并没有用明文规定房屋在土地征收编的"征收补偿"中，在实际操作中对于土地改良物的补偿就会被轻视，可能会造成土地所有权人权益保障受损。后来的立法者意识到这一问题，在 1946 年《土地法》第 241 条规定："土地改良物被征收时，其应受之补偿费，依该管市、县地政机关估定之价额。"实际上，是强调房屋等土地改良物作为定着物，因为征收导致损失应该补偿。

3. 坟墓

土地定着物并非只有房屋与种植物，还有坟墓。从清末修筑铁路遇有坟墓，应当尽量绕行，到 1915 年《土地收用法》第 15 条规定："土地内之坟墓有坟主者由坟主迁移，义冢及古坟由地方公共慈善团体迁移，其迁移费由土地收用者支付之。"再到 1928 年《土地征收法》第 33 条规定："土地内如有坟墓，应由坟主迁移。其贫苦者，由兴办事业人酌量资助之。"足见坟墓在土地征收制度中的重要性。

1930 年《土地法》第 383 条也有规定。虽然条文有规定，对于坟墓迁移者，给予迁移费补偿。但是，在实际征收中，发生迁移坟墓的情况，仍然会有诸多抵制或纠纷。这既是观念问题，也是制度实践难以面对的。

**（三）补偿金交付与存储**

1. 补偿金交付

补偿金由需用土地人负担，由被征收土地人领受。一般来说，可由双方直接交付，不必经过任何中介程序。而 1930 年《土地法》第 378 条规

---

① 刘毓文：《土地法》，国立北平大学 1937 年版，第 261 页。

定，法定补偿金由需用土地人将应补偿价款额，上交给主管地政机关，目的是防止双方直接交付产生纠纷。[①]但是，地政机关并非纯粹的经手人，仅负有以该款项为清算结束的责任。所以，地政机关在收到款项后，即转付给被征收土地者，进行清算结束，这是公行为。

这种程序设计，也防止土地所有权人获得补偿后，与土地他项权利人发生纠纷。地政机关作为公权力方，可以做到第三方公正处理，手续更有说服力。

2. 补偿金存储

1930 年《土地法》第 379 条规定，在应受补偿人拒绝受领或不能受领、应受补偿人下落不明、应受补偿人对于补偿金额有异议等情况下，可以将补偿金存储。当应受补偿人有各种情况不能领取土地补偿金，对于需用土地人而言，便不能进入征收土地实施工作。

有学者解释："按本条关于地政机关将补偿金存储待领之规定，须注意一重大问题，补偿金一经存储，是否作为征收完毕？如依土地法第三百七十条之规定，被征收土地须于一切补偿金发给完竣后，始得认为征收完毕？则补偿金之存储，明明属于未发给完竣之状态，自应不视为征收完毕。惟需用土地人实际上不能因此而不进行其事业，故仍以认为征收完毕，方为正当之解释也。"[②]所以，存储土地补偿金，理论意义上是征收完毕，需用土地人可以进行公共事业。这种规定利于公共事业的及时推进。

**（四）迁移费**

征收土地时，按要求是定着物一并征收。但是，该定着物所有权人要求索回，并自行迁移者，不在此限，这是 1930 年《土地法》所定。定着物原则上在征收之列，例外的情况是，为尊重所有权人意见，由其取回或迁移。从补偿的角度来说，如果由所有权人自行迁移定着物，则不必支付定着物的补偿金，对于需用土地人而言是节省了相关费用。但是，即使是迁移定着物，仍有迁移的手续费，要给予相当补偿费。

---

① 刘毓文：《土地法》，国立北平大学 1937 年版，第 261 页。
② 孟普庆：《中国土地法论》，南京市救济院 1933 年版，第 485 页。

1. 迁移费负担

土地定着物迁移是由征收而起，迁移费用当然由享有征收土地的受益人负担。1930 年《土地法》规定，因征收土地导致定着物迁移时，由需用土地人给予相当的迁移费。关于如何补偿迁移费，法律并无明文规定。刘毓文认为："至所谓相当之迁移费，如何决定本法无明文，解释上宜由当事人协订之，协订不成立再由地政机关决定之。"① 如此虽然符合法律规定，但是很多时候是难以协定的。

1936 年《土地法施行法》第 87 条又规定，协议不成立时，由主管地政机关决定。但是，没有说明详细的评估标准，这还是会造成定着物估价不当的问题出现，现实中也有这样的例子。

2. 征收土地范围外的定着物迁移

一般来说，定着物迁移都应该是征收范围内的。但是，可能因为征收导致邻近的定着物受影响。所以，因为征收导致邻近定着物不能恢复之前的利用效能，可要求需用土地人为相当的补偿。但是，部分土地被征收，而造成土地上的定着物需要全部迁移，这种情况也是有的。比如，住宅所在地一半土地被征收，住宅需要全部迁移。迁移费也应全部给付。对于此种情况，法律也有规定，目的是保护所有权人不会因为征收范围而受到补偿限定。

3. 迁移期限

何时迁移，法律无明确规定。但有规定迁移指定期限，时间节点是在迁移费受领完竣后。这里的意思明了，只有给了迁移费用，才能限定迁移期限，方可进行迁移。但是，代为迁移或一并征收的规定，则给公权力开了例外的口子。

4. 代为迁移或一并征收

代为迁移或一并征收的立法理由，目的是促进公共事业的早速兴办。② 法律规定，为了促进公共事业的进行，对于需用土地人而言，不至于影响施

---

① 刘毓文：《土地法》，国立北平大学 1937 年版，第 264 页。
② 刘毓文：《土地法》，国立北平大学 1937 年版，第 265 页。

工。但是，这种程序，会导致所有权人补偿谈判的筹码相对降低，基本上是方便了需用土地人。董中生分析 1930 年《土地法》第 385 条说："要之土地征收为国家因公用或公益事业之需要而为公法上之行为，其征收补偿虽援用照价收买之原则，但纵使少数人民之利益，受有相当损失，亦在所不恤，但如我国已成铁道征用土地，给价常甚低廉，较时值有相差在三四倍以上者，至公路用地，尤绝少给价之事实，则又与法不合。"[1] 可以看出，土地所有权人，以及定着物所有权人，在面对征收的时候，法律程序上保障较弱，只能趋于劣势，常常是征收土地的需用地人用少量的补偿取得土地。

5. 迁移费异议

所有权人与需用土地人在协调迁移费数额时，不一定能达成协议。这时候就会由地政机关估定，若迁移费在地政机关估定之后，给予定着物所有权人，出现不满情况，也就是发生异议。依《土地法》第 386 条的规定，对于迁移费额有异议时，应将其定着物依限迁移，始得要求公断。本条的立法理由，也是为了促进公共事业进行，异议并不当然阻止迁移。

6. 坟墓迁移

法律规定，坟墓迁移的迁移费与定着物同，适用关于定着物迁移费的规定。其中，无主坟墓由需用土地人代为迁移安葬，并由主管地政机关详细记载坟墓情况，列册备案。同时《土地法施行法》第 90 条规定："依土地法第三百八十三条第二项之规定，迁移无主坟墓时，应于二十日以前公告之。公告期限不得少于七日。"刘毓文解释："此盖为基于人道及适合风俗之立法也。"[2]

7. 住居人或工作人的迁移费

一般而言，地价补偿给予了土地所有权人及土地他项权利人之后，兴办事业人方可进入征收土地内。但有特许情况。为方便公共事业早日进行，对于土地所有权人或定着物所有权人而言，就会有一个问题，土地上所进行工作遭到紧急停滞。在没有准备的情况下停止，会造成相关损失，如机器损坏或工人失业等。

---

[1] 董中生:《土地行政》，大东书局 1948 年版，第 112 页。
[2] 刘毓文:《土地法》，国立北平大学 1937 年版，第 266 页。

1930 年《土地法》第 387 条对此进行了规定。因征收土地，需用土地人基于特许而进入征收土地内，导致该土地住居人或工作人应另给迁移费的，应给予相当补偿。法律规定的是该土地及定着物一月的租金。本项规定，只是针对需要马上迁移造成权利人损害的情况。如果实施征收工作，对于工作人没有妨碍，定着物也不必迁移，则无需给予相当补偿。但是，对于因征收进入施工造成的干扰是不是损害，当时的理论并未讨论。

总而言之，民国时期对于土地补偿有相当详细的规定。无论是补偿地价，还是迁移费，立法者都能顾及。放在时代进程中，可以用进步来形容。但是，我们也可以看到，在不用保护所有权过度的观念下，对于公共事业的进行，是主张促其形成。这种法律社会化的影响，在实践中仍然可能造成权利人的损害。

### 三、此时期有影响的国外土地征收补偿理论

之前，学者在解释《土地法》关于征收补偿条文时，已在引用国外的立法例。可见，此时期对于国外的征收制度是有关注的。我们以法、德的土地征收补偿理论为例，再进行一些比较说明。

#### （一）法国的土地征收补偿

按法国 1841 年征收法律第 29 条的规定，征收补偿金额由陪审委员会确定。后又继续颁布法律，"陪审委员会之决议，对于偿金数目须予以确定"。① 可以理解的是，陪审委员会的职权是确定偿金。

1. 偿金

（1）偿金对于每一有权者应分开

1841 年征收法律第 39 条规定："陪审委员会对于以业主、佃农、房客、使用者，及以 1841 年法律第 21 条曾予举及之其他关系人等，不同名义而提出要求之各当事人，应予裁定各项个别偿金"。也就是，陪审委员会应对于每一业主、每一房客，及每一享用地役权的关系人，分别裁定一项偿金。对此规定如有违反，即是无效处分。②

---

① ［法］罗班：《土地征收之学理与实施研究》，万锡九译，商务印书馆 1938 年版，第 248 页。

② ［法］罗班：《土地征收之学理与实施研究》，万锡九译，商务印书馆 1938 年版，第 255—256 页。

此种规定也有例外。法律未赋予陪审委员会为使用收益权人确定个别偿金。因为，使用收益权期限缺乏确定性，估定偿金困难。若对该使用收益权人予以确定个别偿金，使用收益权有变为流通资本的可能，与立法者本意抵触，不规定也是为了防止资金舞弊。①

（2）偿金应确定

法律对此并未明确规定，仅说明陪审委员会应确定偿金。但法国判例向来主张陪审委员会对于偿金数目应明确决定，以免日后征收者与被征收者之间发生数目纠纷。所以陪审委员会对于偿金给付，不能附任何条件。并且，当事人间若未对土地内容达成协议，或者陪审委员会的决议未载明土地内容时，不能按公尺计算确定偿金。②

（3）偿金应是金钱

对于偿金是何种支付形式，法律未明文规定，但隐含在法律中。例如，1841 年法律第 53 条中："已付清之偿金，现金供给与准备金也，凡此均足昭示偿金必须属于金钱。"若损害赔偿不是现金，即无所谓预付。再是，假如所确定的偿金非为现金，难以按照 1841 年法律第 39 条的规定，认定陪审委员会对于偿金建议与偿金要求，是否符合法定范围。③

（4）偿金既不能少于偿金建议数目，也不能多于偿金要求数目

确定偿金数目是否超过被征收者所要求的数目，应就偿金的全部加以鉴定，并非着眼于偿金中的某项数目。若陪审委员会对于当事人在诉讼中所为偿金项目加以采纳时，鉴定规则适用偿金的每项请求。

一般认为，即使在两项偿金情形下，有违反上述规则，法院会全部批驳。若遇陪审委员会除依照被征收者所提请求外，又将拆卸材料判给被征收者时，则偿金数目便多于被征收者所请求的数目。此种情况，均应按照实际情况判给，不可多给偿金。④

2. 陪审委员会对于偿金的估定

（1）陪审委员会的最高权力

陪审委员会在确定偿金数目时，除须遵守偿金建议与偿金要求的法定

---

① ［法］罗班：《土地征收之学理与实施研究》，万锡九译，商务印书馆 1938 年版，第 256—257 页。
② ［法］罗班：《土地征收之学理与实施研究》，万锡九译，商务印书馆 1938 年版，第 259 页。
③ ［法］罗班：《土地征收之学理与实施研究》，万锡九译，商务印书馆 1938 年版，第 260 页。
④ ［法］罗班：《土地征收之学理与实施研究》，万锡九译，商务印书馆 1938 年版，第 261—262 页。

限制外，有自由裁量的最高权力。征收关系人不能举张陪审委员会所判给的偿金过少，请求补足金额。然而，按《法国民法》第 545 条规定，偿金应当表达公正的愿望，陪审委员会不应漠视。换言之，即所判给的偿金应与征收物同等价值。[①]

（2）陪审委员会应尊重各种损害

偿金应足以让被征收者重新实施征收前的生活。所以，该项偿金对于因征收事实所引起一切损害，应完全弥补。但就损害而言，往往较原有的权利价值大。比如，对于某一业主产业征收四分之三，余下四分之一的产业，不能发挥从前效用，其价值会比原有整体四分之一的价值小。所以，陪审委员会除将移转部分的价值计入偿金外，对于剩余部分所遭受减价损失，应一并计入。

但是，陪审委员会能确定的损害，只限于占有产业直接引起的各种确定的现实损害。按 1918 年 11 月 6 日法律修正的 1841 年法律的第 48 条第四节，对于此点明白规定："征收偿金只能包含因收夺事实所引起之现实的、确定的损害，而非由征收结果直接引起之不确定的，或然的损害不与焉。"因此，若提出涉及此种不确定的、或然的损害请求时，陪审委员会对此请求应另予裁定。[②]

对于仅为征收实施工作所引起的各种损害，陪审委员会不必予以重视，否则其所为决议归于无效。所以，只能对于根据征收事实所应付的偿金予以确定。另外，土地所有权人及关系人等，对于因实施工程所引起的损害要求赔偿，应按照法国共和历第八年五月二十八日法律，及 1807 年 9 月 16 日法律各项规定，向省议会提出请求。[③]

3. 业主应得的偿金

陪审委员会确定偿金时，应考虑到被征收者与一般买卖不同。征收是强制剥夺业主的所有物。所以，陪审委员会判给被征收者的并非为售价，乃是一种补偿金。当然，有一种标准，应使被征收者能够找到同样性质、

---

① ［法］罗班：《土地征收之学理与实施研究》，万锡九译，商务印书馆 1938 年版，第 263 页。
② ［法］罗班：《土地征收之学理与实施研究》，万锡九译，商务印书馆 1938 年版，第 263—264 页。
③ ［法］罗班：《土地征收之学理与实施研究》，万锡九译，商务印书馆 1938 年版，第 264—265 页。

同等价值的代替物。

陪审委员会应注意以下两点：其一，产业移转期间的不动产时价。换言之，即宣判征收时的不动产时价。实行日期时价不考虑。且该项时价，应包含产业地上、地下物，如建筑与栽种，也就是含有永久目的附属物。本规定，与民法上土地所有权的规定相同。① 其二，因征收事实所引起的一切现实和直接的附带损害，应予以补偿。例如，因部分征用导致产业萎缩，因而减价；对于土地造成损害，需要修复土地，或预防塌陷所需的工程费；因征收事实所引起的租金损失；维持交通费；战争损失赔偿费；剩余产业所引起的交通困难，等等。②

（1）建筑、栽种与修理

若土地关系人企图得到较多的偿金，在征收程序正在进行期中，对于被征收的不动产从事变更与修理等情况，为防止这种舞弊情事发生，1841年法律在第52条中赋予陪审委员会权力，以评估上述修理工程、建筑、栽种是否具有诚实性："凡各种建筑、栽种与修理，倘经陪审委员会之有见于其实施时期或其他一切情况之鉴定权属于该会，而认为其实施目的在获得较多之偿金时，绝不能构成取得任何偿金之理由。"③ 也就是，如果难以评判，对于土地关系人的修理、建筑、栽种，断定目的是为了获得较多偿金时，则不判给任何补偿金。

（2）矿山浅矿与石矿

土地所有权应包括地下产业。所以，对于补偿金，应包括地面价值与地下价值。然而，土地地下层含有矿山或石矿时，则应考虑在进行征收时，该矿山或石矿是否开发而加以区别。④

（3）增值强制抵偿

陪审委员会对于剩余产业，因实施征收结果引起的跌价，应计入补偿金。该委员会对于被征收的产业的其余部分，因公共工程实施的结果，所引起的价值增高，也应予以计入。1841年法律第51条规定："假使工程之实施，对于产业其余部分引起一种即时的、特别的价值增高时，则于估计

---

① ［法］罗班：《土地征收之学理与实施研究》，万锡九译，商务印书馆1938年版，第265页。
② ［法］罗班：《土地征收之学理与实施研究》，万锡九译，商务印书馆1938年版，第266页。
③ ［法］罗班：《土地征收之学理与实施研究》，万锡九译，商务印书馆1938年版，第267页。
④ ［法］罗班：《土地征收之学理与实施研究》，万锡九译，商务印书馆1938年版，第267—268页。

偿金数目之际，将以该项增价作为参考。"①

（4）增值不能消灭全部偿金

此规定，是根据法国判例而来，在 1841 年法律起草经过时，经立法者加以确定。法国政府在其所提的草案中，曾主张应以增值"全部或部分"抵补偿金数目。然而，法国下议院认为此种处置，根本不是补偿，于是加以否决。所以，增值不能消灭全部偿金，被定为保持偿金的原则。②

（5）租户或佃农应得的偿金

租借行为在征收判决以前成立，不论其租借是否为定期，均应享有偿金。但是遇有下列情形时，所谓偿金权即不复存在：其一，如果租契曾经载明，租户遇征收情形时不得享有偿金权；其二，如果租户同意接受新订的租契。

租户偿金应包含租户"在其租契利益上"所遭受的一切损害。陪审委员会对于此种损害，应作公平估计，应当足够全部赔偿。但是，程度又随环境而异。一般而论，该项损害应包含：其一，迁出与重新设置费用；其二，租户另寻具备原处所有条件的场所；其三，租户对于被征收不动产曾经消耗的费用，如建设费等；其四，若租户为商户者，所谓的顾客损失，均应计入损害中。③

可以看出，偿金由陪审委员会确定，而补偿范围涉及土地所有权的地上与地下，对于地下矿产，若是有开发，应包含在补偿的范围之内。原则上，陪审委员会应尊重各种损失，对于被征收关系人提出的要求应予重视。即使是附带损失，以及定着物、租户等情况，都有特别规定。更重要的是，在补偿范围上，开始关注主观利益。比如被征收地点是商户，客源损失均应计入损害。

**（二）德国**

1. 19 世纪的全额补偿理念

1789 年，法国大革命爆发，受其影响，当时德国各邦弥漫着一种自

---

① ［法］罗班：《土地征收之学理与实施研究》，万锡九译，商务印书馆 1938 年版，第 270 页。
② ［法］罗班：《土地征收之学理与实施研究》，万锡九译，商务印书馆 1938 年版，第 272 页。
③ ［法］罗班：《土地征收之学理与实施研究》，万锡九译，商务印书馆 1938 年版，第 273—275 页。

由主义风气，这种"自由法治国家"理念也反映在对"财产征收"的补偿原则之上。德国普鲁士邦国于1794年颁布《普鲁士一般邦法》，第75条即规定人民的特别权利及利益，在必须为公共利益而牺牲时，应予以"补偿"。而补偿的范围，《普鲁士一般邦法》第9条2款11项规定，征收的补偿，不只对被征收物的"通常价值"，亦应及于该物的"特别价值"。所谓的"通常价值"，指物对任何人皆能使用的价值，以及对任何人都能产生及估价计算得出的便利和舒适的价值。特别价值，则是"通常价值"外，基于某种条件及关系才产生的价值。《普鲁士一般邦法》明文指出，只有在"以故意或重大过失而来毁损物者"，以及在"公益征收"的情况下，才可以请求特别价值补偿。这种规定，显示出征收补偿和"侵权行为的补偿"，本身没有区别。人民利益遭到公权力的侵害而牺牲时，应给予被征收人民"任何损失"的补偿，这种"通常损失"和"特别损失"的并列补偿，以"市场经济"的"交易价值"作为估价标准。普鲁士的这种"财产权之绝对保障"制度，是遵循"自由法治国家"理念的忠实反映。①

《普鲁士一般邦法》将征收补偿分为通常价值和特别价值的分法，原则上被德国的巴伐利亚邦国所采纳。巴伐利亚在1837年11月17日公布的《公益征收法》，即规定征收补偿，除了补偿被征收物"通常价值"外，也补偿因征收而引起的"其他不利益"。该法第5条规定补偿所谓"其他的不利益"，主要是指：其一，被征收的土地，以及其他未被征收土地，但能带给被征收人"更多利益"的财产形态。其二，因征收而使被征收人所拥有财产的"价值减低"部分。其三，被征收人因征收而暂时性或持续性的，不可避免的（营业）收益的损失。但此项损失不得超过土地补偿费估计的30%。其四，因征收而受影响物的孳息。②

《巴伐利亚邦征收法》将有关"其他不利益补偿"的种类予以列举式的规定，但依当时的学界看法，这种列举式的规定，并非完全排他性的列举，

---

① 陈新民：《德国公法学基础理论》，山东人民出版社2001年版，第487页。
② 陈新民：《德国公法学基础理论》，山东人民出版社2001年版，第487页。

只不过是"例示性"的规定。因而，被征收人财产的损失利益，应完全被补偿。并且私法的损害赔偿原则有补充适用余地。由于《普鲁士一般邦法》规定在先，《巴伐利亚邦征收法》呼应在后，将"征收补偿"确定为不仅补偿征收土地本身，也补偿因征收而导致的损失。当时德国学界完全倾向于"尽可能完全补偿"的看法，希望将人民遭受的任何可能的损失，皆能"毫无漏洞"地予以弥补。①

实际上，采用"通常价值"及"特别价值"补偿二分法，会带来价值的重叠。也就是，一个被征收物（土地）所损失的价值，采用"客观的价值损失"与"主观价值损失"的理念，可能形成"双重补偿"问题。

到 1874 年 6 月 11 日，立法者又在《普鲁士土地征收法》中第 1 条规定，征收补偿以"全额"为之。另在第 8 条第（1）项规定：征收应补偿被征土地及其附属物即孳息之全额。在第（2）项才规定因"部分征收"引起剩余土地的"价值减低"，这种特别损失，也应予以补偿。

至此，征收补偿即被分为征收"物"本身的损失，以全额补偿为必要；另一个是特别损失，"剩余土地的价值减低"。两者都是因征收而导致的具体损失。不过，普鲁士征收法既然承认征收是"完全补偿"，会考虑"主观因素"，若被征收人能举证仍有其他的"经济损失"，例如主观价值或间接损失等等，以普鲁士征收法的补偿原则作判断，会给予补偿。

2.《魏玛宪法》的适当补偿概念

1919 年德国战败，帝制崩塌，实行民主联邦制度，是年 8 月 11 日公布了《魏玛宪法》，其中第 153 条第二项有如此规定："公用征收限于发达公共幸福。有法律根据时，方得行之。公用征收除法律有别种规定外，应予以相当报酬。报酬之多寡生争议时，除有别种规定外，应准人民在经常法廷上，提起诉讼。宗国对于各州、地方团体、公益组合三者，而有公用征收之举，亦以提出报酬行之。"②

意思是：其一，所有权受到保障，其内容及其限度由法律规定。其二，

_____

① 陈新民：《德国公法学基础理论》，山东人民出版社 2001 年版，第 488 页。

② 《魏玛宪法》，张君劢译，商务印书馆 2020 年版，第 40 页。

公益征收以公共福利为原因，且依法才可以进行。其三，除联邦法律有另外规定外，征收必须给予适当补偿。还有，有关征收的诉讼，由普通法院审理。

比较之前的完全补偿制度，《魏玛宪法》此种立法例，有两个突出特点：一是征收补偿不再是全额，而是"适当"补偿；二是如有必要，联邦法律甚至可以免除征收的补偿。

为何变化如此大？陈新民认为："盖德国在一次大战后，百业凋敝，社会动荡不安，代表战前和平、繁荣的'自由法治国家'理论已趋向照顾社会上大多数中下阶层、蓝领阶级人民生活的'社会法治国家'理论。因而，魏玛宪法，已经扬弃以往'钦定宪法'之本质，大地主、贵族、皇族之利益，已经自魏玛宪法的保障范围予以排除出去。魏玛宪法含有强烈的社会福利主义色彩！"[1]

一战时，德国的国内经济情况随着战争范围的扩大，日渐困难。为支持战事，德国采取了系列战时经济管制措施，尤其是管制民生物质。这些措施，包括价格的冻结，强制私人出卖物品给其他人民，以及政府强制收购物资、军事征用等等，都不可避免地侵及人民财产权。若以全额补偿，政府的很多措施无法实现。所以，故德国当时在许多法令中，明确规定造成人民损失，给以"适当之代价"。[2]

《魏玛宪法》采用的适当补偿，看起来是一种更具弹性的模式，立法者可以权衡公益的需求，参酌当事人间的财产状况，从而制定各种不同程度的征收法律，而不必拘泥于以往的、偏重于保护被征收人权益的全额补偿，这可能是《魏玛宪法》征收补偿制度的初衷所在。但是，这种弹性补偿理念，却未被后来的联邦及邦法的立法者所贯彻。魏玛时代所制定或修正的征收法律，对于被征收人财产的客观损失或主观损失，未见规定。所以，法院仍因循以往的完全补偿见解，对于致使人民财产的一切损失从宽补偿。此种财力要求，非当时政府所能负担。后来，法院在作补偿适当性斟酌时，又提出"公益权衡"的主张。

---

[1]　陈新民：《德国公法学基础理论》，山东人民出版社 2001 年版，第 491 页。
[2]　陈新民：《德国公法学基础理论》，山东人民出版社 2001 年版，第 491 页。

## 第四节　征收后的救济方式

### 一、近代行政诉讼制度变迁

#### （一）清末《行政裁判院官制草案》

按照清末"预备立宪"的时间安排，计划在光绪三十九年（公元 1913 年）设置行政裁判院。宣统二年（公元 1910 年）又缩短了"预备立宪"期限，拟在宣统三年（公元 1911 年）颁布《行政审判院法》，设立行政审判院。[①] 后来辛亥革命爆发，《行政裁判院官制草案》未及颁行，行政裁判院也未真正建立。

清末《行政裁判院官制草案》主要仿效日本《行政裁判法》（公元 1890 年颁行）拟订而成，共计 21 条，不分章节。其中，有关行政裁判院正副使、掌金事和金事的任职资格，以及审级、诉讼范围、起诉方式、审查裁判类型等诸多制度，与日本《行政裁判法》相同。[②]

#### （二）北京政府时期的平政院

1911 年 12 月，宋教仁为鄂州军政府起草《中华民国鄂州临时约法》，第 14 条规定："人民得诉讼法司，求其审判，其对于行政官署所为违法损害权利之行为，则诉讼于行政审判院。"该约法草案第 57 条又规定："法司以鄂州政府之名，依法律审判民事诉讼及刑事诉讼；但行政诉讼及其他特别诉讼不在此列。"12 月 29 日公布的《中华民国浙江省约法》第 8 条规定："人民对于官吏违法损害权利之行为，有陈诉于行政审判院之权。"该约法第 44 条又规定："法院以浙江军政府之名，依法律审判民事诉讼及刑事诉讼，其他特别诉讼不在此限。"1912 年 1 月公布的《江西省临时约法》也沿用了《鄂州临时约法》有关行政诉讼制度的规定。[③]

南京临时政府建立初期，时任法制局局长的宋教仁，负责草拟了《中华民国临时政府组织法草案》，第 14 条规定："人民得诉讼于法司求其审

---

① 宋玲：《清末民初行政诉讼制度研究》，中国政法大学出版社 2007 年版，第 35 页。

② 张生：《中国近代行政法院之沿革》，载《行政法学研究》2002 年第 4 期。

③ 倪洪涛：《清末民国时期中国行政诉讼法制论》，载《时代法学》2021 年第 2 期。

判。其对于行政官署违法损害权利之行为，则诉讼于平政院。"虽然该草案被参议院退回，但有关"平政院"的规定，被随后的立法所采用。1912年 3 月 11 日公布的《中华民国临时约法》第 10 条规定："人民对于官吏违法损害权利之行为，有陈诉于平政院之权。"第 49 条又规定："法院依法律审判民事诉讼及刑事诉讼，但关于行政诉讼及其他特别诉讼，别以法律定之。"据黄源盛先生考证，"平政院"一词源于"平章"之义，即辨别章明。① 南京临时政府欲进一步制订平政院组织法，明确行政审判机关及其职守。但由于时局变化，平政院的专门法律未及订定，中央政府已由南京迁往北京。②

　　1914 年 3 月 31 日，袁世凯以大总统教令的形式公布了《平政院编制令》，并于同日任命汪大燮为平政院首任院长、庄蕴宽为肃政厅首任都肃政史。③《中华民国临时约法》第 10 条、第 49 条是平政院设立的宪法依据，而《编制令》则是平政院的组织法。

　　1914 年 4 月 1 日，袁世凯又公布《纠弹条例》，5 月 17 日公布《行政诉讼条例》和《诉愿条例》，同年 6 月 8 日公布《平政院裁决执行条例》，6 月 11 日公布《行政诉讼状缮写方法》。依照《编制令》，设置平政院于北京丰盛胡同，1914 年 6 月 16 日，平政院举行开院典礼；6 月 23 日，平政院第一次开庭，审理直隶霸县知事刘鼎锡纠弹案。至此，平政院成立并开始正式运行。④

　　平政院的审判部门设有三个审判庭，每庭置评事五人，其中一评事兼任庭长。在平政院内，还设有肃政厅，置肃政史 16 人，其中一人为都肃政史。平政院还设置有书记官，负责诉讼记录、统计、会计、文牍及其他事务。平政院也设立了惩戒委员会，对官吏的违法行为实施惩戒和处分。

　　平政院的诉讼特点包括以下方面：（1）全国设有一所平政院，采一审

---

① 黄源盛：《民初平政院裁决书整编与初探》，载《民初法律变迁与裁判》，国立政治大学法学图书编委会 2000 年版，第 141 页。
② 张生：《中国近代行政法院之沿革》，载《行政法学研究》2002 年第 4 期。
③ 胡译之：《平政院评事、肃政史选任及履历考论》，载《青海社会科学》2016 年第 2 期。
④ 倪洪涛：《清末民国时期中国行政诉讼法制论》，载《时代法学》2021 年第 2 期。

终审主义。① 在设立之初，平政院最早准备仿效普鲁士的制度，在京师和省、县设置三级行政法院，遭到反对后，又有草案准备设中央和省两级行政法院，仍因意见分歧无疾而终。主要原因是，当时央地关系未定，省制中军、民分治有待形成，采官治抑或自治，未达成社会共识。还有，中央和地方因经费不足，举步维艰，机关创设遭遇财政困局。②（2）诉愿（即行政复议）前置分流制。一方面，中央或地方最高级行政官署及其官吏的违法行为致人民权利损害的，可直接诉于平政院。另一方面，中央或地方一般行政官署及其官吏之违法行为致人民权利损害的，须经诉愿程序后，方可诉诸平政院。（3）受案范围采概括式加列举式的混合立法模式。依据当时的法律规定，行政诉讼受案范围是相当宽泛的，比如针对撤职等人事处分，官吏也可向平政院提起行政诉讼，不受特别权力关系理论的拘束，特别是在人事争议涉及"基础关系"时，也可以进行诉讼。有名的"鲁迅诉民国教育部案"便是这种情况。③ 同时，公法契约、抽象的决定命令（抽象行政行为），也纳入行政诉讼的受案范围；（4）损害赔偿之诉排除主义；（5）在审判方式上，以言辞辩论为原则，书面审理为例外；（6）举证责任，准用民事诉讼"谁主张，谁举证"原则，辅之法官的职权调查主义和自由心证主义；（7）审判组织形式采合议制，遵循多数决原则；（8）裁判执行采行政主义。行政案件经审理裁决后，由平政院院长呈报大总统批令主管官署遵照执行。④

**（三）南京政府时期的行政法院**

1927 年 4 月南京国民政府成立，按照"五权宪法理论"，中央政府分为立法、行政、司法、监察、考试五院，其中，司法院为最高司法机关。1928 年 10 月 8 日，《国民政府组织法》第 33 条规定，司法院为国民政府最高司法机关，有司法审判、司法行政、官吏惩戒及行政审判的职权。

---

① 宋玲：《清末民初行政诉讼制度研究》，中国政法大学出版社 2007 年版，第 35 页。

② 倪洪涛：《清末民国时期中国行政诉讼法制论》，载《时代法学》2021 年第 2 期。

③ 殷啸虎、李红平：《鲁迅状告民国教育部行政诉讼案》，载《中国审判新闻月刊》2014 年第 2 期。

④ 蔡志方：《行政救济与行政法学（一）》，台湾三民书局股份有限公司 1993 年版，第 279—283 页。

1928 年 11 月 17 日，修正后颁行的《司法院组织法》第 1 条规定："司法院以下列各机关组织之：（一）司法行政部；（二）最高法院；（三）行政法院；（四）公务员惩戒委员会。"该法第 6 条又规定："行政法院依法律掌理行政诉讼审判事宜"。1931 年 5 月，南京国民政府公布的《训政时期约法》第 22 条规定："人民依法律有提起行政诉讼及诉愿之权。"再次以宪法性文件的形式，确认了人民的行政救济权利。① 至此，在"五权分治"体制下，正式确立了独立行使行政审判权的行政法院制度。

　　1931 年 3 月 24 日南京国民政府公布《诉愿法》，1932 年 11 月 17 日公布《行政法院组织法》和《行政诉讼法》，1933 年 6 月 23 日《行政法院组织法》和《行政诉讼法》正式施行。1933 年 6 月 24 日"司法院"公布《行政法院处务规程》，9 月行政法院正式成立。

　　行政法院置院长一人，总理全院行政事务，兼任评事，并充任庭长。行政法院分设二庭或三庭，每庭置庭长一人、评事五人掌理审判事务，每庭评事应有法官两人。行政法院受理行政案件，由评事五人组成合议庭审理。② 行政法院体制呈现以下特点：（1）行政法院属于司法机关。与平政院相比，行政法院设立于司法院，其性质为司法系统中的特别审判组织，制度设计试图兼顾行政经验和司法独立。（2）行政法院不再兼理官吏纠弹之职。与司法院并行的监察院，是最高监察机关，依法行使纠弹权和审计权，从而实现了行政审判权与监察权的分离，完成了行政机关违法和官吏个人违法分途治理机制的创设。（3）一审终局主义。全国设立一所行政法院，行政诉讼案件经行政法院裁判即告终局，当事人不得上诉或抗告。但符合法定条件的，可提起再审。（4）诉愿前置主义。与平政院诉愿前置分流制不同，行政法院采诉愿前置主义，即以诉愿作为行政诉讼的先行程序，行政争议须经诉愿和再诉愿程序，方可诉诸行政法院。（5）行政诉讼类型单一。诉讼类型仅有针对行政处分（具体行政行为）的撤销诉讼。（6）书面审理为原则，言辞辩论为例外。行政法院仿效法国，采书状审理主义。（7）附带损害赔

---

① 谢振民：《中华民国立法史》（上册），中国政法大学出版社 2000 年版，第 355 页。
② 倪洪涛：《清末民国时期中国行政诉讼法制论》，载《时代法学》2021 年第 2 期。

偿制度的确立。在司法实践中的制度效果欠佳，但立法理念先进值得肯定。（8）创设行政判例制度。各庭裁判案件有可著为案例者，由庭长命书记官摘录要旨，连同判决书印本，分送各庭庭长、评事。各庭审理案件，关于法律上之见解与本庭或他庭判决先例有异时，由院长呈司法院院长召集变更判例会议决定之。（9）裁判文书执行的行政主义。行政诉讼判决的执行，由行政法院呈由司法院转呈国民政府以训令行之。①

### 二、行政救济与土地征收

近代中国"行政行为"概念的引入，始于清末对日本行政法学著作的翻译与引介。民国初期，"行政行为"成为法学界通用概念，但其范畴的界定尚无定论。立法上采用"行政处分"，但"行政行为"存在于立法理由和法律解释中。司法上"行政行为"与"行政处分"二词均有使用。到民国南京政府时期，在司法实践中已明确"行政行为"是行政机关行使职权之行为，须有法规依据。②

土地征收是行政行为。在 1915 年的《土地收用法》中，使用"行政处分"一词进行界定。该法第 20 条规定："地方自治团体或人民收用土地起业者，与业主关于价格协议不合时，得详具事由，禀请该管地方长官决定。该管地方长官得以行政处分行之。起业者或业主对于前项之行政处分，有不服时，得依《诉愿法》提起诉愿。"该条文将地方行政长官决定收用土地价格的行为，称为"行政处分"。《土地收用法》的立法目的为"国家因谋公共利益而设之事业"，而"行政处分"即国家达成目的的方式与手段，甚至可以说整部法律是对"行政处分"程序与效果的规定。有学者将该法定义为："以行政处分对于土地许行公用征收及公用制限，并规定其程序及效果等之法则。"③

在民国南京政府时期，对于土地征收有违法或不当之处，被征收土地

---

① 宋智敏：《近代中国行政诉讼制度变迁研究：从行政裁判院到行政法院》，法律出版社 2012 年版，第 143—146 页。
② 阮致远、赵晓耕：《近代中国"行政行为"概念的继受》，载《河北学刊》2022 年第 4 期。
③ 唐慎坊：《司法法令辞典》，上海世界书局 1923 年版，第 7 页。

所有人如有不服，可以提起诉愿。这是依照1930年《诉愿法》第1条的规定：“人民因中央或地方官署之违法或不当处分，致损害其权利或利益者，得提起诉愿。”按照《诉愿法》第2条规定的诉愿管辖层级。对于土地征收而言，一般诉愿至征收土地机关的上级机关，“不服县、市政府之处分者，向省政府主管厅或省政府提起诉愿”，“不服省政府各厅之处分者，向省政府或中央主管部会提起诉愿”，“不服省政府之处分者，向中央主管部会提起诉愿”。

只不过，在被征收土地权人提起诉愿时，征收并不因此停止。《土地法》第389条规定：“征收土地，不因诉愿而停止其进行程序。”陶惟能解释：“土地征收，其原因为兴办公共事业，其核准乃系公力之处分，故核准征收以后，不问土地权利人之意志如何？均能期其实现，为谋公共事业之易于兴办，亦不能因土地权利之私有权益，而妨碍其进行。”① 他的意思是，因公益征收土地是公权力行为，不可因个人利益而妨碍公益的进行。

除诉愿与行政诉讼之外，1930年《土地法》第390条设立了“公断”的制度。此规定是对于一些不确定的，但涉及土地所有权人或土地他项权利人利益补偿的事项，可以进行第三方公正评判。评判内容包括接连土地价值减低的补偿、残余土地一并征收、除去土地障碍物使土地受损的补偿、定着物迁移费等。补偿的确定，多有主观评判的可能性，在征收关系人双方不能协议的情况下，诉诸公证的第三方，对于土地所有权人或土地他项权利人而言，是便捷和合理的方式。

但是，对于公断的性质要作区分。诉愿属于行政救济，即是行政机关内部上级对下级行政行为的纠偏措施。公断则是第三方裁决，不能认定为行政救济，但也不能认定是司法救济，进行公断的第三方没有司法权。公断更像“调解”。

对于诉愿的行政救济性质，也有学者质疑，朱采真认为：“形式上行政法院似属再诉愿之直接上诉机关，实则不然。盖诉愿决定与再诉愿决定尚为单纯之行政处分。而行政诉讼系属行政裁判而为一种行政救济制度。”②

---

① 陶惟能：《土地法》，北平朝阳学院1936年版，第324页。
② 朱采真：《行政诉讼及诉愿》，商务印书馆1937年版，第8页。

朱采真实际在区分诉愿与行政诉愿，认为诉愿是行政处分（行政行为），而行政诉愿是行政救济制度，类似司法行为。

从诉愿的顶层设计来看，据《行政诉讼法》第 1 条规定："人民因中央或地方官署之违法处分，致损害其权利，经依诉愿法提起再诉愿而不服其决定；或提起再诉愿逾三个月不为决定者，得向行政法院提起行政诉讼。"也就是说，法律并未区分诉愿与行政诉愿，只是将诉愿作为行政诉讼的前置程序。并且，诉愿是在行政系统内部，属于行政权上下级之间的行政纠偏，而行政诉讼是在行政法院，按照南京国民政府司法系统的制度设计，行政法院与最高法院、公务员惩戒委员会同属于司法权的配置。

### 三、司法救济与土地征收

1914 年《行政诉讼法》规定，对于中央或地方最高级行政官署的违法处分，人民可以直接提起行政诉讼，对于中央或地方下级行政官署做出的违法处分，当事人则必须根据《诉愿法》的规定先行诉愿后方可提起行政诉讼。而 1932 年《行政诉讼法》则规定，人民对违法处分，必须依诉愿法提起再诉愿，不服其决定或提起再诉愿超过 30 天不作出决定的，方可提起行政诉讼。可见，与 1914 年《行政诉讼法》相比，1932 年《行政诉讼法》采取了完全的诉愿前置主义。而且，还考虑到了诉愿机关不作出决定的情形。[①] 放在土地征收的制度实践中，当诉愿被驳回或搁置时，被征收土地权人可以提起行政诉讼。也就是，在行政权内部得不到救济，可以寻求行政救济以外的司法救济。

实际上，民初的平政院性质，在民国北京政府的国家机构体系中并非属于法院，而是属于行政机关。南京政府时期，创设行政审判制度之时，采用了特别机关审判模式，但其对行政审判机关的性质定位却与北京政府时期不同，《司法院组织法》将行政法院设定为司法机关，隶属于司法院。行政审判机关性质的变化，主要基于人们对行政审判模式的深入认识，目

---

① 赵勇、王学辉：《民国北京政府与南京国民政府行政诉讼制度比较》，载《行政法学研究》2015 年第 5 期。

的是在于保障行政、司法二权的相互独立，互不干涉。然而，后来各国制
度的实际发展已经与当初的设想大相径庭，行政机关审判模式的首创者法
国，其司法与行政早已不再绝然对立，而采用此模式的国家，其所设立的
特别行政审判机关对政府并非支持与合作，反而更多的是监督与约束。行
政机关审判与法院审判已无本质差异，符合分权与制衡的要求。[①]

对于民国时期土地征收的行政行为，行政法院是可以进行司法监督的。
我们也看到有行政法院关于土地征收的不少判决。这里面，有关于公共利
益认定的诉讼、土地征收程序违法的诉讼、土地征收补偿的诉讼等。这些
诉讼，基本上是先进行诉愿、再诉愿，在诉愿程序中没有得到解决后，才
诉讼至行政法院。

诉愿和行政诉讼结合的行政救济制度，在清末民国时期，与土地征收
制度一样，也是经历了移植与确立的过程。过程中，土地征收制度在不断
变化，行政救济制度也从平政院制度转型为行政法院制度，可以说，行政
行为与行政救济是相辅相成的。

诉愿是行政权的自我纠偏，在不能够约束的时候，司法权对行政权进
行监督。公法制度的特点是依靠法律规则的逻辑体系控制权力。看起来比
较理想的设计，在实践中是否能够起到效果，是因现实环境而议的。

不能忽视的是，行政诉讼是诉愿后的救济。这也造成大量对行政行为
违法的评判仍在行政机关内部解决，在行政权比较强的制度环境里，是否
能够做到上级对下级有效监督，很难说。但是，在土地征收过程中，如果
土地权利人的利益被行政行为侵害，走司法途径解决，是否是便捷、有效
的救济方式，也是值得思考的。在当时，救济方式是先行政救济、再司法
救济的制度设计，导致救济路线过长，对于权利人而言，救济保障会变得
脆弱。

---

[①]  赵勇、王学辉：《民国北京政府与南京国民政府行政诉讼制度比较》，载《行政法学研究》
2015 年第 5 期。

# 结　论

　　中国古代"官府购地"模式的形成，是伴随土地私有制逐渐深化的。在秦汉以后，以皇权为代表的土地国有制下，土地私有不断深化发展，土地权属上呈现双层的样态。在这种权属制度下，官府购地兴修公共工程，经历了换地、换地并减免赋税、保障坟墓、房屋等附着物，以及逐渐限制使用民田的过程。尽管如此，取得土地来自官府单方面的决定，民众不能进行抗辩，所以这种"官府购地"不是平等主体间的交易，而是强制性的"购买"。

　　晚清，铁路等交通事业大为发展，为了应对大规模的购地，"购地章程"出现。这类章程，是为了程式化购地的条理化和规范化，出发点是利于官方高效便利地取得私人土地。同样，个人对这种收买没有抗辩能力。皇权国家要兴修工程，拿回土地便是，无须征得地主的同意，至于给款以及使用他地补偿，只是给予子民生养之需。

　　进入民国，北京政府时期的土地征收仍在传统的"官府购地"模式里，收用土地的方式与晚清大同小异，未改变政府单方面强制决定的本质，只不过取得土地的程序更加规范化。即使有行政救济手段，但当时的行政诉讼制度自身处在幼稚阶段，诉讼体系与行政法规都不完善，不能有效的审查政府行政行为。对于政府收用土地的行为，一方面私有土地人不能用私权利对抗公权力免于收用，另一方面政府如果恣意行政，出现扩大征收或者压低补偿，私权利难以获得有效的救济。

　　南京政府时期，土地征收制度的立法形式上趋于完善，但制度设计又以平均地权、实施经济政策为宗旨，并试图与"照价收买"等土地政策结合，发挥土地改革的作用。这也就决定了此时的土地征收制度背离其制度本源。对照当时西方各国的土地征收制度，为了考量事业的"公用性"，防止政府或者起业者任意兴建公用事业，要么设置事业认定的机构和认定程序，要么诉诸法院进行裁判。这实际是审核兴建的公用事业是否有必要，权衡公用事业是不是能够提升公益或者福祉。

由于事业认定的机构是行政机关自身，可能存在监管不力的情况。又增设土地收用审查会，这一机构对土地是否要收用、损害补偿以及收用时间都可以审查。若收用审查会裁决不公，再设置行政救济程序，等等。如此细致周密规定，目的是限制政府利用公权力任意取得私有土地。背后的核心是，维护个人土地所有权，保障私人财产权。言外之意，土地征收是因公益而起，但公益应该是在尊重私益基础上的公益。如果由于土地征收制度破坏了整个私人财产受保障的宪法权利，那么，这种公益是没有意义的。

南京国民政府的土地政策宗旨是平均地权，实现耕者有其田。这一理想却与旨在保护私人土地所有权的土地征收制度结合，希望利用土地征收制度将某些个人的土地所有权剥夺，又赋予另外一些个人。这些获得土地的个人，是为自己的生活而使用该土地，本质与土地征收服务于公共利益的理念是相矛盾的。尽管现在看到的资料显示，当时的土地征收多用于交通、教育、卫生等事业，可是在不尊重私人土地所有权的理念里，所有的"正义评判"都会指向公益，在法律不约束的情况下，政府甚至会用其他手段突破限制。

近代法律制度，无论是英美法系还是大陆法系，都是围绕"私有财产神圣不可侵犯"这一主题展开和建构。"其中的差异是，前者以渐进方式，用数百年时间完成制度演进，而后者为节约成本，以狂飙猛进的方式，用法典化的办法一朝将信念在制度上变为现实"。[①]

总体来说，"私有财产神圣不可侵犯"这一主题得益于启蒙运动中的个人价值和人道精神的兴盛，得益于在自由经济制度下的推动。正是由于"所有权绝对"观念经过了数百年的传播与影响，也促进着工业化、城市化的完成。19 世纪中后期，垄断大企业崛起，金融资本横行，贫富差距日益扩大，强弱对比日益悬殊，平等地行使权利在诸多社会关系中已很难完成。

---

① 俞江：《近代中国民法学中的私权理论》，北京大学出版社 2003 年版，第 227 页。

于是，社会开始普遍关注社会中弱势群体的利益，探讨平衡强弱势力的方法的学说纷繁。这些学说，影响着 20 世纪 30 年代的中国法学界。

当时，社会连带说在中国法学界的声势最强，从法理学到部门法学，都在大规模复述狄骥的学说。多数民法学者认为，未来世界的所有权立法方面，必然是以社会连带学说为指导，"近世各国所有权立法普遍所采之原则，即所有权义务化、社会化是，亦即前述社会职务说之理论"，[1] 并认为，所有权的立法趋势应涉及"所有权的行使""所有权的分配""所有权人与他人的关系"等方面。同时强调"国家机关应关注社会公共利益的要求，对于私人财产自得为公用征收之处分"，"财产所有权之享有，既系以社会利益为前提，所有权之行使，既为所有人的一种社会职务，则于财产价值之增加，非基于所有人本人之努力于其职务（即非因所有人施以劳动或资本而增加者），而系由于国家行政之设施（即社会原因）者，其所增加之价值，即不应由所有人独自享有"。[2] 可见，在 20 世纪初 30 年代，这种"社会连带学说"已获得极大的认同。

此时期，对于所有权的限制，已经发展进入高峰。而处于公权力之下的土地征收制度，则更加发达。公用征收、征收纷纷进入宪法性文件。为了满足社会需要，在土地征收的公益界定中，不仅涉及公用道路、学校、设施的修建，对于模糊的、不好定义的"实施经济政策"等，都放入其间。足见，当时的政府欲图改变内外交困的现状，想快速地发展并解决问题。不仅如此，在土地征收程序中，优先公共事业的兴办，规定特许情况，比如在未补偿完竣的情况下，可以提前进入被征收土地内实施工作。这些都可以看出，法律社会化之风，影响着此时期的土地征收制度。

比较清末的"官府购地"与民国的"土地征收"，会发现二者区别更多是在程式化、规范化上。民国时期的土地征收立法只是官府购地模式的优化，国家取得私人土地还是单方面决定，土地所有权人并不能抗辩。换句话说，在公权力面前私人土地财产权难以获得保障。这实际与宪法保障人

---

[1] 吴芳亭：《所有权观念之演变》，载《中华法学杂志》1937 年第 1 卷第 7 号。

[2] 俞江：《近代中国民法学中的私权理论》，北京大学出版社 2003 年版，第 229—230 页。

民享有财产权，承认私有财产制度相违背。当然，也不能否认一些积极的方面，如补偿价格可以争议、规定行政救济等。只是在司法权不能有效约束行政权的情况下，效果不会太明显。

从"官府购地"到"土地征收"，经历了近代的法律变革阶段。在这场变革中，看似法律制度的变换，实质因袭承载了很多。只是这种继承，常会用传统制度的内核涤荡掉新制度的本源，以为新的制度所用。然而，土地征收制度是以保护与尊重个人土地所有权为前提，围绕着保障土地所有权设计，认真权衡财产的"私使用性"与"公用性"，权衡"社会急需"及"私人财产保障"，土地征收制度才能有效实施，为社会兴建公共事业服务，提高人民的福祉。

# 参考文献

（一）基本史料

## 1. 一般史料

［1］商务印书馆编译所：《法令大全补编》，上海：商务印书馆，1917年。

［2］《土地法》，郭卫点校，上海：上海法学编译社，1947年。

［3］行政法院编：《行政法院判决汇编》，上海：上海法学编译社，1948年。

［4］（汉）班固：《汉书》，北京：中华书局，1963年。

［5］（元）脱脱：《宋史》，北京：中华书局，1977年。

［6］《拿破仑法典》，李浩培等译，北京：商务印书馆，1979年。

［7］故宫博物院明清档案部编：《清末筹备立宪档案史料》，北京：中华书局，1979年。

［8］《清实录》，北京：中华书局，1985年。

［9］孙中山：《孙中山全集》（第九卷），北京：中华书局，1986年。

［10］谢桂华、李均明、朱国炤：《居延汉简释文合校》，北京：文物出版社，1987年。

［11］缪荃孙等纂修：《江苏省通志稿·大事志》，南京：江苏古籍出版社，1991年。

［12］（宋）李焘：《续资治通鉴长编》，北京：中华书局，1992年。

［13］（清）徐松：《宋会要辑稿》，北京：中华书局，2006年。

［14］《新译日本法规大全》，高珣等点校，北京：商务印书馆，2008年。

［15］张之洞：《张之洞全集》，武汉：武汉出版社，2008年。

［16］汪林茂主编：《浙江辛亥革命史料集》，杭州：浙江古籍出版社，2014年。

［17］姜亚沙编著：《清末馆报汇编》，北京：全国图书馆文献缩微复

制中心，2006 年。

［18］《湖北省政府关于检发本省征用土地单行条例的指令呈文》，湖北省档案馆藏，档案号：LS1-7-61。

［19］《内政部、实业部、湖北省政府关于制发军事设施征用民地补偿办法及马籍暂行规则的训令》，湖北省档案馆藏，档案号：LS1-3-748。

［20］《关于武汉大学函请修洪山至珞珈山马路及征收地亩为武大校址问题的指令、公函、呈文》，湖北省档案馆藏，档案号：LS1-5-1182。

［21］《湖北省政府、省民政厅、省建设厅关于切实办理土地征收案件及土地登记疑义、土地赋税减免规程等的训令》，湖北省档案馆藏，档案号：LS1-7-914。

**2. 近代报纸**

［1］《申报》（上海版）。

［2］《陕西官报》，陕西学务公所主办。

［3］《秦报》，礼泉人宋伯鲁创办。

［4］《湘报》，湖南湘报馆主办。

［5］《临时政府公报》，临时政府公报印铸局工厂发行所主办。

［6］《广东省政府公报》，广东省政府秘书处主办。

［7］《广西省政府公报》，广西省政府编辑室主办。

［8］《国民政府公报》，南京国民政府主办。

［9］《江西省政府公报》，江西省政府秘书处编译室主办。

［10］《南京市政府公报》，南京市政府秘书处主办。

［11］《首都市政公报》，南京特别市市政府秘书处主办。

［12］《政府公报》，民国北京政府主办。

［13］《政府公报分类汇编》，扫叶山房北号主办。

［14］《浙江公报》，浙江督军省长公署公报处主办。

［15］《钱业月报》，上海钱业公会主办。

［16］《铁路公报·沪宁沪杭甬线》，宁汉杭甬铁路管理局编查课主办。

［17］《铁路公报·吉长线》，吉长铁路管理局主办。

［18］《银行周报》，银行周报社主办。

［19］《市政公报》，南京特别市市政府秘书处主办。

［20］《江苏省政府公报》，江苏省政府秘书处主办。

［21］《行政院公报》，行政院秘书处主办。

［22］《贵州省政府公报》，贵州省政府秘书处主办。

［23］《南海县政季报》，南海县政府编辑处主办。

［24］《广州市政府市政公报》，广州市市政府主办。

［25］《中央日报》，中国国民党中央创刊。

［26］《重庆市政府公报》，重庆市政府秘书处主办。

［27］《湖北省政府公报》，湖北省政府秘书处主办。

［28］《上海市政府公报》，上海市政府秘书处主办。

［29］《总统府公报》，南京总统府第五局公报室主办。

**3. 近代杂志**

［1］《经征成案汇编》，四川通省经征总局主办。

［2］《道路月刊》，中华全国道路建设协会主办。

［3］《地政月刊》，中国地政学会主办。

［4］《湘灾月刊》，湖南华洋筹赈会主办。

［5］《中华法学杂志》，中华民国法学会主办。

［6］《南京特别市工务局年刊》，南京特别市市政府工务局主办。

［7］《上海特别市土地局年刊》，上海特别市土地局主办。

［8］《浙江建设厅月刊》，浙江建设厅月刊编辑处主办。

［9］《湖北建设月刊》，湖北建设厅编辑股主办。

［10］《广西建设月刊》，广西省建设厅主办。

［11］《工商半月刊》，实业部国际贸易局主办。

［12］《三民半月刊》，三民学社主办。

［13］《江苏建设》，江苏省建设厅编辑委员会主办。

［14］《财政评论》，财政评论社主办。

**（二）中文著作**

［1］唐慎坊：《司法法令辞典》，上海：世界书局，1923年。

［2］曾鲲化：《中国铁路史》，北京：燕京印书局，1924 年。

［3］朱采真：《土地法释义》，上海：世界书局，1931 年。

［4］吴尚鹰：《土地问题与土地法》，广州：中国国民党广东省执行委员会党务工作人员训练所编译部，1931 年。

［5］孟普庆：《中国土地法论》，南京：南京市救济院，1933 年。

［6］赵琛：《行政法总论》，上海：上海法学编译社，1933 年。

［7］王效文：《土地法要义》，上海：上海法学书局，1934 年。

［8］常维亮：《土地法》，北京：北平法律函授学校讲义，1935 年。

［9］金鸣盛：《立法院议订宪法草案释义》，陈海澄校，版权不详，1935 年。

［10］白鹏飞：《行政法大纲》，北京：好望书店，1935 年。

［11］陈顾远：《土地法》，上海：商务印书馆，1935 年。

［12］朱章宝：《土地法理论与诠解》，上海：商务印书馆，1936 年。

［13］上海法学编译社：《土地法问答》，上海：会文堂新记书局，1936 年。

［14］陶惟能：《土地法》，北京：北平朝阳学院，1936 年。

［15］刘志敫：《民法物权》（上册），上海：大东书局，1936 年。

［16］李如汉：《地政刍议》，版权不详，1936 年。

［17］华懋生：《民法物权释义》，上海：会文堂新记书局，1936 年。

［18］朱采真：《行政诉讼及诉愿》，上海：商务印书馆，1937 年。

［19］刘毓文：《土地法》，北京：国立北平大学，1937 年。

［20］王效文：《土地法论》，上海：会文堂新记书局，1937 年。

［21］吴经熊、金鸣盛：《中华民国训政时期约法释义》，上海：会文堂新记书局，1937 年。

［22］马俊超：《十年来之南京》，南京：南京市政府秘书处，1937 年。

［23］朱子爽：《中国国民党土地政策》，重庆：国民图书出版社，1943 年。

［24］王晋伯：《土地行政》，重庆：文信书局，1943 年。

［25］余群宗：《中国土地法论》（上册），成都：国立四川大学出版组，

1944 年。

　　[ 26 ] 黄桂：《土地行政》，南昌：江西省地政局，1947 年。

　　[ 27 ] 董中生：《土地行政》，上海：大东书局，1948 年。

　　[ 28 ] 黄振钺：《土地政策与土地法》，武昌：中国土地经济学社，1949 年。

　　[ 29 ] 辞海编辑委员会编：《辞海》，上海：上海辞书出版社，1979 年。

　　[ 30 ] 蔡志方：《行政救济与行政法学》，台北：三民书局，1993 年。

　　[ 31 ] 季卫东：《法治秩序的建构》，北京：中国政法大学出版社，1999 年。

　　[ 32 ] 黄源盛：《民初法律变迁与裁判》，台北：国立政治大学法学图书编委会，2000 年。

　　[ 33 ] 谢振民：《中华民国立法史》，北京：中国政法大学出版社，2000 年。

　　[ 34 ] 陈新民：《德国公法学基础理论》，济南：山东人民出版社，2001 年。

　　[ 35 ] 马小泉：《国家与社会：清末地方自治与宪政改革》，郑州：河南大学出版社，2001 年。

　　[ 36 ] 翁岳生：《行政法》，北京：中国法制出版社，2002 年。

　　[ 37 ] 中国社会科学院语言研究所词典编辑室编：《现代汉语词典》，北京：商务印书馆，2002 年。

　　[ 38 ] 俞江：《近代中国民法学中的私权理论》，北京：北京大学出版社，2003 年。

　　[ 39 ] 张金光：《秦制研究》，上海：上海古籍出版社，2004 年。

　　[ 40 ] 赵冈、陈钟毅：《中国土地制度史》，北京：新星出版社，2006 年。

　　[ 41 ] 姜明安：《行政法与行政诉讼法》，北京：北京大学出版社，2007 年。

　　[ 42 ] 宋玲：《清末民初行政诉讼制度研究》，北京：中国政法大学出版社，2007 年。

　　[ 43 ] 漆侠：《宋代经济史》，北京：中华书局，2009 年。

［44］宋智敏：《近代中国行政诉讼制度变迁研究：从行政裁判院到行政法院》，北京：法律出版社，2012年。

［45］刘权：《比例原则》，北京：清华大学出版社，2022年。

［46］祝平：《中国土地行政与土地立法之进展》，版权不详。

［47］陶德骏：《行政法总论》，版权不详。


**（三）外文译著**

［1］［日］美浓部达吉：《行政法总论》，黄屈译，上海：上海民智书局，1933年。

［2］［法］罗班：《土地征收之学理与实施研究》，万锡九译，上海：商务印书馆，1938年。

［3］［日］星野通：《明治民法编纂史研究》，信山社、宝石社，1943年。

［4］［日］石井良助：《民法典的编纂》，创文社，1979年。

［5］［日］清水澄：《行政法泛论》与《行政法各论》，金泯澜译，北京：中国政法大学出版社，2007年。

［6］［法］让·里韦罗、让·瓦利纳：《法国行政法》，鲁仁译，北京：商务印书馆，2008年。


**（四）论文**

［1］张生：《中国近代行政法院之沿革》，《行政法学研究》2002年第4期。

［2］杨士泰：《抗战前南京国民政府土地立法的进程》，《廊坊师范学院学报》2006年第2期。

［3］周亚：《秦汉上林苑的功能及其与都城发展之关系》，《中国古都研究》第21辑。

［4］王瑞庆：《1927—1937年南京市征地补偿研究》，南京师范大学硕士学位论文，2008年。

［5］俞江：《"法律"：语词一元化与概念无意义？——以〈法律探源〉中的"法"、"律"分立结构为立场》，《政法论坛》2009年第5期。

［6］俞江：《中国地权源流》，《中国改革》2010 年第 3 期。

［7］郭腾云：《论民国行政法院土地案件的裁判》，《沧桑》2010 年第 4 期。

［8］俞江：《中国民法典诞生百年祭——以财产制为中心考察民法移植的两条主线》，《政法论坛》2011 年第 4 期。

［9］卢忠民：《近代北京商铺的铺底与铺底权》，《中国社会历史评论》2011 年第 12 卷。

［10］王瑞庆：《学术史视野下近代中国土地征收思想的演进》，《华南农业大学学报》2011 年第 4 期。

［11］罗旭南、陈彦旭：《民国十九年土地法研究——以民生主义为视角》，《广东社会科学》2012 年第 5 期。

［12］王瑞庆：《涨价归公与南京国民政府时期土地征收地价补偿研究》，《中国社会经济史研究》2012 年第 1 期。

［13］吴滔、钟祥宇：《清末民初县级财政的出现与公款公产的转变——以江苏省宝山县为例》，《南昌大学学报（人文社会科学版）》2013 年第 3 期。

［14］殷啸虎、李红平：《鲁迅状告民国教育部行政诉讼案》，《中国审判新闻月刊》2014 年第 2 期。

［15］王瑞庆：《南京国民政府时期的征地制度及运行研究》，华中师范大学博士学位论文，2014 年。

［16］赵勇、王学辉：《民国北京政府与南京国民政府行政诉讼制度比较》，《行政法学研究》2015 年第 5 期。

［17］胡译之：《平政院评事、肃政史选任及履历考论》，《青海社会科学》2016 年第 2 期。

［18］倪洪涛：《清末民国时期中国行政诉讼法制论》，《时代法学》2021 年第 2 期。

［19］李一苇、龙登高：《近代上海道契土地产权属性研究》，《历史研究》2021 年第 5 期。

［20］阮致远、赵晓耕：《近代中国"行政行为"概念的继受》，《河北学刊》2022 年第 4 期。

［21］马海峰：《"财产神圣不可侵犯"之渊源考》，《华东政法大学学报》2022 年第 6 期。

［22］池翔：《民国时期中国东北的森林国有化与央地关系变迁》，《中国经济史研究》2023 年第 3 期。

# 后 记

这本小书的写作，缘起是我的硕士毕业论文。读硕士的时候，一直跟随恩师俞江教授整理契约文书，但毕业论文的选题，俞老师见我本科是非法学，强调一定要写一个部门法学的题目，打好法学的基础。当时，陈云朝选择的是民法的"所有权"，我们为了组成研究小组，我选择的是与之相对的"土地征收"，并将时段限定在"民国南京政府时期"。

那时候，我和云朝都准备做"实证研究"，希望观察法律制度在社会运行层面的状态，为此跑了两个多月的湖北省档案馆，抄录相关的案例资料。这也是我们第一次自己去摸索档案馆，查找资料，试图研究一个主题。在抄录档案的过程中发现，契约文书与官方档案之间有差异，也有联系。后来，论文算是写完了，但主要是史料和学说的堆砌，未能做到理想的概括和论证。俞老师鼓励地说以后再接再厉。

这以后，我进入博士阶段的研究和写作，因为抄录了三年契约文书，很想在契约文书上获得一定的研究经历，跟俞老师商定后，打算研究"会"，就没有在"土地征收"上继续用力。工作后，由于申请课题的需要，又想到继续这一主题，可以将研究时段扩展到整个近代法律转型的背景之下。先是申请了湖北省教育厅人文社科项目，过程中，主要是对史料进行了广泛收集。陈坤帮了很大的忙，我们最后形成《近代中国土地征收史料汇编》(待出版)的史料集，并在研究内容上稍作了补充。后又申请了司法部项目，主题直接定为"近代中国土地征收的立法与实践"，目标是对收集的史料进行运用，完善土地征收制度移植与确立的研究。

现在看来，尽管对近代中国土地征收的立法与实践，进行了历史梳理、理论总结，仍有一些不足。比如，社会层面、大众如何认识和接受这一制度，还是缺乏应有的史料收集和研究说明。当然不止这些。因结题出版，只能先做这么多，等有机会收集到新的资料，再来完善。现有的诸多不足，还请大家原谅。

要感谢陈景良教授、李启成教授、陈新宇教授、李卫东教授、李栋教授的审稿意见和建议，给了我很大的启发。也要感谢严益州，他当时在德国留学，帮我收集了 1874 年《普鲁士土地征收法》，感谢葛芳丹的德语翻译、边琪的校对。还要感谢刘昱君、王伟婷、刘鸿杰、吴越、王嘉怡诸友对书稿的校对，帮我减少了很多错误。

最后，感谢何永红师兄帮我联系出版，以及中南财经政法大学法学院对出版的资助。感谢责任编辑冯静老师的辛勤编校。

童　旭

二零二四年八月二十日

图书在版编目(CIP)数据

近代中国土地征收的立法与实践 / 童旭著. -- 上海 ：
上海人民出版社，2024. -- ISBN 978-7-208-19083-2

Ⅰ. D922.365

中国国家版本馆 CIP 数据核字第 2024YL3881 号

责任编辑　冯　静
封面设计　孙　康

**近代中国土地征收的立法与实践**

童　旭　著

出　　版　上海人 民 出 版 社
　　　　　（201101　上海市闵行区号景路 159 弄 C 座）
发　　行　上海人民出版社发行中心
印　　刷　上海商务联西印刷有限公司
开　　本　720×1000　1/16
印　　张　17.25
插　　页　3
字　　数　249,000
版　　次　2024 年 11 月第 1 版
印　　次　2024 年 11 月第 1 次印刷
ISBN 978 - 7 - 208 - 19083 - 2/D・4380
定　　价　82.00 元